100 Jahre Volkshochschulen

Verlag Julius Klinkhardt
Bad Heilbrunn, 2019

100 JAHRE vhs

VOLKSHOCHSCHULEN

— Geschichten ihres Alltags —

Josef Schrader & Ernst Dieter Rossmann

Herausgeber

Herausgegeben vom Deutschen Volkshochschul-Verband e.V. und dem Deutschen Institut für Erwachsenenbildung – Leibniz-Zentrum für Lebenslanges Lernen e.V.

2019. Nk. © by Verlag Julius Klinkhardt KG.
Das Werk ist einschließlich aller seiner Teile urheberrechtlich geschützt.
Jede Verwertung außerhalb der engen Grenzen des Urheberrechtsgesetzes ist ohne Zustimmung des Verlages unzulässig und strafbar. Das gilt insbesondere für Vervielfältigungen, Übersetzungen, Mikroverfilmungen und die Einspeicherung und Verarbeitung in elektronischen Systemen.

Gestaltung & Satz: Stefanie Kolb, Ernst 3000.
Druck und Bindung: AZ Druck und Datentechnik, Kempten.
Printed in Germany 2019.
Gedruckt auf chlorfrei gebleichtem alterungsbeständigem Papier.
ISBN 978-3-7815-2300-5

100 Jahre vhs

100 Jahre Wissen teilen

VORWORT	S. 8
EINLEITUNG	S. 10
1919 – 1932	S. 22
1933 – 1945	S. 52
1946 – 1967	S. 80
1968 – 1989	S. 130
1990 – 2019	S. 178
AUTORINNEN & AUTOREN	S. 242
LITERATUR	S. 249
BILDNACHWEIS	S. 253

VORWORT

Dieses Buch erscheint anlässlich der Jubiläumsfeierlichkeiten des Deutschen Volkshochschul-Verbands zur Erinnerung an das Jahr, in dem die Volksbildung in den Verfassungsrang erhoben wurde und den die deutschen Volkshochschulen heute als ihren 100. Geburtstag feiern. Es ist uns eine Ehre, dass wir es den Volkshochschulen zu diesem Termin und an einem symbolischen Ort wie der Frankfurter Paulskirche schenken dürfen.

Das Buch entstand über einen Zeitraum von mehr als zwei Jahren. Von der ersten Idee bis zur Drucklegung war eine Fülle von Personen an dessen Entstehen beteiligt. Diesen sind die Herausgeber zu großem Dank verpflichtet.

Zuallererst sind die 103 Autorinnen und Autoren zu nennen, die uns ihre Geschichten und Erzählungen, ihre Erinnerungen und Anekdoten überlassen haben. Ohne sie wäre das Buch nie zustande gekommen. Ihnen sei besonders gedankt – auch weil sie sich auf die konzeptionellen und formalen Vorgaben eingelassen haben, die ein solches Buch benötigt. Manche von ihnen lieferten das Bild, das als Erzählanlass einer jeden Geschichte dienen sollte, gleich mit. Andere hat ein eifriges Redaktionsteam mit Ideen und Recherchen unterstützt. Heute können wir feststellen: Diese Bilder erzählen nicht nur Geschichte(n), sondern sind auch ein Spiegel der inhaltlichen Interessen und ästhetischen Neigungen derjenigen, die sie auswählen. Umso reichhaltiger – wenn auch keineswegs vollständig – ist denn auch die allein von den Bildern erzählte Geschichte der Volkshochschule in Deutschland geworden.

Ein Redaktionsteam, bestehend aus Mitarbeitenden des Deutschen Volkshochschul-Verbands und des Deutschen Instituts für Erwachsenenbildung sowie externen Beratern, hat gemeinsam mit uns Herausgebern die Idee für solch ein Buch ausbuchstabiert, hat Themen und Ereignisse vorgeschlagen, Archive durchforstet und Quellen gefunden, hat Autorinnen und Autoren identifiziert, angesprochen, gewonnen und betreut, hat Texte zugespitzt und abgerundet und letztlich auf einen einheitlichen Umfang gebracht. Nicht zuletzt mussten gelegentlich unterschiedliche Auffassungen von Autorinnen und Autoren, Herausgebern und den durch sie repräsentierten Institutionen ausbalanciert werden. Doch jede Diskussion ließ das Buch am Ende reifen und alle Beteiligten dazulernen – was sollte gewinnbringender sein.

Zu den Mitwirkenden an dem Buch gehören Martin Boekstiegel, Hartmut Boger, Christine Fester, Anne Hild, Heribert Hinzen, Susanne Horl, Ulrich Klemm, Gerd-Dieter Köther, Celia Sokolowsky, Anna Turré, Claudia Zanker und nicht zuletzt die „Textarbeiter" Peter Brandt, Thomas Jung und Sascha Rex.

Unterstützt wurde die Arbeit an den Texten durch Katharina Pavlustyk, die Arbeit am Bild durch Alexandra Nebelung und Kim Opgenoorth. Besonderer Dank gebührt der Buchgestalterin Stefanie Kolb. Und nicht zuletzt danken wir dem Team des Verlags Julius Klinkhardt für das Engagement und den Mut, in digitalen Zeiten ein solchermaßen hochwertiges gedrucktes Buch zu verlegen.

Wir Herausgeber hoffen, mit diesem Buch auf anekdotische wie unterhaltende, aber ebenso sachlich informierende Weise die wechselvolle 100-jährige Geschichte der Volkshochschule in Deutschland nachzeichnen und Ihnen, liebe Leserinnen und Leser, nahebringen zu können.

Josef Schrader & Ernst Dieter Rossmann

Erzählungen zur Geschichte der Volkshochschule

Feiern sind Ferien vom Alltag. So lehrt uns das Grimmsche Wörterbuch. Doch sie sind mehr als das. Feiern sind immer auch Anlass zum Rückblick wie zum Ausblick – und dies nicht nur für die Gefeierten, sondern auch für die Gäste und Gratulanten. In Erzählungen werden Erfahrungen geteilt. Daraus leiten sich Anregungen für Zukünftiges ab. Beide Denkweisen, das Erinnern und das Vorausschauen, bewahren und entwickeln Identität. Auch darum geht es in solchen Momenten. Und ein solcher Moment kann ein Geburtstag sein.

Die Weimarer Reichsverfassung von 1919 – ein Grund zum Feiern für die Volkshochschulen

So wird es wohl auch sein, wenn die Volkshochschulen ihren 100. Geburtstag feiern. In der Weimarer Reichsverfassung von 1919 heißt es in Artikel 148, Absatz 4: „Das Volksbildungswesen, einschließlich der Volkshochschulen, soll von Reich, Ländern und Gemeinden gefördert werden." Erstmals in der deutschen Geschichte erhielt Volksbildung Verfassungsrang, und zwar als ein Grundrecht, und Volkshochschulen wurden als beispielhafte Einrichtungen ausdrücklich erwähnt. Es liegt daher nahe, in der Weimarer Verfassung die „Geburtsurkunde" der Volkshochschule zu sehen. Begrenzt man den Blick nicht allein auf diese Einrichtung, sondern auf den Prozess der Institutionalisierung des Lebenslangen Lernens, so markiert das Jahr 1919 den *Mittel*punkt einer etwa zwei Jahrhunderte andauernden Entwicklung. Ihr Beginn wird üblicherweise auf die Epochenwende vom 18. zum 19. Jahrhundert, also auf den Durchbruch der Moderne und die sogenannte „Sattelzeit" datiert. Mit ihr geht das Versprechen einher, gesellschaftliche Schichtung nicht mehr an Herkunft, sondern an Bildung zu binden. Seit dem Ende des 18. Jahrhunderts wird in den Staaten des Deutschen Reichs eine allgemeine Schulpflicht teils verordnet, teils erkämpft. Zugleich entstehen erste Formen des organisierten Lernens für Erwachsene, etwa in Lesegesellschaften des städtischen Bürgertums oder in Bildungsvereinigungen der Handwerker- und Arbeiterschaft. Einen Wendepunkt für die Erwachsenenbildung markiert die Weimarer Verfassung insofern, als Volksbildung nun erstmals als eine öffentliche Aufgabe ausgerufen wird. Die Demokratisierung des Bildungswesens zeigt sich deutlicher noch im Weimarer Schulkompromiss, der historisch erstmals eine *Schul*pflicht für alle festschrieb, also auch die Kinder des Adels und des Bürgertums einschloss, deren *Unterrichts*pflicht bis dahin oft von Hauslehrern oder in Privatschulen erfüllt wurde. Die Weimarer Verfassung aber steht in der deutschen Geschichte nicht nur für eine Demokratisierung des Bildungswesens, sondern von Staat und Gesellschaft insgesamt. Dazu gehörten eine weite Auslegung von Grundrechten sowie der Aufbau sozialstaatlicher Strukturen. Dies alles sind unmittelbare Auswirkungen der Revolution von 1918, deren Bedeutung in der deutschen Geschichte häufig unterschätzt wird, wohl deshalb, weil die Erinnerung an sie durch das fatale Ende der Weimarer Republik überlagert ist.

Das Grundrechtsverständnis wird für das Volksbildungswesen anders interpretiert als für die Schule: Volksbildung bleibt eine freiwillige Angelegenheit, die öffentlich gefördert werden soll, ohne dass rechtsverbindliche Zusagen gegeben werden. Im Gegenzug bedeutete dies den Verzicht auf staatliche Aufsicht. Beide Regelungen sind Ausdruck des Subsidiaritätsprinzips im Sinne der katholischen Soziallehre; sie erlaubten eine komplementäre staatliche Förderung nicht nur der Volkshochschulen, sondern auch der Einrichtungen von Religionsgemeinschaften oder bürgerlichen Vereinigungen. Preußen, das mehr als andere Teilstaaten der Weimarer Republik den Verfassungsauftrag lebte und verteidigte, legte unter den Kultusministern Konrad Haenisch und Carl Heinrich Becker, dem Vater des späteren Präsidenten des Deutschen Volkshochschul-Verbands Hellmut

Becker, zügig Förderrichtlinien fest. Im Ministerium für Wissenschaft, Kunst und Volksbildung wurde ein Referat für Volkshochschulen unter Leitung von Robert von Erdberg eingerichtet. Als Ministerialbeamter suchte er die Volkshochschulen auf die Agenda der sogenannten „Neuen Richtung" zu verpflichten, die Volksbildung als Instrument einer „Volkbildung" nutzen wollte – trotz oder wegen einer segmentierten Klassengesellschaft.

Der Nestor der bundesdeutschen Erwachsenenbildung, Hans Tietgens, hat dies später (2001) als eine „indirekte Steuerung der Praxis" auf der Grundlage einer „Selbstberauschung" der Politik scharf kritisiert, die diese Praxis gelegentlich auch zerstört habe. Bereits in den Gründungsjahren lässt sich also ein Spannungsverhältnis erkennen, das die Geschichte der Volkshochschule in den nächsten 100 Jahren begleiten sollte: das Ringen um öffentliche Anerkennung und Förderung und die gleichzeitige Distanz gegenüber staatlicher Lenkung und Kontrolle einer *pädagogischen Bewegung*, die ihren Ausgangspunkt in kirchlichen, völkischen oder sozialistischen Vereinigungen hatte. Gelegentlich standen auch Unternehmen Pate.

Blickt man von heute auf die Geschichte der Volkshochschule als Institution zurück, so erscheint diese als eine 100-jährige Geschichte von Erfolgen, unterbrochen allenfalls durch staatliche Unterdrückung nach 1933. Zwar gab es bereits vor 1919 Volkshochschulen im Deutschen Reich. Aber die Weimarer Verfassung unterstützte einen beispiellosen Gründungsschub, insbesondere in jenen Ländern und Kommunen, in denen die erste parlamentarische Demokratie in der deutschen Geschichte von der Weimarer Koalition (SPD, Zentrum, DDP) getragen wurde. Während man für das Kaiserreich nur von etwa 20 Volks- bzw. Heimvolkshochschulen ausgeht, stieg ihre Zahl bis 1922 auf über 800. Zum Ende der Weimarer Republik existierten noch 200 von ihnen. Für das Ende der 1920er Jahre besagen Schätzungen, dass ein Prozent der Arbeiter und Angestellten regelmäßig Volkhochschulangebote wahrnahm (Langewiesche 1989, S. 340, S. 356). Ende der 1950er Jahre waren es in einer repräsentativen Erhebung 14 Prozent der Befragten, die in ihrem Leben schon einmal die Volkshochschule oder ein Volksbildungswerk besucht hatten (Strzelewicz, Raapke und Schulenberg 1966, S. 175). Und in einer vergleichbaren Befragung von 2016 entfallen 22 Prozent aller Weiterbildungsaktivitäten in der nicht-berufsbezogenen Weiterbildung auf Volkshochschulen (Bilger et al. 2017, S. 138). Mit der Zunahme der Teilnahme wuchs die Zahl der Angebote, der Einrichtungen und auch der Beschäftigten. Das gilt für das Leitungs- und Planungspersonal, zunächst oft ehrenamtlich, dann vermehrt hauptberuflich beschäftigt, mehr aber noch für die ehrenamtlichen, neben- oder freiberuflichen Kursleitenden, die heute in einigen Angebotsbereichen arbeitnehmerähnlich beschäftigt sind. Volkshochschulen sind die größten Anbieter der allgemeinen Erwachsenenbildung, mit jährlich etwa neun Millionen Teilnehmenden, 700.000 Veranstaltungen und 18 Millionen Unterrichtsstunden (Huntemann und Reichart 2017, S. 9 f.).

> Erstmals in der deutschen Geschichte erhielt Volksbildung Verfassungsrang, und zwar als ein Grundrecht.

Zahlen wie diese belegen den Aufstieg der Volkshochschule von einer randständigen zu einer zentralen Institution der Erwachsenenbildung und damit des deutschen Bildungssystems insgesamt. Aber solche Zahlen sind eher für die Außen- als für die Innensicht nützlich; hinter ihnen bleiben der Alltag des Lehrens und Lernens und seine Kontinuitäten und Wandlungen verborgen. Sie taugen wohl auch nur wenig, um den Sinn und Zweck der Bildungsarbeit mit Erwachsenen zu begründen. Darum aber geht es, wenn die Identität einer Institution zur Diskussion steht, die auf eine Geschichte von 100 Jahren zurückblicken kann. Wie aber lässt sich eine Geschichte der Volkshochschule schreiben, die sich über fünf Staatsgebilde mit teils autoritären, teils demokratischen politischen Kulturen erstreckt sowie eine zweistellige Zahl von Reichs- oder Bundesländern mit einer fünfstelligen Zahl von Kommunen und derzeit rund 900 Einrichtungen umfasst?

> Wir haben uns dazu entschieden, die Geschichte der Volkshochschule in 100 Erzählungen vorzustellen, eine für jedes Jahr.

Wir haben uns entschieden, die Geschichte der Volkshochschule in 100 Erzählungen vorzustellen, eine für jedes Jahr. Eine Ausnahme machen wir lediglich für das Jahr 1947, um dem Wiederaufbau in Ost und West den nötigen Raum zu geben. Im Folgenden möchten wir erläutern, warum wir darstellen, was wir darstellen, wie wir dies tun, was in den Erzählungen sichtbar wird und was verborgen bleibt, und nicht zuletzt, was die Leserinnen und Leser selbst beitragen müssen, wenn ihnen die hier angebotenen Geschichten dabei helfen sollen, sich in eine Tradition zu stellen, in der sie arbeiten und lernen möchten und die sie weiterentwickeln können.

Geschichte schreiben und Geschichten erzählen

Die Entscheidung, die Geschichte der Volkshochschule anhand von 100 Ereignissen darzustellen, also nicht eine, sondern viele Geschichten zu erzählen, ergab sich zum einen aus dem Forschungsstand, zum anderen aus der Zielsetzung dieses Buchs. Zunächst: Für eine umfassende Geschichte der Volkshochschulen in Deutschland sind die notwendigen Vorarbeiten noch nicht geleistet. Zwar gibt es bemerkenswerte Arbeiten zur Institutionen- und Ideengeschichte der Erwachsenenbildung, oft prominent am Fall der Volkshochschule vorgestellt (z.B. Pöggeler 1975; Olbrich 2001; Seitter 2007). Die systematische Ausleuchtung ihrer Alltagsgeschichte, ihrer Programme und Angebote, ihrer Teilnehmenden und Kursleitenden, ihrer Lehr- und Lernformen und deren Nutzung und Wirkung steht dagegen aus. Sodann: Auch wenn eine solch umfassende Gesamtdarstellung vorläge – vermutlich einige 100 Seiten stark und auf einen umfangreichen Fußnotenapparat gestützt –, würde ein wissenschaftliches Werk wohl nicht jene zum Durchblättern, Hinschauen, An- und Weiterlesen einladen, die mit dem vorliegenden Werk auch erreicht werden sollen: die Teilnehmerinnen und Teilnehmer genauso wie die Dozentinnen und Dozenten, die Mitarbeitenden, aber auch die Kolleginnen und Kollegen in anderen Feldern der Erwachsenen- und Weiterbildung und nicht zuletzt ihre Begleiter in Parlamenten und Kommunen, die Sozialpartner oder die interessierte Öffentlichkeit.

In den 1980er Jahren wurde in den historisch arbeitenden Wissenschaften darüber gestritten, ob historische Forschung sich am Modell einer erzählenden Geschichts- oder einer erklärenden Sozialwissenschaft orientieren solle. Heute dagegen gelten Erzählungen keineswegs mehr als eine minderwertige Form der Erkenntnis oder

der Erkenntnisvermittlung. Plausibilität und Wahrhaftigkeit auf der einen, Logik und Wahrheit auf der anderen Seite schließen sich nicht aus. Narrative und wissenschaftliche Darstellungen können sich ergänzen und das Verstehen ebenso wie das Verständnis fördern. Erzählungen können, im Alltag wie in der Wissenschaft, sehr unterschiedliche Formen annehmen. Im Blick auf ihre Zielsetzungen unterscheidet Jörn Rüsen (1989) zwischen dem traditionalen, dem exemplarischen, dem kritischen und dem genetischen Erzählen. Denkt man an ihren Realitätsbezug, so kann man mit Gérard Genette (1992) faktuale und fiktionale Erzählungen unterscheiden. Und die Literaturwissenschaft kennt die Differenz von Ich-Erzählungen, personalen und auktorialen Erzählungen.

Für den vorliegenden Band haben wir eine Vielzahl von Autorinnen und Autoren eingeladen und ihnen die Entscheidung überlassen, in welcher Form sie ihre Geschichte der Volkshochschule erzählen möchten. Die insgesamt 103 Autorinnen und Autoren sind teils Mitarbeitende von Volkshochschulen und der herausgebenden Institutionen DVV und DIE, teils Wissenschaftlerinnen und Wissenschaftler, teils politische Begleiterinnen und Weggefährten, teils Repräsentanten von Verbänden aus dem Volkshochschulbereich und seinem Umfeld. Viele sind Zeitzeugen, alle verfügen über eine persönliche Nähe zur Volkshochschule, zu ihrer Idee, ihrem Bildungsauftrag und ihren Themen. Das vorliegende Buch bietet damit nicht nur eine Geschichte der Volkshochschule, sondern zugleich einen Resonanzraum für das höchst unterschiedliche Reflektieren der ihr Zugewandten. Denn im Akt des Erzählens, gleich welcher Art, werden Wirklichkeiten konstruiert. Das ist in wissenschaftlichen Analysen, in denen Theorien und Methoden den Platz von Erzählperspektiven und -stilen einnehmen, nicht anders. Gleichwohl ist das Erzählen anfälliger für Zuspitzungen und Auslassungen. Autobiografien wird häufig vorgeworfen, dass sie eine Vergangenheit konstruieren, zu der die Erzählenden gern gehört hätten. Dieser Vorbehalt lässt sich aber auch gegenüber auktorialen Erzählungen formulieren, wenn ihre Verfasser sowohl historisch informiert als auch tagesaktuell engagiert sind.

Dies lädt Leserinnen und Leser dazu ein, nicht nur den Geschichten zu folgen, sondern auch die Perspektiven der Verfasserinnen und Verfasser zu bedenken. Beides kann dabei helfen, die Geschichten zur Volkshochschule zu ihrer eigenen Geschichte zu machen. Eine historiografisch fundierte Geschichtsschreibung wird damit selbstverständlich nicht ersetzt, aber die hier präsentierten Erzählungen können gleichwohl vorliegende Analysen ergänzen und veranschaulichen, können blinde Flecken aufzeigen und Fragen anregen, die vertiefend zu erforschen wären.

Besonderes und Allgemeines, Sichtbares und Unsichtbares

Die Entscheidung, die Geschichte der Volkshochschule anhand von 100 Geschichten zu erzählen, erforderte es, zum einen die Ereignisse und zum anderen eine passende Form auszuwählen, in der sie dargestellt werden sollen. Zunächst sollten die Ereignisse nicht nur das zurückliegende Jahrhundert abdecken, sondern auch die Staaten, Länder und Regionen, die städtische wie die ländliche Volkshochschularbeit, das Herausragende ebenso wie das Alltägliche, die Mitarbeitenden und Teilnehmenden ebenso wie die Repräsentanten von Verbänden, die „Richtungen" ebenso wie die „Mitte". Zudem sollten nicht nur Ereignisse aus der Geschichte der Volkshochschule, sondern auch solche der Zeitgeschichte erzählt werden, die für die Erwachsenenbildung bedeutsam waren, wie etwa die Weltwirtschaftskrise, der Bau der Berliner Mauer oder der Beginn der Studentenbewegung. Alle Ereignisse sollten in Form von Dokumenten, Artefakten oder anderen Quellen sichtbar werden. Inspiration bot der eindrucksvolle Band von Neil McGregor (2013), der anhand von 100 Objekten eine Geschichte der Welt erzählt. Die Autorinnen und Autoren griffen auf Fotos, Interviews, Zeitungsartikel, Plakate, Filme oder auch Grafiken zurück und wählten damit unterschiedliche Formen kultureller Überlieferung.

Mit dieser Entscheidung erhofften wir uns einen Gewinn an Vielfalt, Anschaulichkeit und Anschlussfähigkeit an die Erinnerungen und Erfahrungen der Leserinnen und Leser. Diese Entscheidung brachte jedoch auch Einschränkungen mit sich. Zunächst mussten wir jeden Anspruch auf Vollständigkeit aufgeben, wie er für Enzyklopädien charakteristisch ist. Der erste Entwurf einer Auswahl von Ereignissen, den wir von Expertinnen und Experten kommentieren ließen, zeigte beispielsweise, dass die Geschichte der Volkshochschulen in der DDR sowohl in der Forschung als auch in den Quellen wesentlich lückenhafter dokumentiert ist als jene der Bundesrepublik. Um unvermeidbare, teils schmerzliche Leerstellen zu befüllen, baten wir die Autorinnen und Autoren darum, an den ausgewählten Ereignissen nicht nur das Singuläre, sondern auch das Allgemeine der Geschichte der Volkshochschule darzustellen.

Auch die Entscheidung, die Geschichten anhand von Artefakten zu erzählen, ging mit Einschränkungen einher. So war und ist das Lehren und Lernen in der Erwachsenenbildung von Mündlichkeit geprägt und daher zumeist nicht dokumentiert. Sodann erscheinen die Repräsentanten der Volkshochschulen wesentlich häufiger in den verfügbaren Artefakten als ihre Teilnehmenden. Aber auch dann, wenn, wie am Beispiel einer Fotoaufnahme der „Experimentiersozietas Dreißigacker" zu sehen, eine sogenannte Arbeitsgemeinschaft als innovative erwachsenenspezifische Lehr-Lernform fotografiert wurde, stellt sich die Frage, ob dieses vermeintlich authentische Bild den pädagogischen Alltag verlässlich dokumentiert oder nicht doch inszeniert.

Bei einem solchen Zugang zur Geschichte wird manches sichtbar, anderes bleibt verborgen. Dies lässt sich erkennen, wenn man fragt, welche Bedingungen erfüllt sein müssen, damit organisierte Erwachsenenbildung möglich wird: die Sicherung von Ressourcen und Legitimationen für Einrichtungen, um Gelegenheiten für das Lehren und Lernen zu schaffen; die Entwicklung von Programmen und Angeboten, die Bedarfe und Bedürfnisse der Adressaten und Auftraggeber aufgreifen; die Abstimmung zwischen jenen, die Verantwortung für Programme tragen, und jenen, die als Kursleitende oder Teilnehmende das Kursgeschehen bestimmen; die Bereitschaft und Fähigkeit zur Formulierung von Zielen und die Überprüfung des Bewirkten; eine pädagogische Haltung, die auf Bildung auch angesichts der Macht von Sozialisation beharrt. So betrachtet, wird in den hier präsentierten Geschichten immer wieder das Ringen um die Legitimation von Volkshochschule und ihre übergreifenden Ideen behandelt, was nicht selten bereits bei „Häusern" und „Räumen" beginnt. Die Erzählungen wenden sich häufig neuen Aufgaben und Zielgruppen zu (den Arbeitern, den Frauen, Erwachsenen mit geringer Grundbildung, seit einigen Jahren auch Menschen mit Beeinträchtigungen); seltener kommen das Bewährte und die „Stamm-Hörerschaft" in den Blick. Demgegenüber finden Abstimmungsprozesse zwischen Planenden und Kursleitenden, ohne die pädagogische Ideen nicht Wirklichkeit werden können, ebenso wenig Aufmerksamkeit wie das alltägliche Kursgeschehen – und dies obwohl der Wandel vom „Hörer" zum „Teilnehmenden" auf grundlegende didaktische Veränderungen verweist. Über wünschenswerte und ambitionierte, oft mit großem Enthusiasmus verfolgte Ziele wird häufig reflektiert, Erfolge und Wirkungen lassen sich an den Geschichten zwar allenthalben ablesen, sie werden aber seltener in den Vordergrund gerückt.

Den Leserinnen und Lesern des Bandes mag es gelegentlich leichter fallen als den Autorinnen und Autoren, das Allgemeine im Singulären zu erkennen, das Sichtbare und das Unsichtbare zu gewichten, zumal dann, wenn sie mehr als nur eine Geschichte lesen. Dagegen hatten Herausgeber und Erzählende während der Konzeption und des Schreibens jeweils nur ihre eigenen Geschichten im Kopf. Das perspektivische Moment, das in dieser Form der Lektüre liegt, nimmt im besten Fall auf, was Bildung in der Volkshochschule mit anstoßen will – im exemplarischen Lernen Allgemeines erkennen und verstehen zu lernen (Negt 1968).

Kontinuitäten und Zäsuren – Volkshochschul- und Gesellschaftsgeschichte

Wollte man die Geschichte der Volkshochschule nicht nur erzählen und beschreiben, wie wir es mit dem vorliegenden Buch anstreben, sondern auch *erklären*, dann ließe sich dies nur im Rahmen einer weiter angelegten Geschichte der Gesellschaft leisten. Erst wenn ihre Kontinuitäten und Zäsuren begriffen werden, wenn deutlich wird, welche ihrer Leistungen fortdauern, welche abgeschnitten, welche neu entwickelt wurden, wenn deutlich wird, welche Entwicklungen die Geschichte der Volkshochschule geprägt haben, welche von ihr geprägt wurden und welche sie spiegelt, dann ließe sich auch abschätzen, was von ihr in Zukunft zu erwarten ist.

Um Kontinuitäten und Zäsuren aufzuzeigen, orientieren sich die einschlägigen Darstellungen zur Geschichte der Erwachsenenbildung zumeist an der politischen Geschichte der Staaten und Staatsgebilde. Dieser Konvention folgen wir und gliedern den Band in fünf Abschnitte: die Weimarer Republik, den Faschismus, die Nachkriegsgeschichte von DDR und Bundesrepublik bis 1989 (für die Bundesrepublik mit 1968 als Signum für einen kulturellen Wandel) und schließlich das wiedervereinigte Deutschland seit 1990. Zugleich aber brechen wir diese Konvention durch den trivialen Kunstgriff, für jedes Jahr ein Ereignis vorzustellen. Auf diese Weise wird das sichtbar, was in der Geschichtswissenschaft und in der Soziologie die Gleichzeitigkeit des Ungleichzeitigen genannt wird. Auf der einen Seite zeigt sich etwa die Macht der Politik in der Zeit des Faschismus an Bücherverbrennungen, Ausstellungen zur „entarteten Kunst" und erzwungener Emigration, an Gleichschaltung und

> Die Autoren greifen auf Fotos, Interviews, Zeitungsartikel, Plakate, Filme und Grafiken zurück und wählen unterschiedliche Formen kultureller Überlieferung.

„Selbst-Gleichschaltung" (Langewiesche 1989, S. 351), und im selben Kapitel wird eine Geschichte zur jüdischen Erwachsenenbildung bis in das Jahr 1938 erzählt. Liest man die Geschichten zur Volkshochschule in der DDR, lässt sich erkennen, wann die politisch gewollte Konzentration auf Angebote des zweiten und dritten Bildungswegs in den Programmen tatsächlich durchschlug und welche Traditionen gleichwohl fortdauerten. Man sieht auf diese Weise sowohl stetigen als auch abrupten Wandel, Kontinuität ebenso wie Zäsur. Diese Beobachtungen verweisen auf die „langen Wellen der Gesellschaftsgeschichte" (Wehler 2008), die durch den

Wechsel von Staats- und Regierungsformen nicht gebrochen werden, sondern diese überdauern, ja in Bewegung bringen. Die Darstellung einer Geschichte der Volkshochschule als Teil der Gesellschaftsgeschichte steht aus. Wir können lediglich an einigen Beispielen andeuten und aufzeigen, was bedacht werden sollte, wenn man das Erzählte zu verstehen sucht. Wandlungsprozesse in mindestens vier Bereichen scheinen von besonderer Relevanz: der demografische Wandel, die Dynamik von Ökonomien und Arbeitsmärkten, die Veränderungen in den Lebensformen und Lebensstilen sowie der Strukturwandel des Bildungssystems.

Immer wieder und vollkommen zu Recht werden die Bedeutung des demografischen Wandels und die Veränderungen der Bevölkerungsstruktur für die Entwicklung der Erwachsenen- und Weiterbildung betont. Eine Einrichtung wie die Volkshochschule, die den Anspruch erhebt, offen zu sein für alle Erwachsenen, ist ganz unmittelbar davon betroffen. So ist die Bevölkerungszahl von etwa 62 Millionen Menschen zu Beginn der Weimarer Republik auf rund 83 Millionen im Jahr 2017 gestiegen. Auch nach Ende des Zweiten Weltkriegs lag sie trotz dramatischer Todeszahlen bei circa 65 Millionen, vor allem aufgrund der hinzugekommenen Vertriebenen und Geflüchteten. Der Anteil der über 65-Jährigen ist in den vergangenen 100 Jahren von etwa fünf Prozent im Jahr 1910 auf über 18 Prozent im Jahr 2010 angewachsen. Die Zahl der in Deutschland lebenden Ausländer hat von rund einer Million auf mehr als acht Millionen zugenommen, noch nicht mitgerechnet jene Deutsche mit einem sogenannten Migrationshintergrund. Der demografische Wandel ist Folge eines Rückgangs der Geburten- wie der Sterberaten bei einem gleichzeitigen und deutlichen Zuwachs an Zuwanderung durch Arbeitsmigration, Spätaussiedler und Asylbewerber. Während die DDR in der Literatur als „Abwanderungsland" beschrieben wird, war und ist die Bundesrepublik ein „Zuwanderungsland", das sich lange gegen den Status einer Einwanderungsgesellschaft sträubte.

> Wollte man die Geschichte der Volkshochschule nicht nur *erzählen*, wie in diesem Buch, sondern auch *erklären*, dann ließe sich dies nur im Rahmen einer Gesellschaftsgeschichte leisten.

Bedeutsam ist zudem der Wandel von Ökonomien und Arbeitsmärkten. Wir beobachten im vergangenen Jahrhundert einen andauernden Strukturwandel der Landwirtschaft, einen fortschreitenden Prozess der Industrialisierung und seit einigen Jahrzehnten einen oft konfliktreichen Übergang zu Wissens- und Informationsgesellschaften. Begleitet wird diese Entwicklung von einem technologischen Wandel, in den letzten Jahrzehnten vor allem durch die Digitalisierung der Arbeits- und Lebenswelten vorangetrieben, aber auch von wachsenden Umweltrisiken und einem gestiegenen Umweltbewusstsein begleitet. In der DDR wurden diese Prozesse als „wissenschaftlich-technische Revolution" interpretiert. Mit ihnen wandeln sich die Strukturen von Arbeitsmärkten und Beschäftigungsverhältnissen, aber auch von Lebensläufen, die weniger an stereotypen Geschlechterrollen orientiert sind. Während Industriegesellschaften von Lehrberufen getragen werden, deren Profile von Staat, Unternehmen und Gewerkschaften stabilisiert werden, sind Informations- und Wissensgesellschaften durch akademische Berufe im Dienstleistungsbereich sowie durch flexibilisierte Berufsbilder und

Beschäftigungsverhältnisse geprägt. Auch die Integration von Frauen in das Erwerbssystem vollzieht sich in den letzten 100 Jahren als ein stetiger Prozess.

Grundlegend gewandelt haben sich auch die Lebensformen und Lebensstile. Nach einer langen Phase, in der die Benachteiligung von Frauen nicht nur auf dem Arbeitsmarkt bekämpft und verringert wurde, werden heute erneut teils traditionelle, teils autoritäre Rollenmodelle in öffentliche Auseinandersetzungen eingebracht. Die Kleinfamilie, die sich über Jahrzehnte mit schichtspezifischen Varianten durchgesetzt hat, wird heute um neue familiale Lebensformen ergänzt, sodass offen ist, ob traditionelle Familienkonzepte zu einem Auslaufmodell oder einem letzten Stabilitätsanker in dynamisierten, von Erwerb und Konsum bestimmten Gesellschaften werden. Auch die Vorstellungen zur Gesundheit haben sich verändert. Sie wird heute nicht mehr als Abwesenheit von Krankheit definiert, für die der Arzt zuständig ist, sondern als physisches, psychisches und soziales Wohlbefinden, zu dem die Erwachsenen aktiv beitragen müssen. Darum wissend lässt sich verstehen, warum die Gesundheitsbildung zu einem Angebotsschwerpunkt der Volkshochschulen wurde, während die „Körperbildung" in der Weimarer Zeit randständig blieb. Grundlegende Veränderungen zeigen sich auch in der Verfügbarkeit von freier Zeit und in den Formen ihrer Nutzung. Die Durchsetzung des Rundfunks und des Fernsehens als Leit- und Massenmedien erzeugten einen Strukturwandel der Öffentlichkeit, der ursprünglich von Zeitungen, Zeitschriften und Büchern getragen wurde und der heute durch die sozialen Medien weiter forciert wird. Darauf haben die Volkshochschulen unter anderem mit der Gründung des Grimme-Instituts reagiert. Während in der Frühzeit der Volksbildung noch intensiv über die Rolle von (Volks-)Büchereien für die Demokratisierung der Gesellschaft diskutiert wurde, tauchen Büchereien heute allenfalls noch in Konzepten kommunaler Bildungszentren auf.

Beeinflusst wird die Geschichte der Volkshochschule zudem vom institutionellen Wandel des Bildungssystems und dem Wandel der Bildungsvorstellungen. Wir beobachten für das vergangene Jahrhundert einen nahezu ungebrochenen Anstieg der Bildungsansprüche und der Bildungsbeteiligung (Berg 1991; Tenorth 1989; Führ 1998). Dies zeigt sich unter anderem in steigenden Abiturienten- und Studierendenquoten und im Attraktivitätsverlust der dualen Ausbildung. Gleichzeitig erreicht ein konstant hoher Anteil von jungen Menschen und Erwachsenen nicht das versprochene Bildungsminimum. Besuchten noch 1950 86,9 Prozent aller Schülerinnen und Schüler die Volksschulen, gingen 2005 25,6 Prozent auf das Gymnasium. Zu Beginn der Weimarer Republik studierten circa 100.000 junge Menschen, zumeist Männer, an Universitäten und technischen Hochschulen, im Jahr 2000 waren es bereits 1,8 Millionen, davon rund 50 Prozent Frauen. Diese andauernde Bildungsexpansion konnte tieferliegende soziale (Selbst-)Ausgrenzungen zwar abmildern, aber nicht aufheben. Die Erwachsenenbildung ist, wie auch die Volkshochschule, Teil dieser Bildungsexpansion. Nach Teilnehmenden, Einrichtungen und Beschäftigten ist sie inzwischen der größte Bildungsbereich (Schrader 2018). Ihr Wachstum wird seit der Bildungsreform der 1960er Jahre durch eine Ausweitung sozialstaatlicher Verantwortung gestützt, für die in der Weimarer Reichsverfassung der Grundstein gelegt wurde. Seit einigen Jahrzehnten aber wird ihre Ausweitung immer stärker privat finanziert, insbesondere durch Unternehmen, aber auch durch Teilnehmende, mit Folgen für die Strukturen von Anbietern und Angeboten. In der Bundesrepublik waren unzeitgemäße Schismen verbreitet, so zwischen dem relativ stark reglementierten Bereich der Schul- und Berufsbildung, noch vertieft durch die Abgrenzung von akademischer und nicht-akademischer Berufsbildung, und dem offenen Bereich der allgemeinen und beruflichen Weiterbildung, die sich auf das Selbstverständnis der Volkshochschulen auswirkten. Um das Profil der Volkshochschulen in der DDR zu verstehen, ist es wichtig zu wissen, dass die kulturelle Bildung den sogenannten „Kulturhäusern" übertragen wurde, die Popularisierung von Wissenschaft der „Gesellschaft zur Verbreitung wissenschaftlicher Kenntnisse", später „Urania", und die berufliche Weiterbildung den Betrieben. Mit dem institutionellen Wandel gehen auch Veränderungen der Bildungsvorstellungen der Bevölkerung einher. Der traditionelle Bildungsbegriff, von Volkshochschulen zumeist in der neuhumanistischen oder in der aufklärerischen Auslegung genutzt, wird mindestens seit den international-vergleichenden Leistungsstudien wie PISA durch den Kompetenzbegriff bedrängt. Wissen und Bildung werden heute immer weniger in ihrem Selbstwert gesehen, sondern mehr und mehr in ihrer Funktion als Mittel zur Erweiterung von Handlungsmöglichkeiten und der Lebensführung. Der Erziehungsauftrag, der der Erwachsenenbildung in der DDR zugeschrieben wurde, scheint dagegen kaum noch resonanzfähig.

Liest man die vorliegenden Geschichten zur Volkshochschule vor diesem Hintergrund, so werden zahlreiche der hier in Stichworten lediglich benannten Wandlungsprozesse sichtbar und ihre Auswirkungen verständlich. Diese Prozesse verlaufen keinesfalls geradlinig. Gewandelt haben sich nicht zuletzt auch die Vorstellungen von Politik. Mit Max Weber sind wir gewohnt, die Durchsetzung der Moderne als einen Prozess der Rationalisierung zu deuten, in dem mehr und mehr die Vernunft zum Maßstab des Handelns und Entscheidens wird. Nun aber zeigt sich am Phänomen der Fake News eine Abwertung des (wissenschaftlichen) Wissens für den demokratischen Streit, und zugleich kehren nicht nur im Streit um die Integrationspolitik religiöse Überzeugungen in die Debatten zurück (Joas 2017). Leserinnen und Lesern mögen die wenigen Stichworte zum Wandel der Gesellschaft helfen, den subjektiven Sinn, den die Erzählenden ihren Geschichten geben, mit den „sozialen Fakten" auszubalancieren, die unabhängig davon existieren. Dies mag auch davor schützen, Geschichte nur als Vorgeschichte der jetzigen „Zustände" zu betrachten und damit ihre alternativen Möglichkeiten zu übersehen, Möglichkeiten, um die alltäglich, aber auch grundsätzlich gerungen wurde und wird.

Identität und Legitimation einer staunenswerten öffentlichen Institution

Die 100 Erzählungen dieses Buchs legen das scheinbar paradoxe Fazit nahe, dass die Volkshochschulen trotz ihrer Reaktionsfähigkeit auf grundlegende politische, ökonomische und soziale Veränderungen erkennbar ein Profil und eine Identität gewonnen haben, gleichwohl aber unablässig um ihre Legitimation ringen. Während Schule und Hochschule (grund-)gesetzlich verankert sind, müssen die Voraussetzungen für Erwachsenenbildung immer wieder neu hergestellt und gesichert werden.

Volkshochschulen zeigen sich – im historischen Prozess immer profilierter – als säkulare, sprich: weltanschaulich nicht gebundene Einrichtungen, die sich dem „Volk" zuwenden, das heißt, für alle offen sind und heterogene Klassen, Schichten und sozial-moralische Milieus integrieren möchten; die zu einer „höheren" im Sinne von besseren Bildung beitragen wollen und dabei, wenn nötig, auch schulische Formen des Lehrens und Lernens nutzen, einschließlich der Bewertung von Lernergebnissen. Sie orientieren sich an einem „realistischen Bildungsbegriff", wie ihn der Deutsche Ausschuss für das Erziehungs- und Bildungswesen zukunftsweisend formuliert hat. Gebildet im Sinne der Erwachsenenbildung wird danach jeder, der in der ständigen Bemühung lebt, sich selbst, die Gesellschaft und die Welt zu verstehen und diesem Verständnis gemäß zu handeln (1960, S. 20ff.). Die Angebote zielen auf eine allgemeine Bildung Erwachsener, die nicht am Beginn, sondern im Anschluss an eine erste Bildungsphase stattfindet (Spranger 1925). Dazu gehörten und gehören die Vermittlung kultureller Basiskompetenzen und das Nachholen von Schulabschlüssen, heute auch die informationstechnische Grundbildung, die Förderung von Kommunikations- und Schlüsselfähigkeiten in den Fremdsprachen sowie in sozialen Kompetenzen, die Verhaltens- und Wissensausstattung für die besonderen Rollen und Lebensräume Erwachsener, die mit Angeboten zur Gesundheits-, Familien-, Umwelt-, Verbraucher-, Freizeit- oder kulturellen Bildung gefördert werden, und schließlich, mit anhaltender Emphase eingefordert (Klemm 2017), die politische Bildung. Dazu gehören auch Angebote der beruflichen Bildung, historisch wie aktuell eher in den verwaltenden Berufen des Dienstleistungs- als in den handwerklichen des Produktionsbereichs. Schwächer repräsentiert sind die naturwissenschaftliche Grundbildung, die Auseinandersetzung mit Fragen von Fundament und Sinn menschlicher Existenz. Dies führt zu Ein- und Ausgrenzungen spezifischer Adressatengruppen.

> Beeinflusst wird die Geschichte der Volkshochschule auch vom institutionellen Wandel des Bildungssystems und dem Wandel von Bildungsvorstellungen.

Die Angebote der Volkshochschule orientieren sich nicht primär an einer Systematik der Fächer und Wissenschaften, sondern an den Lebenswelten ihrer Adressaten. Diese sehen Bildung und Wissen zumeist nicht als Selbstzweck, sondern als eine Handlungsressource, die erweiterte Möglichkeiten des Handelns im Alltag, in der Familie, in der Öffentlichkeit oder auch im Beruf eröffnen soll. Betont wird die Anwendbarkeit von Wissen, die eine Auswahl des vermittelten Wissens bestimmt. Angeboten wird genuin wissenschaftliches Wissen, anerkanntes Expertenwissen, aber auch alltägliches Erfahrungswissen. Dieses Wissen garantiert noch keine Bildung, aber Bildung ist ohne zuverlässiges Wissen undenkbar. Daher bringt der Slogan „Wissen teilen", den das Jubiläum als Motto trägt, in angemessener Weise das Bildungsverständnis der Volkshochschulen auf den Begriff. Völlig zu Recht werden die Volkshochschulen in den hier präsentierten Erzählungen immer wieder in den Zusammenhang der Entwicklung der Demokratie gestellt. In den Geschichten erscheint sie mal als ein legitimes Kind der Demokratie, orientiert an den Grundwerten von Freiheit, Gleichheit, Recht und Solidarität (Friedenthal-Haase 2018), mal als ihre fürsorgende Mutter, mal als ihre verlässliche Schwester. Ihr demokratisches Engagement kommt nicht nur in ihrer Bildungsarbeit zum Ausdruck, sondern auch in ihrer öffentlichen Parteinahme, etwa gegen Rassismus und Fremdenfeindlichkeit. Volkshochschulen haben aber immer auch ihre Selbstvergewisserung und Identitätssuche an den eigenen Ansprüchen von Demokratie gemessen. Dies zeigt sich unter anderem an der Weiterentwicklung ihrer organisationalen und verbandlichen Strukturen. Dazu gehören die Bildung eines zentralen Dachverbands mit einer intensiven Rückkopplung mit den Landesorganisationen und auch die Arbeit von Ausschüssen, Bundeskonferenzen und Arbeitskreisen, die Volkshochschulen nach ihrer kommunalen Größe, nach fachlichen Aufgaben und nach übergreifenden Gesichtspunkten wie

Frauenförderung und Diversity zusammenführen. Auch der Aufbau einer volkshochschuleigenen Struktur von Instituten zur internationalen Arbeit, zur Medienqualität oder zum Wissenstransfer hat die Identität der Volkshochschule ebenso wie die Kooperation mit Forschungsinstituten der Erwachsenenbildung gestärkt. Dazu haben auch internationale Erfahrungen beigetragen, die in der Gründungsphase auf Beobachtungen von Entwicklungen im Ausland beruhten, im Faschismus durch Emigration erzwungen wurden und die heute im Rahmen von Europäisierungs- und Globalisierungsprozessen gestaltend wahrgenommen werden. Was hier im Geflecht von 100 Erzählungen an ein Jahresdatum gebunden wird, hat gleichwohl Wirkung über Jahrzehnte bis in die Gegenwart. Die Nähe zu Universitäten, aber auch zu anderen Einrichtungen des Bildungssystems und der Medienlandschaft wird gesucht, herausgehoben etwa im Funkkolleg. Diese Suche führt aber, anders als bei den Gewerkschaften, kaum zu stabilen Kooperationen und ist oft, wie zuletzt bei den „Lernenden Regionen", auf Impulse von außen angewiesen.

> Volkshochschulen müssen trotz ihrer Anpassungsfähigkeit permanent um Legitimation ringen.

Dass eher exklusive Bünde und Kreise wie der viel beachtete Hohenrodter Bund mit seinem utopischen Überschuss an Ideen, die in Zeiten der Weimarer Demokratie entstanden, von demokratisch legitimierten Delegiertenversammlungen mit Beschlusssouveränität abgelöst wurden, spiegelt die veränderte Partizipationskultur der Volkshochschulen in den post-totalitären Zeiten der Bonner und Berliner Demokratie wider. In diese Gremiendemokratie eingeflochten sind bundesweite Volkshochschultage als breit angelegte Kongresse, die Politik, Wissenschaft und Volkshochschulen international und national zu Themen von Zeit und Zukunft zusammenführen. Der modernen Breite an Partizipation entspricht die gesteigerte Differenziertheit bei gleichzeitiger höherer Verbindlichkeit der Programmatik. Wo die „Prerower Formel", erwachsen aus einer Arbeitstagung des Reichsverbands der Volkshochschulen im Sommer 1931 an der Ostsee, noch mit vier allgemeinen Grundsätzen Gewicht hatte und Orientierung geben konnte, hat sich die Selbstvergewisserung der Volkshochschulen in der Bundesrepublik 1963, 1966 und 1978 in umfassenden Schriften zur Stellung und Aufgabe der Volkshochschule erweitert, die dann 2011, im sogenannten Blauen Buch mit dem Titel „Die Volkshochschule – Bildung in öffentlicher Verantwortung" auf die Höhe der Zeit geführt wurde.

Der Bedarf an Legitimationsarbeit ist ungebrochen. Angesichts der Freiwilligkeit von Teilnahme und der Vielfalt der Angebote könnten es sich die Volkshochschulen leicht machen, indem sie sich für eine konfliktvermeidende Beliebigkeit oder auch für eilfertige Anpassung an äußere Zwänge entschieden. Stattdessen beobachten wir die anhaltende und gezielte Vergewisserung über die Einheit in der Vielfalt und die Identität als Institution und die gemeinsame Suche nach den richtigen Zukunftskonzepten, gewiss vielfach historisch gebrochen und nicht immer in gerader Linie. Obenan steht die Entwicklung von Struktur, Niveau und Qualität der Angebote im Spannungsfeld von ideellem Auftrag, offener Programmatik und konkreten Bedarfen und Bedürfnissen in den Kommunen. Die Sicherung des Profils in lose gekoppelten Organisationen muss zwangsläufig Gegenstand von Klärungen und Auseinandersetzungen sein. Und das erst recht in einer pädagogischen Organisation, die mehr als andere Bildungseinrichtungen lange ehrenamtlich getragen wurde. Das konstitutionelle Moment von Freiheit in der Erwachsenenbildung führt zwangsläufig nicht nur in das Feld von Verbandspolitik zwischen Zentralität, föderativer Eigenständigkeit und Autonomie der Arbeit vor Ort, sondern auch zu Kontroversen im Umgang mit der Einbindung in die Parteienpolitik der jeweiligen politischen Ebenen. Hier dürfen auch die sehr verschiedenen Bedingungen von Volkshochschularbeit im großstädtischen und ländlichen Raum nicht unerwähnt bleiben, zumal angesichts einer fortschreitenden Verstädterung. Zu der fortwährenden Selbstvergewisserung gehört auch, wenn auch deutlich gedämpft, die Gewinnung des Personals, orientiert an den historisch sich wandelnden Leitbildern der Berufung und des Ehrenamts, des Nebenberufs und der Profession unter freien oder angestellten Beschäftigungsbedingungen. Die Betonung der Besonderheit der Lern- und Arbeitsformen gegenüber den schulischen ging über lange Zeit einher mit der Rekrutierung der Kursleitenden bei den „Schulleuten". Die Reduktion auf das Unterrichtliche hat allerdings angesichts der Ansprüche an Begegnung und Integration, an Diagnose und Beratung, an Präsenzlernen und Digitalisierung nicht bestehen können.

Volkshochschulen gibt es seit mindestens 100 Jahren, und alles spricht dafür, dass es sie auch in 100 Jahren noch geben wird. Für nachfolgende Bände dieser Art ist zu hoffen, dass ihre Geschichte dann umfassender dokumentiert ist. Dies mag in einem Museum – oder besser noch: in einem offenen Haus zur Geschichte der Erwachsenenbildung, das nicht nur die großen Ereignisse und Personen, sondern auch den Alltag des Lehrens und Lernens dokumentiert – möglich werden. Und wenn dies nicht real und auf traditionelle Weise verwirklicht werden kann, dann doch virtuell. Die in diesem Buch versammelten Akteure, Zeitzeugen und Beobachter beschreiben die Volkshochschule als aufnahmebereit und aufnahmefähig für den Wandel, selbst dann, wenn dieser immer schneller wird, sie beschreiben ihn wertegeleitet und widerstandsfähig dort, wo dieser Wandel in eine falsche Richtung führt, und neugierig und innovativ dann, wenn es um die Gestaltung dieses Wandels geht.

Jeder Geburtstag, zumal ein besonderer, ist ein Anlass und eine Einladung zum generationenübergreifenden Lernen. Der Versuch, die Geschichte zu verstehen, ist zugleich ein Versuch, sich selbst in einem weiteren Horizont zu sehen. Dieses Verstehen setzt ein Wiedererkennen voraus, das auch anders verstanden werden kann (Gadamer 1960). Möge die Rückgewinnung der eigenen Geschichte den Volkshochschulen Orientierung und Stärke geben für die Aufgaben der Zukunft. Ad multos annos.

Josef Schrader & Ernst Dieter Rossmann

Volksbildung als Grundrecht und Volkshochschulen im Verfassungsrang

„Das Volksbildungswesen, einschließlich der Volkshochschulen, soll von Reich, Ländern und Gemeinden gefördert werden."

Die Regelung von Artikel 148, Absatz 4 der Weimarer Reichsverfassung ist in der deutschen Bildungsgeschichte einzigartig. Die Verfassung der DDR von 1949 erwähnte zwar ebenfalls die Volkshochschulen und verpflichtete den Staat auf die Förderung der Weiterbildung, wies diese aber nicht als Grundrecht aus. Demgegenüber kehrte das Grundgesetz der Bundesrepublik Deutschland zur föderalistischen Tradition der deutschen Bildungs- und Kulturpolitik zurück und erwähnte die Erwachsenenbildung nicht. Die Entstehung dieses Artikels lässt sich als bildungspolitisches Lehrstück in drei Akten erzählen. Davor steht die Niederlage des Deutschen Reichs im Ersten Weltkrieg. Erlebt wurde sie als fundamentale Krise, als Krise der nationalen Identität, des Nationalstaats, des Kapitalismus und des gesellschaftlichen Zusammenhalts. Der Sturz der Monarchie bedeutete aber zugleich eine (Selbst-)Befreiung des deutschen Volkes von den Zwängen eines autoritären Obrigkeitsstaates. Es musste und konnte nun eine Verfassung „improvisiert" werden, wie es Theodor Eschenburg beschrieb, die Aufbau und Aufgaben einer parlamentarischen und föderalen Republik regelte und die Grundrechte und Grundpflichten ihrer Staatsbürger bestimmte.

Der erste Akt beginnt im Februar 1919 mit der Weimarer Nationalversammlung. Im Verfassungsausschuss, geleitet von Conrad Haußmann von der Deutschen Demokratischen Partei (DDP), vor allem aber im Unterausschuss für die Grundrechte streiten auf der einen Seite jene, die in liberaler Tradition vor allem eine strikte Trennung von Staat und Gesellschaft wollen; sie votieren unter anderem für Unterrichtsfreiheit und wollen Adel und Bürgertum die Erziehung ihrer Kinder durch Hauslehrer oder in Privatschulen offen halten. Andere betonen den sozialen Gestaltungsauftrag des Staates und fordern Schulpflicht für alle Schichten, Geschlechter, Weltanschauungen und Religionen; sie plädieren für eine materielle Förderung begabter, aber sozial benachteiligter Kinder, manche sprechen sich gar für die Qualifizierung der Arbeitskraft als „höchstes nationales Gut" aus. Das Weimarer „Grundrechtslaboratorium" mündet, so Friedrich Naumann, in einem Verständigungsfrieden zwischen Kapitalismus und Sozialismus; in einer Art interfraktionellem Parteiprogramm wird die staatliche Verantwortung für Grundrechte weit ausgelegt.

Im zweiten Akt nutzen einige Abgeordnete die Gunst der Stunde für die Volksbildung. In der ersten Lesung der Entwürfe der Regierung der Volksbeauftragten im Verfassungsausschuss bringen die Abgeordneten Hugo Sinzheimer und Max Ernst Quarck den Vorschlag ein, Reich und Länder sollten Mittel für die allgemeine Volksbildung bereitstellen. In der zweiten Lesung wirbt Konrad Beyerle für die Förderung der Volkshochschulen. Beide Anträge werden zu Artikel 148, Absatz 4 verknüpft und im Verfassungsentwurf verabschiedet. Dieser Erfolg geht auf Akteure zurück, die bereits im Kaiserreich als Repräsentanten sozialer Bewegungen und religiöser Gemeinschaften Bildung als ein Mittel der Selbstbehauptung im

BILD   Hugo Preuss, stehend, „Vater" der Weimarer Verfassung und Innenminister in der ersten Regierung

GESETZGEBUNG 1919

autoritären Staat nutzten: Beyerle, ein deutscher Rechtshistoriker, Politiker der Bayerischen Volkspartei und für das Zentrum in der Nationalversammlung, war zeitweise Vorstand der Görres-Gesellschaft. Sinzheimer, SPD, ein jüdischer Arbeitsrechtler, der Recht als eine „soziale Technik" auslegte, beteiligte sich 1921 an der Gründung der Akademie der Arbeit in der Universität Frankfurt am Main. Quarck, Protestant und ebenfalls in der SPD, engagierte sich in Vereinigungen für Kaufmannsgehilfen und im Frankfurter Stadtparlament für Sozialpolitik, in der er ein Mittel für die Emanzipation der Arbeiter sah.

Im dritten Akt wird es dramatisch: Die Nationalversammlung verabschiedet am 19. Juni 1919 den Entwurf der Verfassung. Nun aber wird die Verfassungsfrage von der großen Politik überlagert. Die Siegermächte drängen auf eine unverzügliche Zustimmung zum Versailler Vertrag. Die DDP will dafür die Verantwortung nicht übernehmen und tritt aus der Regierung aus; SPD und Zentrum verbleiben in der Regierung, aber ihre Differenzen in der Schulpolitik brechen erneut auf. In wenigen Tagen wird in Hinterzimmern der „Weimarer Schulkompromiss" ausgehandelt: Gegen die ursprünglichen Intentionen des Verfassungsentwurfs setzt das Zentrum Bekenntnisschulen durch, die bei einer Mehrheit von Erziehungsberechtigten in den jeweiligen Gemeinden eingerichtet werden können. Im Gegenzug beharrt die SPD auf der Gemeinschaftsschule als bevorzugter Schulform. Die Volksbildung profitiert von diesem Streit: In seinem Schatten bleibt Artikel 148 unverändert und stützt in den kommenden Jahren einen historisch beispiellosen Gründungsschub der Volkshochschulen.

Mit der Formulierung, man „sollte Geschriebenes nicht allzu wichtig nehmen", hat Thomas Mann in seiner Rede „Von deutscher Republik" im Jahr 1922 in mahnender Absicht versucht, die Weimarer Verfassung gegen ihre rechten und linken Kritiker zu verteidigen. Vor allem aber wollte er die Hoffnung auf spätere Erfüllung zum Ausdruck bringen. Diese Erfüllung steht für die Erwachsenenbildung noch aus.

JOSEF SCHRADER

Professor für Erwachsenenbildung in Tübingen und Direktor des DIE, ist interessiert am Recht als Mittel zur Steuerung von Weiterbildung.

Das pädagogische Laboratorium Dreißigacker

Da sitzen wir, im Garten der 1920 gegründeten Heimvolkshochschule Dreißigacker, den wir als Freiluft-Klassenzimmer nutzten. Die geistige Arbeit, die im Mittelpunkt unseres Kurses stand, verlangte von uns eigenständiges Denken und die Beschäftigung mit uns unbekannten Themen. Wir übten uns im Erkennen, Klären und Forschen. Wir verstanden erst später, dass die Prinzipien des Gründers und Direktors Eduard Weitsch – darunter Erfahrungslernen, Teilnehmer- und Lebensweltorientierung – auch für Generationen von Kursteilnehmenden nach uns noch gelten würden.

Angefangen hatte alles mit einer Anzeige in Nummer 22 der „Blätter der Volkshochschule Thüringen" vom 15. Februar 1922. Darin stand: „Der nächste Kurs in Dreißigacker beginnt am 1. März. Es ist wieder ein Männerkurs. Die Anmeldungen für Dreißigacker sind so lebhaft, daß stets etwa nur der fünfte Teil der Gemeldeten Aufnahme finden kann." Ich hatte schon einige Berichte über die Heimvolkshochschule in Dreißigacker gelesen und wurde neugierig. Ob dieser Kurs auch etwas für mich sein könnte? Für mich, einen 24-jährigen Fabrikarbeiter aus Suhl, der seiner Arbeit überdrüssig war und sich neu orientieren wollte? Ich erkundigte mich nach den Teilnahmebedingungen und erfuhr, dass man einen Lebenslauf einsenden und eine Begründung schreiben müsse, um an dem viermonatigen Kurs teilzunehmen, der 160 Reichsmark kosten sollte. Der Direktor der Schule, Eduard Weitsch, würde dann gemeinsam mit anderen Lehrern die Teilnehmer des Kurses auswählen. 28 sollten es sein. Es ging nicht darum, eine besonders gute Schulbildung genossen zu haben, wohl aber sein Interesse an politischen und gesellschaftlichen Fragen der Zeit darstellen und begründen zu können.

Ich entschloss mich, einen Versuch zu wagen. Ich wollte lernen, mehr über mich und die Welt erfahren, mich mit Gleichgesinnten austauschen. Diskutieren, welche Möglichkeiten wir als Arbeiter hatten, die neue Republik mitzugestalten, nachdem wir endlich das Wahlrecht erhalten hatten. Zu meiner Freude wurde ich eingeladen, an dem Kurs teilzunehmen. Ich kündigte meine Stelle und fuhr mit dem Zug nach Meiningen. Von da aus ging es in einer Stunde zu Fuß nach Dreißigacker. Das ehemalige Jagdschloss lag auf einem Hügel in einem großen Gartengelände. Ich konnte erkennen, dass der Garten für die Kurse landwirtschaftlich genutzt wurde: Da waren Blumenrabatten, eine Obstbaumwiese und Beete, auf denen Gemüse und Kartoffeln angebaut wurden. Andere Ecken des Gartens waren aber so hergerichtet, dass man dort gemeinsam verweilen konnte.

Zu Beginn des Kurses wurden zunächst die Methoden der geistigen Arbeit besprochen. Dann fand eine Sitzung statt, in der wir Schüler nach Ursachen und Bewältigung von all dem fragen konnten, was wir in unserem persönlichen, gesellschaftlichen, politischen und geistigen Leben als besondere Not empfanden. Aus diesen Gesprächen heraus entstanden unsere „Fächer": Wir widmeten uns Wirtschafts- und Erziehungsfragen, sprachen über Politik, Philosophie und Kunst. Es ging dabei weniger um wissenschaftliche Grundlagen, sondern um unsere Lebensweltbezüge. Denn unser Direktor verstand die allgemeine Laienbildung als die zentrale Aufgabe seiner Heimvolkshochschule. Es war eine Herausforderung, sich mit den unterschiedlichen Meinungen der anderen auseinanderzusetzen, diese zu akzeptieren und zu verstehen, dass man sich nicht immer einig werden konnte. Aber wir bemühten uns, für das Gegenüber offen zu

sein und dessen Standpunkte nachzuvollziehen. Wir lernten verschiedene Methoden des geistigen Arbeitens kennen, die von Eduard Weitsch entwickelt worden waren: das Rundgespräch, die Arbeitsgemeinschaft, den vordenkenden und den geschlossenen Vortrag. In der Arbeitsgemeinschaft erhielt jeder von uns die Gelegenheit zur aktiven Teilnahme. Es war ein Erfahrungsaustausch Gleichberechtigter unter Anleitung eines Lehrers. Nicht umsonst bezeichnete Weitsch die Heimvolkshochschule Dreißigacker später als eine „Schule ohne Katheder". Er nannte sie seine „Experimentiersozietas", sein pädagogisches Laboratorium, in dem er seine theoretischen Überlegungen zur Volksbildung, die er als längerfristige und intensive Beschäftigung mit einem Thema verstand, in die Praxis umsetzte. Und dieses Lernen, das ganz anders war als das, was wir aus der Schule oder Universität kannten, diese Alltagsnähe sollte die Volkshochschularbeit nachhaltig prägen.

CHRISTINE ZEUNER
Professorin für Erwachsenenbildung in Hamburg, erkundet unter anderem die Volkshochschulbewegung in der Weimarer Republik.

Das Verhältnis zwischen Volkshochschulen und Universitäten

„Wir wollen die Soziologie des Volksbildungswesens untersuchen. Dabei sind philosophische, psychologische, pädagogische und sozialpolitische Fragestellungen sehr wichtig, aber nicht Selbstzweck und Hauptgegenstand. Wir wollen vielmehr in erster Linie die Beziehungen verdeutlichen, wie sie auf dem Boden der Volksbildung und durch sie zwischen den Volksgenossen herbeigeführt werden." Mit dieser Bestimmung des Gegenstands lud Leopold von Wiese zur Mitarbeit an einem Sammelband ein, der im Oktober 1921 unter dem Titel „Soziologie des Volksbildungswesens" erschien und als Erster seiner Art eine soziologische Grundlegung des vielgestaltigen deutschen Volksbildungswesens zum Ziel hatte.

Das Buch war der erste Band der Schriften des 1919 gegründeten Forschungsinstituts für Sozialwissenschaften in Köln und markierte den Beginn einer akademischen sozialwissenschaftlichen Auseinandersetzung mit dem Gegenstand der Volksbildung. Herausgegeben wurde der Sammelband von Leopold von Wiese, der 1919 als ordentlicher Professor der Wirtschaftlichen Staatswissenschaften und der Soziologie an die Universität zu Köln berufen worden war und der als Leiter des im selben Jahr gegründeten Forschungsinstituts dieses maßgeblich mit aufbaute. Leopold von Wiese war einer von vielen bedeutenden Wissenschaftlern, die zwischen 1900 und 1933 praktisch in der Volksbildungsarbeit engagiert waren und die sich gleichzeitig um eine wissenschaftliche Grundlegung der Bildungsarbeit mit Erwachsenen bemühten. Er verpflichtete für den Sammelband „Soziologie des Volksbildungswesens" Wissenschaftlerinnen und Wissenschaftler, Praktikerinnen und Praktiker gleichermaßen, die in der Abfolge der einzelnen Kapitel neben einer theoretischen Grundlegung und deskriptiven Analyse der Volksbildungsarbeit auch soziologische Einzelfragen behandeln und Materialien zur Praxis der Volksbildung erstellen sollten.

Neben von Wiese waren als Wissenschaftler Paul Honigsheim und Max Scheler vertreten, dessen Aufsatz „Universität und Volkshochschule" das Zusammenwirken beider Institutionen und vor allem die Aufgaben der Universitäten betrachtete: durch die Stellung eines Teils der Lehrkräfte der Volkshochschulen durch die Universität, durch die Ausbildung von besonderen Volkshochschullehrkräften, durch das wissenschaftliche Studium der Volkshochschulprobleme an sozialpädagogischen Universitätsinstituten, durch die Abhaltung periodischer Kurse für fortgeschrittene Volkshochschulschüler oder durch die Beteiligung der Universität an der Auswahl der Lehrgegenstände und Lehrmittel der Volkshochschule.

Leopold von Wiese und die „Soziologie des Volksbildungswesens" stehen prototypisch für eine zunehmende Akademisierung der Erwachsenenbildung der 1920er Jahre, die an Standorten wie Jena, Göttingen, Heidelberg, Leipzig, Frankfurt am Main oder Köln mit entsprechenden Lehrveranstaltungen, Forschungsarbeiten und Publikationen sowohl für eine wissenschaftliche Analyse des Volksbildungswesens als auch für die Aus- und Fortbildung (zukünftiger) Praktikerinnen und Praktiker in der Volksbildung sorgten. Persönlichkeiten wie Wilhelm Flitner, Reinhard Buchwald, Hermann Nohl, Hermann Heller, Paul Hermberg, Fritz Borinski, Gertrud Hermes oder Paul Honigsheim sind hier exemplarisch zu nennen, die sich in einer Kombination aus praktischem Engagement und theoretisch-empirischer Grundlegung für eine – auch wissenschaftlich fundierte – Institutionalisierung der Volksbildungsarbeit einsetzten. Im Zentrum ihrer

1921
VHS UND WISSENSCHAFT

wissenschaftlichen Analysen und handlungspraktischen Fortbildungsbemühungen stand häufig die Arbeit der Volkshochschulen, die in ihren verschiedenen Dimensionen (gesellschaftliche Verortung, Organisation, Programm, Interaktion, Teilnehmende, Adressaten) theoretisch-konzeptionell begründet oder empirisch untersucht wurde.

Trotz der Vielzahl an konkreten Verbindungen vor Ort blieb das Verhältnis zwischen Volkshochschule und Universität insgesamt stark personengebunden und wurde bis auf wenige Ausnahmen – Abteilung für Erwachsenenbildung in Frankfurt am Main oder Seminar für freies Volksbildungswesen in Leipzig – kaum institutionalisiert. Gleichwohl sind in den 1920er Jahren die Grundlagen einer akademisch begründeten und interdisziplinär verorteten Erwachsenenbildung gelegt worden, die dann erst in den 1960er und 1970er Jahren mit der Gründung des Diplomstudiengangs Pädagogik und der Einrichtung erwachsenenpädagogischer Lehrstühle auf eine breitere institutionelle Basis gestellt wurden.

WOLFGANG SEITTER

Professor für Erwachsenenbildung in Marburg, ist Autor des Buchs „Geschichte der Erwachsenenbildung".

Arbeiterbildung in Leipzig

Als die Volkshochschule Leipzig am 3. Mai 1922 ihren Kursbetrieb aufnimmt, wird kaum jemand ihre einmalige, beispielgebende Wirkung vorhergesehen haben. Es ereignet sich damals nichts Geringeres als der Start in die „Leipziger Richtung" der Erwachsenenbildung. Die Volkshochschule will ihren Hörern helfen, „Weltbild und Lebensanschauung durch Erarbeitung von geordnetem Wissen, Beschäftigung mit guter Kunst und persönliche Gemeinschaftspflege zu festigen und zu vertiefen, um sie dadurch tüchtiger zu machen zur Mitarbeit am Neubau der Gesellschaft".

Aus diesem Credo entfaltet sich ein weitreichendes Netzwerk an Bildungsaktivitäten. Getragen wird es von herausragenden Akteuren, allen voran: Hermann Heller (1891–1933), Gründer und erster Leiter, Staatsrechtler und Erwach-senenbildner in Personalunion. In Leipzig findet er eine für seine Pläne aufgeschlossene Stadtspitze vor – er ist selbst Amtsleiter – und Verbündete im Geiste. Gertrud Hermes (1872–1942) ist als Erste zu nennen, Hellers Mitarbeiterin im Volksbilungsamt seit 1922 und Gründerin eines der für die „Leipziger Richtung" charakteristischen Volkshochschulheime, in denen, wie wir heute sagen, das sich in Arbeitsgemeinschaften ereignende Lernen von- und miteinander tägliche Praxis ist. Mit Heller verbunden ist sie darüber hinaus durch eine weitere Leipziger Besonderheit: als seine Assistentin am Seminar für freies Volksbildungswesen, seinerzeit die einzige Einrichtung, die, an der Universität angesiedelt, Vorbildung und Schulung von haupt- und nebenamtlichen Lehrkräften für die Erwachsenenbildung betreibt.

Die „Leipziger Richtung" lässt innerhalb von Arbeitsgemeinschaften – als Gegenentwurf zum Frontalunterricht – neue Ideen von Bildung entstehen. Ihre Programmatik äußert sich in den Semesterprogrammen und Themen wie „Der Mensch und die Gesellschaft", „Der Mensch und sein Körper" sowie „Musik, Sehen und Gestalten". Das Ziel der Leipziger Volkshochschule bringt Heller so auf den Punkt: „Vertiefung der freien Volksbildung, und zwar in doppelter Hinsicht: einmal pädagogische Vertiefung, zum anderen gesellschaftliche Vertiefung der Bildungsarbeit, Einbeziehung der Handarbeiterschaft." Tatsächlich gewinnt die Arbeiterbildung in Leipzig immer mehr an Bedeutung.

Hellers Nachfolger, Paul Hermberg (1888–1969), über fünf Jahre Leiter der Volkshochschule und des Volksbildungsamtes, rückt den Fokus sogar auf die Funktionärsbildung: Volkshochschule müsse sich entschließen, „ganz bewusst die Arbeiter, die zu ihr kommen, zu Funktionären der Arbeiterschaft zu schulen". Auch wenn die „Leipziger Richtung" stets „jede Art von parteipolitischer Beeinflussung (als) ausgeschlossen" betrachtet, sind ihre Bildungsangebote deutlich auf das Proletariat ausgerichtet. Fritz Borinski (1903–1988), der bis 1933 das Seminar für freies Volksbildungswesen leitet, strebt die Bildung eines „Aktivbürgers" an. Rückblickend stellt er fest, dass die „bewusst politisch-soziale Erziehung der Heimvolkshochschulen vor 1933 ... mitbürgerliche Erziehung" war – eine Erkenntnis, die 1954 in seinem Buch „Der Weg zum Mitbürger" richtungsweisend war. Paul Hermberg fügt der „Leipziger Richtung" noch eine weitere Spezialität hinzu: seine „Hörerstatistik".

BILD Teilnehmer im Volkshochschulheim „Schaller-Heim", Salomonstraße 31 in Leipzig

1925 baut er die Statistische Landesstelle für die sächsischen Volkshochschulen auf, aus der zwei Jahre später die Statistische Zentralstelle für die deutschen Volkshochschulen hervorgeht, und erwirbt sich damit zukunftsweisende Verdienste um die Herausarbeitung von Zusammenhängen zwischen sozialen Merkmalen der Teilnehmenden, ihren Bildungsansprüchen und -möglichkeiten bis hin zu Lehrplananalysen. So wissen wir, dass 1922/23 rund 40 Prozent der Leipziger Hörerinnen und Hörer – 1930 sogar 64 Prozent – der Arbeiterschaft entstammen, gefolgt von Angestellten, Beamten und Mittelständlern. 50 bis 65 Prozent der Teilnehmenden befinden sich zwischen Herbst 1927 und Sommer 1929 im Alter zwischen 18 und 25 Jahren, bei steigendem Frauenanteil. Werner Krukenberg (1895–1945) und Hermann Gramm (1895–1982) müssen sich als die letzten Leiter vor der Zerschlagung der Volkshochschule der immer stärkeren Beaufsichtigung und Mittelkürzung durch die Stadt erwehren. Sie wird mehr und mehr zur Zielscheibe rechtsgerichteter Propaganda. Am 13. März 1933 wird das Amt für Volksbildung aufgelöst, drei Tage später ereignet sich ein Überfall auf die „Schule der Arbeit". Die Mitgliederversammlung der Volkshochschule verfügt am 5. Mai schließlich die Selbstauflösung. Der Nationalsozialismus vernichtet eine der bedeutendsten Richtungen der deutschen Erwachsenenbildung.

ROLF SPRINK

war Leiter der Leipziger Volkshochschule und forscht zu ihrer Bedeutung in der Geschichte der Erwachsenenbildung.

Der Hohenrodter Bund – eine Arbeitsgemeinschaft von Volksbildnern

Zur Klärung der Grundlagen und Grundfragen der Volkshochschularbeit im neuen Staat lud der Stuttgarter Volksbildner Theodor Bäuerle erstmals für die Woche vor Pfingsten im Jahr 1923 ein. Im idyllischen Ort Hohenrodt im Schwarzwald verständigte sich in den nächsten Jahren ein kleiner Kreis von Erwachsenenbildnern immer wieder über Professionalisierung und Qualitätsentwicklung in der Erwachsenenbildung.

Führende Persönlichkeiten der „Neuen Richtung" hatten sich bereits im späten Kaiserreich gegen eine belehrende Volksbildung gewandt. Deren Vertreter beschrieb der Journalist Hermann Herrigel in der Frankfurter Zeitung 1923 als „Bäuerin im Hühnerstall, von einer Masse offener Schnäbel – je mehr desto besser – umgeben, die, ihrem edlen Bildungsdrange folgend, von ihm ihren Brocken erwarten. Er selber steht mit dem Bildungsfutternapf in der Mitte und verteilt seinen Karl May, Goethe, Rosegger, Rudolf Herzog, Gottfried Keller, Thomas Mann u.s.w.". Diesen Massenveranstaltungen der „Alten Richtung" setzten Vertreter der „Neuen Richtung" kleine Lerngruppen, die Arbeitsgemeinschaften, entgegen, in denen im gleichberechtigten Miteinander von Lehrenden und Lernenden das Denk- und Urteilsvermögen gestärkt werden sollte. Wenn auch einig in der Abgrenzung zur „Alten Richtung", so bildeten sich bei den Reformern zwei Flügel heraus: die Berliner und die Thüringer Richtung. Zielten Volksbildner der ersteren auf die Ausbildung einer sozialdemokratischen Elite ab, so sahen sich die anderen als „Jugendbewegung der Erwachsenen".

Um sich über diese Differenzen auszutauschen und zugleich zu versuchen, die Volksbildungsvereinigungen wieder zusammenzuschließen, hatte Theodor Bäuerle die erste Volkshochschultagung in Hohenrodt organisiert. Kein Kongress mit Delegierten sollte es werden, sondern eine freie Aussprache in anerkennender Gesprächsatmosphäre. Dass dies erreicht wurde, belegt ein Auszug aus einem Brief Wilhelm Flitners an Theodor Bäuerle vom 9. Juni 1923: „Die Bekanntschaft mit Euch lieben schwäbischen Leuten ist mir das Werteste gewesen, das dieses Jahr mir gebracht hat. Ich fand mich in der Volksbildungsarbeit sehr vereinsamt in Thüringen; auf einmal sehe ich mich in eine Reihe gleicharbeitender Menschen eingestellt. Unsere Übereinstimmung in den Grundlagen scheint mir vollständig."

Die euphorische Aufbruchsstimmung, die aus der Verständigung untereinander erwuchs, führte die Gruppe dazu, sich als „Hohenrodter Bund" zusammenzuschließen, bewusst auf Organisationsstrukturen zu verzichten und nur einen kleinen Vorbereitungskreis einzurichten, zu dem neben dem Initiator Bäuerle noch der Berliner Robert von Erdberg und der Thüringer Wilhelm Flitner gehörten. Bei den Folgetreffen besprach man zeittypische Themen wie die Veränderung von Arbeit, die moderne Kultur und die Gefahren der Schmutz- und Schundliteratur, thematisierte das Generationenverhältnis und verständigte sich über eine Berufsausbildung für die Volksbildung. Im Zusammenhang mit diesem Thema entstand unter dem Titel „Deutsche Schule für Volksforschung und Erwachsenenbildung" die Aus- und Fortbildungseinrichtung der „Neuen Richtung".

Im Hohenrodter Bund kamen über die Jahre mehr als 200 Personen aus der Erwachsenenbildung zusammen, darunter bekannte Persönlichkeiten wie Martin Buber und Martin Andersen Nexø. Eine kleine

BILD Teilnehmende der vierten Tagung des Hohenrodter Bunds im Jahr 1926

Gruppe von 20 Männern entschied über die Einzuladenden. Einige aus dieser Kerngruppe reisten mit ihren Ehefrauen zu den Treffen. Und sie wären es vor allem gewesen, die – so wird es überliefert – das Gesellige und Anerkennende in die Aussprachen eingebracht hätten. Gerade die exkludierende Einladungspolitik des lockeren Zusammenschlusses führte dazu, dass Außenstehende den Hohenrodter Bund als eine „Adelskaste der Volksbildner" oder als „pädagogische Großloge" bezeichneten. Dies und auch die interne Kritik an den – wie die Leipziger Volksbildnerin Gertrud Hermes es formulierte – „Ausführungen, die öfters fern der Wirklichkeit und blutleer gewesen" seien, verhallte ungehört.

Der Tod von Robert von Erdberg im April 1929 und eine Pressekampagne, die 1931 mit dem Vorwurf eines sozialistischen Kulturaktivismus in der katholischen Kölnischen Volkszeitung begonnen hatte, führten 1933 zur Auflösung der Deutschen Schule für Volksforschung und Erwachsenenbildung. Tagungen waren schon nach 1930 nicht mehr zustande gekommen. Eine Wiederbelebung dieses Zusammenschlusses, die von Theodor Bäuerle und anderen nach 1945 versucht wurde, scheiterte. Die Jüngeren seien es gewesen, die dem utopischen Überschuss der alten Hohenrodter nicht folgen wollten.

EDITH GLASER

ist Professorin für Historische Bildungsforschung an der Universität Kassel.

Bildung für Frauen an der Volkshochschule Stuttgart

Im Herbst 1924 wurden an der Volkshochschule Stuttgart erstmals Kurse für Frauen angeboten. Teilhabe an Bildung war in den 1920er Jahren für Frauen noch längst keine Selbstverständlichkeit. Nach dem Ersten Weltkrieg war die Bildungsbeteiligung von Mädchen angestiegen, aber trotz zweijähriger Berufsschulpflicht erhielten nur wenige von ihnen eine Berufsausbildung. Entscheidend für die Entwicklung an der Stuttgarter Einrichtung war das Engagement von Carola Rosenberg-Blume (1899–1987), die dort eine eigenständige Abteilung für Frauenbildung gegründet und aufgebaut hatte.

Rosenberg-Blume hatte Germanistik, Philosophie und Psychologie studiert. Ihre politische und wahrscheinlich auch pädagogische Prägung erhielt sie in der Jugendbewegung, sie war Mitglied im Neudeutschen Bund. Im Februar 1924 begann ihre anfangs ehrenamtliche Tätigkeit an der Volkshochschule. Sie hatte ein halbes Jahr Zeit, den Vereinsvorstand davon zu überzeugen, dass die Entwicklungschancen einer Frauenbildungsarbeit in Stuttgart die Einrichtung einer Frauenabteilung an der Volkshochschule rechtfertigen. Sie begann damit, dass sie Kontakte zu möglichen Kursleiterinnen, zu Berufsverbänden, Gewerkschaften, Schulen, Jugendgruppen und Betrieben aufbaute. Der erste Arbeitsplan erschien im Herbst 1924 und bot 15 Kurse in verschiedenen Stadtteilen und im Zentrum an. 300 Frauen beteiligten sich an den ersten Kursen. Rosenberg-Blume wurde von da an als hauptamtliche Leiterin der Frauenabteilung eingestellt. Dank ihrer bahnbrechenden Arbeit entwickelte sich das Angebot sehr rasch. Bereits im Herbst 1925 wuchs der Arbeitsplan auf 48 Kurse an und schon 1926 beteiligten sich jährlich etwa 6.500 Frauen an diesen Kursen.

Im Vorwort zum ersten Arbeitsplan wurden die Ziele der Frauenbildungsarbeit benannt: „Die Abteilung für Frauenbildung der Volkshochschule Stuttgart will durch Abhaltung von Kursen, Aussprachen und Arbeitsgemeinschaften Mädchen und Frauen, die durch Berufsarbeit und häusliche Pflichten sehr in Anspruch genommen sind, Gelegenheit zur Vertiefung ihres Menschen- und Frauentums geben. Der Unterricht geht von dem Lebenskreis (Beruf oder Familie) der Teilnehmerinnen aus, dringt aber von hier zu all den Kultur- und Wissensgebieten vor, die den Interessenkreis der berufstätigen Frau berühren …" Das übergreifende pädagogische Ziel war es, „die Verflechtungen des Alltagslebens in die sozialen Zusammenhänge zu verdeutlichen und ein Verständnis bei den Frauen für ihre Zeit zu wecken."

Das erste Kursangebot der Frauenabteilung enthielt bereits die Themen, die auch in den folgenden Jahren angeboten wurden: Fragen rund um Arbeit und Leben der Frauen wie Gesundheit, Arbeitsbelastungen, Zeitmanagement, Mutter und Kind, die Rechtsstellung des unehelichen Kindes, Körperpflege, Schwangerschaft, Verhütung, häusliche Krankenpflege, Gymnastik und Körperkultur, aber auch Bildung und Selbsterziehung, die ästhetische Gestaltung des häuslichen Umfelds sowie Literatur und die Geschichte der Frauenbewegung. Hierin werden die Schwerpunkte der Frauenabteilung deutlich: soziale und rechtspolitische Fragen der Frauen, ihre Gesundheit, berufliche und familiäre Probleme. Es ging um die ganz alltäglichen Sorgen der Frauen, um Bildung mit „unmittelbarer Wirkung ins tägliche Leben". Hervorzuheben sind die Ferienfreizeiten für Arbeiterinnen und die Kurse für erwerbslose Frauen. Ein besonderes Anliegen von Rosenberg-Blume war es, Fabrikarbeiterinnen für die Volkshochschule zu gewinnen.

BILD Teilnehmerinnen eines Volkshochschulkurses

1924
FRAUENBILDUNG

Dafür ging sie direkt in die Betriebe und bot dort den Frauen Kurse an, etwa bei Bosch, Breuninger, Waldorf Astoria. Ihre Abteilung war Anfang der 1930er Jahre die am stärksten frequentierte Abteilung der Volkshochschule Stuttgart mit mehr als 20.000 Belegungen.

Carola Rosenberg-Blume war über die Grenzen Stuttgart hinaus eine gefragte Referentin und vertrat ihr Konzept auf nationalen und internationalen Fachkonferenzen. Nach dem Machtantritt der Nationalsozialisten wurde sie am 30. März 1933 fristlos entlassen, ohne Begründung – aber wahrscheinlich, weil sie Jüdin war. Damit war auch das Ende der Frauenabteilung eingeläutet. Sie emigrierte 1936 mit ihrer Familie in die USA, wo sie 1987 verstarb. Die Frauenbildungsarbeit erlebt seit den 1970er Jahren – parallel zur Neuen Frauenbewegung – einen Aufschwung. Aber erst 1989 anlässlich des 70-jährigen Bestehens der vhs Stuttgart wurde die Arbeit von Rosenberg-Blume wiederentdeckt. Die Frauenakademie Stuttgart erhielt 1999 den Namen Carola-Blume-Akademie. Schon seit den 1970er Jahren stellen Frauen den überwiegenden Teil der Hörer und Hörerinnen der Volkshochschulen. Spezielle Frauenbildungsangebote, wie sie seit den 1970er Jahren entwickelt worden sind, haben in den vergangenen Jahren an Bedeutung verloren.

KARIN DERICHS-KUNSTMANN

ehemalige Direktorin des FIAB, entwickelte Konzepte für eine geschlechtersensible Weiterbildung.

Kandinsky, Bauhaus und die Volkshochschule Dessau

Am 1. April 1925 nahm das Bauhaus unter Leitung von Walter Gropius seine Arbeit an seinem neuen Ort auf. Zunächst nutzte man das ehemalige Kaufhausgebäude in der Mauerstraße als Provisorium, bevor man in das in aller Eile errichtete neue gemeinsame Gebäude der Kunstgewerbe- und Handwerkerschule und des Bauhauses umziehen konnte. Notwendig war dies geworden, nachdem Ende 1924 der völkisch-nationale Thüringer Ordnungsbund im Landtag die Schließung des Bauhauses in Weimar erwirkt hatte. So war es ein großes Glück für die Bauhaus-Schule, dass es dem sozialdemokratischen Oberbürgermeister von Dessau, Fritz Hesse, gelungen war, das Bauhaus nach Dessau zu holen. Die in nur wenigen Monaten erbaute Hochschule für Gestaltung und die sogenannten Meisterhäuser sind später zu Ikonen moderner Architektur des 20. Jahrhunderts geworden.

Für die Volkshochschule war der Umzug des Bauhauses nach Dessau mehr als ein glücklicher Zufall. Die Anwesenheit von Bauhauslehrern bereicherte nicht nur das geistige Leben in der aufstrebenden anhaltinischen Stadt, sondern gab vor allem der Volkshochschule zahlreiche Impulse. Umgekehrt trug die Volkshochschule zur Popularisierung des zuweilen als elitär gescholtenen Bauhauses bei. So verging keine Woche ohne Berichte in den Zeitungen über öffentliche Vorträge und Volkshochschulkurse zum Bauhaus. Insbesondere der Kreis der Freunde des Bauhauses tut sich dabei hervor, Bildungsabende mit Persönlichkeiten aus Wissenschaft und Kunst an verschiedenen Orten Dessaus zu veranstalten. Die Gründung der Volkshochschule Dessau im Februar 1919 war auf den Zusammenschluss verschiedener Bildungsvereine unter dem umtriebigen Professor Blum zurückgegangen. Blum war seinerzeit Handelsschuldirektor, avancierte wenig später zum Oberregierungs- und Schulrat des Freistaates Anhalt und wurde zum ersten Leiter der Dessauer Volkshochschule ernannt.

Von den Bauhauslehrern war es insbesondere Wassily Kandinsky, der mit Kursen und Vorträgen außerhalb der Hochschule in Erscheinung trat. Zwischen Winter 1925 und Sommer 1926 gab er Kurse und hielt Vorträge an der Volkshochschule. Er schien vom offenen und demokratischen Bildungsansatz dieser Institution angetan zu sein. Gleichzeitig arbeitete er an Aufsätzen zur Pädagogik und zum Unterricht von Kunst. Quintessenz seiner Überlegungen war es, dass „der Kunstunterricht kein von jedem anderen Unterricht abgesondertes Gebiet ist" und „in erster Linie nicht wichtig ist, was unterrichtet wird, sondern wie". In der ersten Ausgabe der Zeitschrift *Bauhaus* setzte er sich mit dem Kunstunterricht auseinander und formulierte sein Verständnis von Malerei. Sie war für ihn eine Möglichkeit, die Grenzen der Kunst zu überschreiten. Und eine Form von „Allgemeinbildung". Allerdings, so fügte er hinzu, „müssen für diesen Zweck mit dem theoretischen Unterricht praktische Übungen verbunden werden: was nützt ein herrliches Kochbuch ohne Lebensmittel und Kochtöpfe?" Offensichtlich suchte Kandinsky zu jener Zeit den Weg in die Volkshochschule, um dabei an sich selbst seine Einsichten zu praktizieren und zugleich an den Fortschritten der Volksbildungsarbeit zu partizipieren. Die sozialdemokratische Tageszeitung *Das Volksblatt für Anhalt* kündigte seinen zweiten Vortrag am 9. März 1926 unter dem Titel „Das Werden der neuen Malerei" mit folgenden Worten an: „In seinem zweiten mehr systematischen Vortrag am heutigen Dienstag wird diese Kunst, die abstrakte Malerei selbst, zur Darstellung gelangen. Man mag

BILD   Gebäude der Dessauer Bauhaus-Schule in der Bauphase

sich zu ihr stellen, wie man will, jedenfalls sollte keiner, der über moderne Kunst mitreden oder auch von ihr nur einen Begriff haben will, die Gelegenheit versäumen, darüber aus beratenem Munde belehrt zu werden."

Das außergewöhnliche Rendezvous von Bauhaus und Volkshochschule Dessau endete für beide Einrichtungen im Sommer 1932. Am 22. August beschloss der Stadtrat von Dessau auf Drängen der NSDAP, das Bauhaus zu schließen. Nur Oberbürgermeister Fritz Hesse und vier kommunistische Stadträte stimmten dagegen. Die Volkshochschule war schon wenige Tage zuvor geschlossen worden. Fritz Hesse, der von 1945 bis 1946 noch einmal das Amt des Bürgermeisters bekleidete, ist es nicht gelungen, das Bauhaus in Dessau als Hochschule wiederzubeleben. Die Volkshochschule Dessau wurde erst 32 Jahre später wiedereröffnet, am 1. April 1964.

Wenn man auf die Geschichte des Bauhauses und der Volkshochschule Dessau zurückblickt, so scheinen beide Institutionen von einem imaginären Schicksalsband umschlungen. Die Geburtsstunde beider Einrichtungen ist eng mit der der Weimarer Republik verknüpft. Und beide versprühen von Anfang an den Geist eines neuen Zeitalters, das von den Ideen einer „neuen Bildung" und einer radikalen Modernisierung des Lebens getragen ist.

WILHELM GROSSMANN
verbindet in seiner Arbeit für das Franz Marc Museum Erwachsenenbildung und Kunst.

Eine feste Burg? – Das Volkshochschulheim Sachsenburg wird eröffnet

Eine richtige Burg sollte es wohl sein: der Ort, an dem der Verein Volkshochschulen Sachsen sein schon länger geplantes Volkshochschulheim eröffnen wollte. Zunächst dachte man an die Burg Hohnstein, in der Sächsischen Schweiz gelegen. Diese aber stellte sich als zu groß heraus und wurde dann zu einer Jugendherberge ausgebaut. Am 16. und 17. Oktober 1926 wurde die Heimvolkshochschule Sachsenburg schließlich mit einem feierlichen Akt eröffnet.

Die Sachsenburg, ein wuchtiger Bau auf einem Felssporn oberhalb des Flusses Zschopau, hatte eine bewegte Vergangenheit, zuletzt war sie eine „Besserungsanstalt". Auch andere bekannte arbeiterbildende Heimvolkshochschulen arbeiteten in Schlössern und Burgen, so etwa die Einrichtungen in Dreißigacker (Meiningen), Tinz (Gera) oder in der Comburg auf dem Gebiet der Stadt Schwäbisch Hall. Dass viele Heimvolkshochschulen in altehrwürdigen Gebäuden wie Burgen, Klöstern oder Villen untergebracht waren, hatte einerseits mit dem Einfluss der Jugendbewegung zu tun, die in diesen Jahren der Volksbildungsbewegung stark verbunden war. Die Heimvolkshochschule galt damals mit ihren drei- bis viermonatigen Kursen für junge Männer und Frauen und dem gemeinschaftlichen Leben als das Königsmodell und die nachhaltigste Form der Erwachsenenbildung. Die meist abgeschiedene, landschaftlich reizvolle Lage und das historische Ambiente vermittelten den Teilnehmenden ein Gefühl des Herausgehobenseins aus der Masse. Dies setzte einen zivilisationskritischen Gegenakzent zur industriellen Arbeit und zum städtischen Alltag.

In einem Diskussionsbeitrag aus dem Jahr 1932 kennzeichnete der Leiter des Leipziger Amts für Volksbildung, der Sozialdemokrat Paul Hermberg, die Volkshochschulheime nicht ohne kritischen Hintersinn als Ort der Gemeinschaftssehnsucht. Er sah die Gefahr der Sektenbildung, der Abschließung nach außen.

Schloß Sachsenburg (Volkshochschulheim) b. Frankenberg

Dem versuchte man allerdings in der Sachsenburg gegenzusteuern, etwa in der Innengestaltung des Gebäudes: Schlichte neue Möbel aus den Hellerauer Werkstätten und moderne farbige Wandgestaltungen, die auf den jungen Bauhauskünstler Paul Häberer zurückgingen, setzten einen Kontrapunkt. Aber entscheidender für eine der gesellschaftlichen Wirklichkeit zugewandte Haltung war das in der Sachsenburg praktizierte didaktische Selbstverständnis. Als Leiter wurde Franz Angermann gewonnen, ein promovierter Philosoph und Germanist, eigentlich ein Universalgelehrter, der sich mühelos über Karl Marx, Sigmund Freud, Max Weber oder Karl Mannheim äußern konnte, aber auch über das Grammophon als Bildungsmittel schrieb. Es galt als der SPD nahestehend, war aber kein Parteisoldat, sondern eher ein Vertreter der aufgeklärten Moderne. Zusammen mit Eduard Weitsch hatte er die legendäre Heimvolkshochschule Dreißigacker aufgebaut und dort eine revolutionäre Didaktik entwickelt, die die Teilnehmenden, ihre Alltagssituation und Lebensfragen in den Mittelpunkt eines gemeinsam zu entwickelnden Lehrplans stellte.

So wurde auch in der Sachsenburg gearbeitet. In einem Schlüsselwerk der Weimarer Jahre, dem 1928 erschienenen Buch „Die Freie Volksbildung", entwickelte Angermann den didaktischen Relativismus als Methode. Relativismus war in den politisch-normativ aufgeladenen Diskussionen der Arbeiterbildungsszene der Weimarer Jahre ein schwerwiegender Vorwurf, Arbeiterbildung sollte parteilich sein und dem politischen Kampf dienen. Angermann aber kennzeichnete mit der relativistischen Methode eine Haltung der gegenseitigen Perspektivenübernahme oder Multiperspektivität in Lehr-Lern-Handlungen und griff mit einem pädagogischen Vorschlag in die zum Teil heftig geführten politischen Debatten um Parteilichkeit und Neutralität in der Volksbildung ein. Nur eine richtige Meinung konnte es danach nicht geben. Angermanns Lösung nahm die didaktischen Prinzipien des in den 1970er Jahren vereinbarten Beutelsbacher Konsenses vorweg, der Prinzipien für politische Bildung festlegt, darunter das Gebot der Kontroversität und die Möglichkeit der Lernenden, ihre Meinung frei zu äußern.

1933 wurde das Haus geschlossen, Angermann entlassen und der Burgkomplex Teil eines frühen Konzentrationslagers für politische Gegner der Nationalsozialisten. Angermann zog in seine Heimatstadt München, wo er sich als Freiberufler über Wasser hielt. Im Jahr 1939 starb er im Alter von 53 Jahren. Angermann wurde nach 1945 fast gänzlich vergessen, seine didaktischen Vorschläge fanden allerdings Widerhall in den in den unmittelbaren Nachkriegsjahren gegründeten Heimvolkshochschulen in Göhrde und in Hustedt, die sich den in Dreißigacker und Sachsenburg ausgebildeten Formen der Arbeiterbildung und den damit verbundenen didaktischen Prinzipien stark verpflichtet fühlten.

PAUL CIUPKE

reflektiert die Geschichte der Erwachsenenbildung engagiert und ist Mitherausgeber der Zeitschrift *Außerschulische Bildung*.

Gründung des Reichsverbands der deutschen Volkshochschulen

Am Anfang ging es um das Geld – so jedenfalls lässt sich verstehen, was Reinhard Buchwald später über die Entstehung der ersten reichsweiten Vertretung der Volkshochschulen in Deutschland berichtet hat, den Reichsverband der deutschen Volkshochschulen, der im Frühjahr 1927 gegründet wurde. Es war die schwere Zeit nach der Inflation in Deutschland, die auch die Erwachsenenbildung finanziell hart getroffen hatte.

Buchwald war Regierungsrat im Thüringer Volksbildungsministerium und Geschäftsführer des Landesverbands der Volkshochschulen in Thüringen. Am Rande einer Tagung – sie muss 1926 gewesen sein – sei er einmal neben dem Staatssekretär im Reichsinnenministerium zu sitzen gekommen. Dieser habe ihm erzählt, dass er in den nächsten Etat einen Posten für die Erwachsenenbildung einstellen werde und diese Gelder unter den Reichsspitzenverbänden der verschiedenen weltanschaulich ausgerichteten Gruppierungen aufteilen wolle. Mit je einem Viertel der Summe solle die katholische, die protestantische, die sozialistische und die weltanschaulich ungebundene (freie oder neutrale) Erwachsenenbildung bedacht werden. Das Geld für die Letztere solle an die Gesellschaft für Verbreitung von Volksbildung gehen.

Diese Aussage muss Buchwald wie ein Blitz getroffen haben. Unter keinen Umständen sollte ausgerechnet die Gesellschaft für Volksbildung (wie sie inzwischen offiziell hieß) die Reichsmittel für die freie Erwachsenenbildung bekommen. Deren Ansatz galt in Volkshochschulkreisen als geradezu rückständig. Aber die Volkshochschulen, die sich als die eigentlichen Vertreter einer zeitgemäßen freien Erwachsenenbildung sahen, hatten nun einmal keinen Verband auf Reichsebene. Daher kamen sie als Empfänger von Reichsmitteln nicht in Betracht. Buchwald schaltete sofort. Er behauptete, dass ein Reichsverband der freien Volkshochschulen im Entstehen begriffen sei und die Reichsmittel beanspruche. Offenbar hat der Staatssekretär diese Phantomgeschichte geglaubt.

Jedenfalls ist nach diesem Treffen fieberhaft an einem Plan für einen Reichsverband der deutschen Volkshochschulen gearbeitet worden. Viele Fragen waren zu klären, etwa ob der Reichsverband nicht eine Konkurrenzorganisation zum Hohenrodter Bund sein würde – dies wäre beispielsweise für die württembergischen Volkshochschulen nicht in Frage gekommen; ihr oberster Repräsentant, Theodor Bäuerle, war führend im Hohenrodter Bund.

Am 30. April und 1. Mai 1927, acht Jahre nach Beginn des „Volkshochschulrummels", gelang es den 14 Landes- und Landschaftsverbänden der freien Volkshochschulen im Deutschen Reich tatsächlich, den Reichsverband zu gründen – im thüringischen Meiningen, ganz in der Nähe des Volkshochschulheims Dreißigacker. Nun hatten die freien Volkshochschulen eine Vertretung auf Reichsebene. Sitz des Reichsverbands war Jena, die Wirkungsstätte des ersten Vorsitzenden Reinhard Buchwald. Ab Mitte des Jahres 1929 wurde Buchwald, der offenbar seit Jahren unter einem Burnout litt, vom stellvertretenden Vorsitzenden Alfred Mann, dem Leiter der Volkshochschule Breslau und Geschäftsstellenleiter der Arbeitsgemeinschaft der niederschlesischen Volkshochschulen, ständig vertreten.

Satzungen für den Reichsverband der deutschen Volkshochschulen e.V.

§ 1. Name. Der Verband führt den Namen „Reichsverband der deutschen Volkshochschulen" und hat seinen Sitz in Jena. Er ist in das Vereinsregister eingetragen.

§ 2. Zweck. Der Zweck des Reichsverbandes der deutschen Volkshochschulen ist, die Arbeit der ihm angeschlossenen Verbände und Volkshochschulen zu fördern, die gemeinsamen Interessen der unter § 3 näher bezeichneten Volkshochschulen vor der Öffentlichkeit und bei den Behörden, insbesondere den Reichsbehörden zu vertreten und die sachlichen Unterlagen für diese Aufgabe bereitzustellen.

§ 3. Mitgliedschaft. Mitglieder können werden: 1. Landschafts= und Landesverbände der nicht parteipolitisch oder konfessionell gebundenen Volkshochschulen (Abendvolkshochschulen und Heime) auf deutschem Reichsgebiet; 2. diejenigen Einzelvolkshochschulen derselben Art, in deren Gebiet ein dem Reichsverband angeschlossener Landschafts= oder Landesverband nicht besteht; 3. solche Landschafts= und Landesverbände, welche noch andere Gebiete der freien Volksbildung, wie z. B. Volksbücherei und Theater, pflegen, jedoch nur für denjenigen Teil ihrer Tätigkeit, der sich auf die Volkshochschule bezieht.

Es können nur solche Landschafts= oder Landesverbände und einzelne Volkshochschulen aufgenommen werden, die nicht bereits einem anderen Reichsverband angehören, der Volksbildungszwecke verfolgt und durch den sie beim Reich vertreten werden oder vertreten werden können.

Einzelpersonen können nicht Mitglieder werden.

Die Anmeldung zum Beitritt hat durch den Vorstand der einzelnen Verbände schriftlich zu erfolgen. Über die Aufnahme entscheidet der Vorstand; im Falle der Ablehnung der Aufnahme kann Berufung an die Mitgliederversammlung erfolgen, und zwar innerhalb 3 Monaten.

§ 4. Austritt. Der Austritt ist nur mit Ablauf eines Geschäftsjahres zulässig. Die schriftliche Austrittserklärung muß bis zum 1. Januar dem Vorsitzenden zugegangen sein. Bei grober Zuwiderhandlung gegen die Interessen des Verbandes oder die Nichtinnehaltung der bei der Aufnahme gemachten Voraussetzungen kann Ausschluß durch den Vorstand und bei Einspruch, der binnen Monatsfrist erfolgen muß, durch die Mitgliederversammlung erfolgen.

§ 5. Gebühren und Beiträge. Über Beitrittsgebühren und laufende Beiträge beschließt jeweils die Mitgliederversammlung.

§ 6. Organe des Verbandes. Organe des Verbandes sind: 1. die Mitgliederversammlung, 2. der Vorstand.

§ 7. Mitgliederversammlung. Im ersten Viertel des Geschäftsjahres findet eine ordentliche Mitgliederversammlung statt. Zu ihr ist wenigstens zwei Monate vorher durch eingeschriebenen Brief unter

---

Ab 1930 war Mann der Vorsitzende, sein Stellvertreter war Franz Mockrauer, Leiter der Volkshochschule Dresden und Co-Geschäftsstellenleiter des Landesverbands der Volkshochschulen in Sachsen.

Als Zweck des Verbands bestimmte die Satzung, „die Arbeit der … [nicht parteipolitisch oder konfessionell gebundenen Landschafts- und Landes-] Verbände und Volkshochschulen zu fördern, die gemeinsamen Interessen der [angeschlossenen] … Volkshochschulen vor der Öffentlichkeit und bei den Behörden, insbesondere den Reichbehörden zu vertreten und die sachlichen Unterlagen für diese Aufgabe bereitzustellen."

Der Verband verstand sich selbstverständlich nicht als bloßer Zusammenschluss mit dem Ziel, staatliche Förderung in Anspruch nehmen zu können; es ging um bildungspolitische, organisatorische und auch wissenschaftliche Förderung der Volkshochschularbeit. In den wenigen Jahren seines Bestehens veranstaltete der Reichsverband mehrere Volkshochschultage und -tagungen, darunter – zusammen mit der Deutschen Schule für Volksforschung und Erwachsenenbildung – die Arbeitswoche in Prerow 1931, bei der die sogenannte Prerower Formel verabschiedet wurde. Zudem bestimmte der Verband 1928 und 1929 wichtige Punkte im Selbstverständnis der sich professionalisierenden freien Volkshochschullandschaft in Deutschland.

Der Reichsverband wurde 1933 zwangsweise aufgelöst. Erst 1953 wurde im Zuge des Wiederaufbaus einer freien Erwachsenenbildung in der Bundesrepublik Deutschland erneut eine Gesamtorganisation der Volkshochschulen gegründet: der Deutsche Volkshochschul-Verband.

ELISABETH MEILHAMMER

forscht und lehrt zur Geschichte der Volkshochschulbewegung an der Universität Augsburg.

Körperbildung statt Bodybuilding – Dresden begründet Volkshochschultrend

Waren Sie schon mal im Deutschen Hygiene-Museum in Dresden? Ein imposantes Bauwerk mit sehr kreativen Ausstellungen und ungewöhnlichen Exponaten wie dem gläsernen Menschen. Wenn ich heute einen Beitrag zur Geschichte der Volkshochschulen schreiben soll, fasziniert mich, wie in der Stadt Dresden mehrere Initiativen zeitgleich Geschichte geschrieben haben: neben eben jenem Hygiene-Museum auch die 1928 gegründete Volkshochschule für gymnastische Körperbildung.

Welch hoher Stellenwert wurde damit dem Thema Körper und Gesundheit eingeräumt: Keine Abteilung der bestehenden Volkshochschule sollte es werden, sondern ein selbstständiger Verein unter städtischer Leitung mit eigenem Haushalt. Diese Eigenständigkeit hatte 1926 schon der Geschäftsführer der bestehenden vhs Dresden gewollt, Franz Mockrauer. Verständlich ist diese Entwicklung nur, wenn man sich klarmacht, dass Dresden ein wichtiges Zentrum einer breiten Gesundheitsbewegung geworden war. Dabei ging es noch nicht um „Rassenhygiene", den „Volkskörper" oder andere Pervertierungen und Instrumentalisierungen der Nazi-Zeit. Seit der Antike galt ein gesundes Verhältnis zum Körper als Teil des Bildungsideals. Während heute die einen in Fitnesscentern völlig humorbefreit Gewichte stemmen, bis die Schultermuskeln dicker sind als der Kopf, gab es zu Beginn des vergangenen Jahrhunderts eine an reformpädagogischen Ansätzen orientierte Aufbruchsstimmung. Ganz im Trend der Zeit wurde die neue Volkshochschule für gymnastische Körperbildung sehr schnell ein Anziehungspunkt für die Bürgerinnen und Bürger der Stadt. So stieg die Nachfrage nach Gymnastiklehrgängen an der Volkshochschule so stark an, dass 1929 schon 104 Lehrgänge angeboten wurden. Bald benötigte die Volkshochschule eine eigene Übungsstätte, die 1930 auf dem Gelände des Hygiene-Museums eingeweiht wurde. 1932 bemängelten Politiker der oppositionellen Wirtschaftspartei im sächsischen Landtag in einer kurzen Anfrage, die Volkshochschule würde „Höhensonnenbestrahlungen, Massagen und sonstige Behandlungen" viel zu günstig anbieten, worunter das private Badegewerbe der Stadt stark zu leiden habe.

Bemerkenswert finde ich, dass 1929 im Lehrerkollegium der Gymnastik-Volkshochschule neben den 14 „gymnastischen Mitarbeitern" auch sechs Ärzte und drei Musiker tätig waren. Ob sie live zur Gymnastik musizierten, spart der historische Bericht leider aus. Großer Beliebtheit erfreute sich die „Freiluftgymnastik", deren Übungswiese aber mit einer eigenen Pergola umgeben wurde, damit auch alles seine Ordnung habe, denn schließlich sei auch bei der Ausführung „auf die Unterschiede zwischen Mann und Frau größter Wert zu legen". Einerseits diente die Turnhalle der Volkhochschule „der vorbeugenden Gesundheitspflege gegen Berufsschäden" und hatte dabei die Männer im Blick, aber wie heute waren es mehrheitlich Frauen, die die Angebote zur körperlichen Ertüchtigung wahrgenommen haben.

1928 hat Dresden den Grundstein für eine Erfolgsgeschichte der Volkshochschulen gelegt, die mit Angeboten zur Gesundheitsbildung heutzutage jährlich über zwei Millionen Teilnahmen erreichen. Damit ist der Fachbereich nach Belegungszahlen der größte. Böse Zungen behaupten, dass man es nicht Bildung nennen muss, wenn scharenweise Mittvierziger zu Zumba-Musik mit dem Hintern wackeln. Doch erstens ist Gesundheitsbildung der Volkshochschule mehr als das und zweitens ist es doch gut, wenn viele nicht länger hinnehmen, dass einem die Digitalisierung die körperliche Betätigung abnimmt. Damals,

1928

GESUNDHEITSBILDUNG

1928, war es die Industrialisierung, auf die die „neuzeitliche Gymnastik" eine umfassende Antwort gab und die Seele mindestens so erfassen wollte wie den Körper. Und da bis heute Leib und Seele zusammengehören, legen Sie jetzt mal das Buch zur Seite und folgen Sie bald 100 Jahre alten Anleitungen aus Dresden, die uns immer noch guttun. Fangen Sie doch einfach an mit der „Durchlockerung des Körpers durch Schwung, Rumpfübungen im Liegen, Sitzen, Knien und Stand" und vergessen Sie mir ja nicht das „Kurvenlaufen". Geradeaus kann ja jeder!

ECKART VON HIRSCHHAUSEN
ist Arzt und Kabarettist, dem Gesundheitsbildung am Herzen liegt.

Die Weltwirtschaftskrise und die Volksbildung

Nur mit Mühe vermag sich der Vorsitzende des Reichsverbands der deutschen Volkshochschulen, Alfred Mann, bei seiner langen Bahnfahrt von Breslau nach Burg Lauenstein in Oberfranken, wo er Anfang Oktober 1931 eine Tagung von Praktikern der Volkshochschulen leiten wird, zu konzentrieren. In seinen Händen liegt die jüngst erschienene Studie von Paul Hermberg und Wolfgang Seiferth „Arbeiterbildung und Volkshochschule in der Industriestadt". Lesen muss Mann in der Einleitung, wie die seit 1929 andauernde und die gesamte Gesellschaft zerrüttende Wirtschaftskrise mit mittlerweile mehr als 6,5 Millionen Arbeitslosen in ihren destabilisierenden Wirkungen auch den Volkshochschulen zusetzt. Der massenhafte Zustrom erwerbsloser Hörer führe zu einer Herausforderung für die Bildungsarbeit, da die Teilnehmenden kaum die Gebühren zahlen und die Einrichtungen daher kaum Einnahmen verzeichnen konnten. Verschlimmernd kam in Leipzig hinzu, dass kommunale Sparmaßnahmen zu Einschränkungen des Lehrbetriebs und damit zum Abbau von Personal nötigten.

Ähnliche Szenarios erreichen Alfred Mann aus den noch etwa 200 bestehenden Volkshochschulen, so etwa von Ada Lessing in Hannover, die als Volkshochschulleiterin bereits auf ihr Gehalt verzichtet und sich dennoch außerstande sieht, bei „einer vollkommenen Unsicherheit und Unklarheit über den Zuschuss des [hannoverschen] Magistrats" das Semester für das zweite Halbjahr 1932 zu beginnen. Fatalerweise wird Mann in Burg Lauenstein angesichts immer noch steigender Arbeitslosenzahlen wenig Mut machen können, dass die meist ohnehin geringen öffentlichen Zuschüsse zur Volkshochschularbeit durch Reich, Länder und Kommunen nicht noch weiter abgebaut werden. In sein Redemanuskript zur Tagung nimmt er daher den Appell auf, den „wertvolle(n) Kern unserer Arbeit in günstigere Zeiten" hinüberzuretten. Für ihn rächt sich nun in der Wirtschaftskrise das Versäumnis der Politik in den 1920er Jahren, die Volkshochschule als Teil des Bildungssystems mit einer festen kommunalen Grundfinanzierung zu versehen, sodass sie nicht auf freiwillige Zuschüsse angewiesen sind.

In dieser prekären Situation tritt Mann für eine von der Volkshochschulkonferenz auf Burg Lauenstein zu verabschiedenden Entschließung ein, die der Politik gegenüber zum Ausdruck bringt: „Die Volkshochschulen haben seit ihrem Bestehen für die Einheit von Volk und Staat gewirkt. Daher erwarte ... [man], daß gerade in dieser wirtschaftlichen und weltanschaulichen Notzeit Reich, Länder und Gemeinden sich

BILD   Menschen suchen Arbeit: Anstehen vor dem Gemeindeamt Raschau-Markersbach

an Sinn und Durchführung des Art. 148 Abs. 4 der Reichsverfassung, die ihnen die Volkshochschule zur Aufgabe macht, gebunden erachten, indem sie wie bisher die Abendvolkshochschulen … durch ausreichende Beihilfen arbeitsfähig erhalten."

Mann sieht sich in seiner Rede veranlasst, auf die Neutralitätspflicht des mit Notverordnungen regierenden „autoritären" Staates zu dringen, da die Volkshochschulen ihrerseits nicht von dem Grundsatz eines politisch offenen Neutralitätsgebots in der Bildungsarbeit ablassen werden: „Die Volkshochschule hebt die politische, weltanschauliche, religiöse Bestimmtheit ihrer Besucher nicht auf, sondern setzt sie voraus. Wohl aber ist und soll sein neutral die Volkshochschule selbst, indem sie den verschiedenen Richtungen und Gruppen offensteht." Mann wehrt sich mit dem Neutralitätsgebot gegen eine politische Instrumentalisierung der Wirtschaftskrise, bei der die „Finanznot [der öffentlichen Haushalte] leicht zur Tarnung von Absichten dienen kann, die man nicht offen ausspricht". Explizit und implizit spielt er unter anderem auf zahlreiche Entlassungen und Versetzungen der für das Volkshochschulwesen auf Reichs- und Landesebene tätigen Minister und hohen Beamten sowie auf die den Volkshochschulen repressiv gegenüberstehende nationalsozialistische thüringische Landespolitik an.

Die von der Weltwirtschaftskrise geprägte Volkshochschultagung auf Burg Lauenstein vom Oktober 1932 konnte unter dem maßgeblichen Einfluss von Alfred Mann den Selbstbehauptungswillen der Volkshochschule als demokratiebegründende und -behauptende Einrichtung nach außen zur Geltung bringen, ohne dann aber im Prozess der Machtergreifung der Nationalsozialisten 1933 noch eine politische Wirkung zu haben.

Unter dem Druck der Weltwirtschaftskrise öffneten sich die Volkshochschulen sozialpolitischen Anforderungen (Erwerbslosenbildung, freiwilliger Arbeitsdienst), die einer nüchtern-pragmatischen Weiterbildung zur Bewältigung individueller und gesellschaftlicher Not- oder Problemlagen entsprachen. Hier zeigt sich ein charakteristischer Bezugspunkt der Volkshochschulen zu sozialpolitischen Herausforderungen, denen sie sich nach 1945 etwa in der Arbeitslosenbildung der 1980er Jahre oder in den gegenwärtigen integrativen Kursangeboten für Geflüchtete stellten und stellen.

FRANZ-JOSEF JELICH

forscht zur Bildungsgeschichte, insbesondere zur Erwachsenenbildung, an der Ruhr-Universität Bochum.

Hörerbefragung in Hamburg

„Die Hamburger Volkshochschule im Urteil ihrer Hörer": Unter diesem Titel veröffentlicht Kurt Adams die Ergebnisse einer Hörerumfrage, die er an der Hamburger Volkshochschule durchgeführt hat. Er ist Sozialdemokrat, Mitglied der Hamburger Bürgerschaft und seit 1929 Leiter der Hamburger Volkshochschule. In der im Januar 1930 lancierten Umfrage sollen Hörerinnen und Hörer auf die Frage antworten, aus welchen Beweggründen sie an den Arbeitsgemeinschaften der Volkshochschule teilnehmen. Adams nimmt die Ergebnisse als Bestätigung für seine inhaltliche Konzeption der Hamburger Volkshochschule, die eine politische Bildung in Arbeitsgemeinschaften in den Vordergrund rückt.

Die Frage nach der „richtigen" Bildung, aber auch die nach der Lernmotivation und der Meinung der Lernenden hat schon viele engagierte Weiterbildner beschäftigt – insbesondere in Zeiten, in denen Bildung als Garant für eine soziale und demokratische Entwicklung angesehen wurde. So auch Adams, der den Hörerinnen und Hörern im Wintersemester 1929/30 seine Reformvorstellungen zur Bildung zur Diskussion stellt und dabei die vordringliche Aufgabe der Volkshochschule betont, am Gegenwartsinteresse anzusetzen. Er fordert mehr Arbeitsgemeinschaften, damit die Kursteilnehmenden ihre Auffassungen eigenständig klären können, setzt sich für Kurse für Erwerbslose und Frauen an der Volkshochschule ein.

Für Adams ist Bildung nicht Selbstzweck, hat nicht der reinen Persönlichkeitsentwicklung zu dienen, sondern muss immer an ihrem gesellschaftlichen Stellenwert gemessen werden – oder wie er sein politisch-pädagogisches Grundprinzip gemäß seiner Zeit formuliert: „Volksbildung wird immer im wesentlichen Arbeiterbildung sein." 1.251 Antworten erhält Adams aus der Hörerumfrage, von denen er 200 als „brauchbar" auswählt, darunter zur „Vertiefung des persönlichen Lebens und der Gewinnung eines einheitlichen Weltbilds", zur „tieferen politischen Bildung", zur Stärkung des „Verantwortungsgefühls für den Staat und die Allgemeinheit" oder zur „Vertiefung des Gemeinschaftsgefühls". Auch Aspekte wie „Hilfe für das Familienleben", „Entdeckung neuer Wege für die Erziehung der Kinder", „Gegengewicht zu bedrückender Berufsarbeit" oder „Berufsförderung" werden genannt – und die Arbeitsgemeinschaft als Lernmethode zumeist bejaht.

Neben Einsichten über Lernmotive der Menschen in der Endphase der Weimarer Republik dokumentiert die Veröffentlichung, zu der die Umfrage eine Grundlage bildet, auch Adams' Bestreben, die eigenen bildungspolitischen Bemühungen um die Meinungen und Ansichten von Volkshochschulhörerinnen und -hörern zu komplettieren. Sein verändertes Programmangebot, die Umstellung auf Arbeitsgemeinschaften und die Einführung von Wochenendkursen führt zu erheblichen Zuwächsen und Veränderungen in der Zusammensetzung der Hörerschaft: Der Anteil der arbeitenden Bevölkerung steigt rapide an, ebenso die Anmeldezahlen zum Wintersemester 1930/31. Diese steigen um 43 Prozent auf 9.787. Die Weltwirtschaftskrise, die Hamburg verspätet, aber umso nachhaltiger erreicht, und die damit verbundene Krise der öffentlichen Haushalte machen die Reformbestrebungen Adams' jedoch zunichte: Sonderkurse für Erwerbslose, die seit dem Wintersemester 1930/31 dezentral in 13 Stadtteilen Hamburgs für 6.400 Teilnehmende angeboten werden, sind nicht weiter finanzierbar.

BILD Kurt Adams

1930 ADRESSATENFORSCHUNG

Gleichzeitig wächst die Kritik an der Volkshochschule als einer „marxistischen" Domäne. Kritisiert wird auch die hohe Zahl jüdischer Dozenten.

Mit der Mehrheit der Nationalsozialisten in der Hamburger Bürgerschaft im März 1933 ändert sich die Lage drastisch: Adams gibt sein Bürgerschaftsmandat ab und wird bereits am 15. März beurlaubt, später in den Ruhestand versetzt. Seinen Lebensunterhalt kann er noch einige Zeit mit einem kleinen Kaffeehandel bestreiten, auch bleibt er weiterhin politisch aktiv. 1944 wird er festgenommen und stirbt am 7. Oktober 1944 im KZ Buchenwald. Adams' Engagement für die gesellschaftlichen Fragen der Zeit als wesentlicher Ansatzpunkt von Bildung – und dies auch auf Grundlage einer Hörerbefragung – bleibt beispielhaft für ein demokratisches Verständnis von gesellschaftlichem und Volkshochschulmiteinander. Umfragen als partizipatorisches Element haben einen festen Stellenwert im Bereich der öffentlich-verantworteten Volkshochschulen, wenn auch unter aktuell veränderten Gesichtspunkten, wie etwa Qualitätsmanagement.

Die Hörerbefragung der Hamburger Volkshochschule findet heute als Kundenbefragung im Internet statt: 2017 wurden 57.000 Teilnehmende befragt, etwa zu Unterrichtsmethoden oder zur Fachkompetenz der Kursleitung, aber auch zur Gruppenatmosphäre und dem persönlichen Lernerfolg. Bei einer Rücklaufquote von 33 Prozent wurde der Volkshochschule eine hohe Kundenzufriedenheit bescheinigt: 93 Prozent der Befragten würden sie weiterempfehlen.

ANTJE VON REIN

leitet die Öffentlichkeitsarbeit der Hamburger Volkshochschule und ist an der Zufriedenheit der Teilnehmenden interessiert.

Prerower Formel – Was ist der Kern der Volkshochschule?

Prerow, ein Badeort an der Ostsee, hoch im Norden von Vorpommern. Hier trafen sich in der Weimarer Zeit wiederholt Volksbildner und diskutierten Grundfragen der Erwachsenenbildung. Kultstatus wird einer Sammlung von Grundsätzen zugeschrieben, verabschiedet bei einer Arbeitstagung, die dort vom Reichsverband der Volkshochschulen und der Deutschen Schule für Volksforschung vom 31. Mai bis 6. Juni 1931 ausgerichtet wurde. Diese sogenannte Prerower Formel sollte so etwas wie den allgemeingültigen Markenkern der Volkshochschularbeit der Zukunft definieren.

Die Grundsätze lauten:

1. Die öffentliche Abendvolkshochschule dient der Weiterbildung Erwachsener, in erster Linie derer, die Volks- und Berufsschulen besucht haben. Als unterrichtsmäßige Form der Erwachsenenbildung steht sie in Zusammenarbeit mit anderen Einrichtungen der Erwachsenenbildung.

2. Das Bildungsziel ergibt sich aus der Notwendigkeit der verantwortlichen Mitarbeit aller am staatlichen, gesellschaftlichen und kulturellen Leben der Gegenwart. Die erzieherische Wirkung der Abendvolkshochschule liegt in der Klärung und Vertiefung der Erfahrungen, der Vermittlung gesicherter Tatsachen, der Anleitung zum selbstständigen Denken und der Übung gestaltender Kräfte. Dabei kommt es nicht auf rein fachliche Ausbildung und wissenschaftlich-systematische Vollständigkeit an.

3. Wie bei jeder Schule steht auch in der Abendvolkshochschule der geordnete Unterricht im Mittelpunkt. Die Abendvolkshochschule erstrebt einen planmäßigen Aufbau der Lehrgebiete, soweit die Freiwilligkeit des Besuchs und der Charakter als Abendschule es zulassen.

4. Für den Aufbau des Arbeitsplans maßgebend sind die Lebenserfahrungen der Besucherinnen und Besucher und ihrer Bedürfnisse, wie sie sich aus der sozialen Gliederung und den landwirtschaftlichen und örtlichen Besonderheiten ergeben. Die Arbeitsweise gründet sich auf selbsttätiger Mitarbeit der Teilnehmenden.

Aus heutiger Sicht klingen die Positionen wie selbstverständlich für die Arbeitsweise von Volkshochschulen. Damals jedoch waren sie Gegenstand von programmatischen Diskussionen zwischen „Alter Richtung" und „Neuer Richtung" und stark umstritten. Dies betraf etwa die Frage, ob sich Volkshochschulen stärker an der Wissenschaft oder an der Lebenswelt ihrer Adressaten orientieren sollten, ob sie sich an alle oder aber vor allem an besondere Adressatengruppen wenden sollten, ob sie auch schulische Arbeitsformen einschließen oder sich von ihnen distanzieren sollten. Leider sind die Details des Einigungsprozesses und der Diskussion im Vorstand des Reichsverbands der Volkshochschulen nicht überliefert. Bekannt ist, dass seinerzeit 40 Volkshochschulleiter und einige Referenten aus den für Volksbildung zuständigen Landesministerien und dem Reichsministerium anwesend waren.

Offenbar konnte sich der Reichsverband nicht einigen, die entwickelten Grundsätze als gültige Empfehlungen für ihre Mitglieder nach außen auszusprechen. Die Prerower Formel, die als das zentrale

Dokument der Durchsetzung einer politisch-sozialen Zielsetzung der Volkshochschulen aufgefasst werden kann, ist in der Endphase der Weimarer Republik zu keiner verbindlichen Maßgabe für die Praxis geworden und ab 1933 wurden die Einrichtungen mit gänzlich anderen Erwartungen konfrontiert. Worin bestand diese politisch-soziale Zielsetzung?

Die Verfasser wollten mit den Grundsätzen erreichen, dass Außenstehende die Arbeitsweise der Volkshochschule leicht verstehen konnten. Augenscheinlich sollten die Abendvolkshochschulen als Regelvolkshochschulen zur Geltung gebracht werden und die Lehrangebote einen parteien- und lagerübergreifenden öffentlichen Charakter haben. Auch der Erfahrungsbezug in der Lehrgestaltung, das selbstständige Lernen und die Teilnehmerorientierung auf Augenhöhe werden aufgeführt. Gleichzeitig wird aber auch der Bezug auf das Schulsystem betont, der durch den Fortsetzungscharakter des Lehrangebots, das Unterrichtsmäßige der Veranstaltungen und den angestrebten Fächerkanon zum Ausdruck gebracht wird. Verständlich wird diese Einbettung, wenn man berücksichtigt, dass wohl auch öffentliche Geldgeber und ihre Verwaltungen Adressaten dieser Formel waren. Ihnen konnte man eindeutige Abgrenzungsmerkmale zu anderen öffentlichen Weiterbildungsträgern vermitteln und damit handfeste Kriterien für die Mittelvergabe schaffen.

Einen festen Ort in der Geschichtsschreibung der Volkshochschulen hat die Prerower Formel erst mit der „realistischen Wende" der Erwachsenenbildung bekommen. Die in ihr Text gewordene Selbstverständigung blieb kein Einzelfall, ergibt sich der Bedarf für eine solche Klärung doch ganz natürlich durch sich verändernde Anforderungen und Rahmenbedingungen. Später führten solche Klärungsprozesse im Unterschied zu 1931 zu tatsächlich veröffentlichten Leitbildern und Positionspapieren.

KLAUS HEUER

betreute als wissenschaftlicher Mitarbeiter am DIE das Archiv des Instituts und seines Vorläufers, der Pädagogischen Arbeitsstelle des DVV.

Ein Exempel aus Thüringen – Satzung und Satzungswandel

Das Bild zeigt den Jenaer Rechtswissenschaftler und Abgeordneten Eduard Rosenthal (1853–1926) während einer Rede im Thüringer Landtag. Rosenthal war der „Vater" der ersten demokratischen Landesverfassung Thüringens sowie der am 26. September 1919 verabschiedeten Satzung des Vereins Volkshochschule Thüringen (Landesverband der Thüringischen Volkshochschulen). In der Volkshochschule sah Rosenthal einen entscheidenden „Kulturfortschritt"; er forderte ein „gemeinsames Bildungsideal", das „alle Volksgenossen unterschiedslos verbindet". Als Abgeordneter der Deutschen Demokratischen Partei setzte er sich erfolgreich für die Förderung des Volkshochschulwesens ein. Sein Ansehen als Staatsrechtslehrer an der Universität Jena und sein Wirken als Reformer und Parlamentarier waren für die Stellung der Volkshochschule in der Demokratie des neugegründeten Landes von höchstem Wert.

Der Verein wollte die Gründung von Volkshochschulen und Heimvolkshochschulen im Lande anregen und deren Entwicklung fördern (1925 bestanden in Thüringen 44 Volkshochschulen mit zahlreichen Außenstellen. In jedem politischen Kreis gab es eine Kreisberatungsstelle für Volksbildung. Alle Kreisberatungsstellen zusammen waren für 453 Ortschaften zuständig). Durch Einrichtung eines Netzwerks von ambulanten und stationären Diensten (Wanderbücherei, Wandertheater, Sammlung von Lehrmedien, Beratungsstellen, Vereinszeitschrift, Veranstaltung von Tagungen etc.) sollte der neue Verband die Leistungsfähigkeit der Volkshochschulen professionell stärken.

Ein Charakteristikum von Anfang an war die gemischte Organisationsform: Neben korporativen Mitgliedern, den Volkshochschulen, standen, im Prinzip gleichberechtigt, einzelne Personen. Merkmale der demokratischen Struktur waren unter anderem die Involvierung von Hörerinnen und Hörern sowie Lehrpersonal einzelner Volkshochschulen und die Regelung einer rollierenden Besetzung des Vorstands zur Vorbeugung gegen mögliche Machtkonzentration. Der Thüringer Gleichklang verschiedener

BILD Der Abgeordnete Eduard Rosenthal während einer Rede im Landtag

freiheitlicher Normensysteme, alle zurückgehend auf Entwürfe eines Mannes, war singulär: die Thüringer Landesverfassung, die Satzung des Landesverbands der Volkshochschulen und schließlich die Ebene der einzelnen Volkshochschulen, für die eine Mustersatzung konzipiert worden war mit der Jenaer Volkshochschule als praktischem Modell. Die verschiedenen Satzungsänderungen von 1922, 1924, 1931 und 1932 sollten vor allem drei Zielen dienen: der didaktischen Profilierung der Freien Volksbildung (im Unterschied zur politisch und weltanschaulich gebundenen), der Stabilisierung des Verbands und einzelner Volkshochschulen durch Erschwerung der Unterwanderung seitens antidemokratischer Stoßtrupps und schließlich der Verpflichtung des Ministeriums zu finanzieller Förderung.

Das Thüringer Exempel gibt Einblick in die Verfassung eines Volkshochschulverbands – in seiner Verflochtenheit in Aufstieg und Niedergang der Demokratie. Schon 1930 war Thüringen von Adolf Hitler zum „Experimentierfeld" nationalsozialistischer Politik erklärt worden. Besondere Wichtigkeit maß er dem Ministerium für Volksbildung bei. Dieses Ministerium war bei der letzten Änderung der Verbandssatzung bereits in nationalsozialistischer Hand (seit dem 26. August 1932 besetzt mit Fritz Wächter in einer Koalitionsregierung unter Vorsitz des nationalsozialistischen Innenministers Wilhelm Frick). Die Volkshochschule Thüringen stand damals, wenngleich bereits sehr geschwächt, noch für die Idee einer freiheitlichen Hochschule für alle Bürger und Bürgerinnen. Es sollte jedoch nur noch wenige Monate dauern, bis im Frühjahr 1933 der radikale Bruch mit der demokratischen Tradition vollzogen wurde.

Der einst stolze Name Volkshochschule wurde abgeschafft und durch Deutsche Heimatschule ersetzt, der Verband gleichgeschaltet, umbenannt und die Mitgliedschaft beschränkt, und zwar ausdrücklich auf Personen „deutschen Blutes und deutschen Wesens" – ein eklatanter Verstoß gegen den zuvor gepflegten Geist der Pluralität und Toleranz. Programmatisch erklärte das neue Volksbildungsministerium am 23. September 1933: „Die neuen Satzungen werden alles verschwinden lassen, was an Demokratie und verwässernde Neutralität" erinnert. In Thüringen ist die damals abgebrochene Entwicklung der Freien Volksbildung gleichwohl nicht völlig der Vergessenheit anheimgefallen. So manche Hörerinnen und Hörer sowie Lehrende haben die Erinnerung an Bildungserlebnisse in der Volkshochschule treu bewahrt und dies hat auf die eine oder andere Weise in unterschiedlichen politischen Systemen fortgewirkt. Mit der Wiederherstellung einer freiheitlichen Demokratie seit 1989 kam die Thüringer Bildungstradition der Weimarer Republik als eine Ressource der Vergewisserung über Ursprünge und als eine Quelle von Anregungen zu neuem Ansehen.

MARTHA FRIEDENTHAL-HAASE

forschte und lehrte als Professorin zur Geschichte der Erwachsenenbildung in Jena und in Boston, insbesondere über die Zeit der Weimarer Republik.

„Juden raus! Lessing raus!"

Theodor Lessing gilt heute als einer der Wegbereiter der modernen Erwachsenenbildung. Eine Würdigung dafür erlebte er zeitlebens jedoch nicht. Im März 1933, unmittelbar nach den Reichstagswahlen, ging Lessing, so wie viele jüdische und linke Intellektuelle, ins Exil, wo er wenige Monate später von rechtsextremistischen Attentätern erschossen wurde.

Theodor Lessing stammte aus dem assimilierten jüdischen Bürgertum Hannovers. Er studierte zunächst Medizin, später Philosophie. Nach dem Ersten Weltkrieg war er als Philosoph, Wanderdozent, Hochschullehrer sowie Publizist tätig und wurde zu einem der bekanntesten politischen Journalisten der Weimarer Republik. Ada Lessing stammte ebenfalls aus dem Hannoveraner Bürgertum, arbeitete später als Journalistin in Berlin. Seit der Bekanntschaft mit Theodor Lessing war Hannover wieder der gemeinsame Lebensmittelpunkt. Nach der Hochzeit im Jahr 1912 wurde im Frühjahr 1913 Tochter Ruth geboren. Bereits während des Ersten Weltkriegs engagierte sich Ada Lessing in der SPD, dort vor allem in Frauenfragen. Ada Lessing war die erste Direktorin der 1919 gegründeten Freien Volkshochschule Linden (seit 1920 ein Stadtteil zu Hannover), deren Entstehen sie und ihr Mann initiiert hatten. Von Hochschuldozenten organisierte „Volkstümliche Hochschulkurse" gab es in Hannover zwar bereits seit 1900, diese versuchten jedoch vorrangig, Ergebnisse wissenschaftlicher Forschung zu vermitteln. Die Angebote der Volkshochschule richteten sich nun vor allem an diejenigen, die bisher aufgrund ihres sozialen Status von höherer Bildung ausgeschlossen waren. Die Themen, gegliedert nach Elementarkursen, Fach- und Berufsausbildung sowie allgemeinbildenden Kursen, deckten alle Wissensbereiche ab.

Theodor Lessing wurde aufgrund seiner demokratisch-republikanischen Gesinnung und seiner jüdischen Herkunft zur Zielscheibe nationaler, völkischer und antisemitischer Kreise. Nach studentischen Protesten gegen seine Charakterisierung Hindenburgs bei der Wahl zum Reichspräsidenten 1925 wurde er bereits zum Wintersemester 1925/26 von seiner Lehrtätigkeit an der Technischen Hochschule Hannover beurlaubt. Am 1. März 1933 emigrierte er mit seiner Tochter Ruth in die damalige Tschechoslowakei und ließ sich in Mariánské Lázne (Marienbad) nieder.

Nachdem die NSDAP bei den hannoverschen Kommunalwahlen im März 1933 stärkste Fraktion wurde, musste Ada Lessing ihr Amt als Geschäftsführerin der Volkshochschule auf Druck von Politik und Verwaltung räumen. Die Öffentlichkeit wurde mit den dürren Worten einer Pressenotiz über den Vorgang informiert: „Auf Veranlassung des Vorsitzenden des Verwaltungsausschusses der Volkshochschule, des Senators Stadtschulrat Eggers, hat die bisherige Leiterin der Geschäftsstelle der Volkshochschule, Frau Ada Lessing, ihr Amt niedergelegt." Es folgte die zügige Transformation der Volkshochschule zur Volksbildungsstätte Hannover im Deutschen Volksbildungswerk. Ähnliches geschah in diesem Zeitraum in vielen Volkshochschulen. Ein gleichartiges Schicksal teilten die Volkshochschulleiter Franz Mockrauer (Dresden), Alfred Mann (Breslau), Paul Honigsheim (Köln) und Eduard Brenner (Nürnberg). Im Mai 1933 folgte Ada Lessing ihrem Mann ins Exil. Nur wenige Wochen später, am 31. August 1933, wurde Theodor Lessing durch sudetendeutsche Attentäter ermordet. Noch vor der Besetzung der damaligen Tschechoslowakei durch deutsche Truppen floh Ada Lessing nach Großbritannien.

BILD   Ada und Theodor Lessing

Nach Ende des Zweiten Weltkriegs kehrte sie nach Hannover zurück, eine von ihr beabsichtigte Rückkehr an ihre Volkshochschule scheiterte jedoch. Sich mit einer Person auseinandersetzen zu müssen, deren Biografie zwangsläufig die Frage nach institutioneller Verantwortung und darüber hinaus auch nach persönlicher Schuld aufgeworfen hätte – daran bestand in der sozialdemokratisch geführten Erwachsenenbildung in Hannover offensichtlich wenig Interesse. Ada Lessing übernahm stattdessen den Aufbau und die Leitung eines Lehrerfortbildungsheims im Schloss Schwöbber in der Nähe von Hameln. Sie starb 1953.

2006 wurde die Volkshochschule durch den Rat der Landeshauptstadt Hannover in Ada-und-Theodor-Lessing-Volkshochschule Hannover umbenannt. Dies ist eine späte Würdigung, die Ada und Theodor Lessing zu Lebzeiten nicht erhielten. Und es ist mehr als ein Hinweis auf diesen immer noch nicht abgegoltenen Teil der Geschichte der Auseinandersetzung mit den um ihre berufliche Existenz gebrachten Protagonisten der Volkshochschulbewegung, denen auch nach 1945 eine Wiedergutmachung weitgehend verwehrt blieb.

MARTIN DUST

leitet die Agentur für Erwachsenen- und Weiterbildung in Hannover und ist Lehrbeauftragter für Erwachsenenbildung.

Freiräume für Aufklärung und Humanismus

Im Juli 1934 wird die Notgemeinschaft der verfolgten deutschen Wissenschaft, Kunst und Literatur, Sitz Paris von deutschen Intellektuellen im Exil gebildet. Das Ziel: „unter Ausschluss von Politik die kulturelle und geistige Förderung geistiger Menschen", für die es in Deutschland keine Möglichkeit mehr zu arbeiten gibt. Bereits im September 1934 erscheint dann ein Vorlesungsverzeichnis der Notgemeinschaft, mit rund 200 Vorträgen aus 16 Wissenschaftsgebieten, die von 30 Schriftstellern, Künstlern oder Forschern gehalten werden.

In dieser Entwicklung einer Gemeinschaft zum intellektuellen Austausch gibt es zahlreiche Parallelen zu anderen Fluchtorten deutscher Künstler, Schriftsteller und Forscher. Hildegard Feidel-Mertz, die sich in besonderer Weise um Aufklärung der bildungshistorischen Bedingungen dieser Zeit bemüht hat, schildert das Aufkommen dieser Gemeinschaften im Exil: „Im Zusammenhang mit der von Emigranten getragenen Kulturarbeit – Vortragswesen, Musik- und Theateraufführungen, Herausgabe von Zeitschriften – entstanden in Paris, Kopenhagen, Stockholm, London und Shanghai ‚Freie deutsche Volkshochschulen', [...] deren Programme freilich nicht immer wie angekündigt realisiert werden konnten."

Die Notgemeinschaft der verfolgten deutschen Wissenschaft, Kunst und Literatur geht ebenfalls diesen Weg einer Freien Deutschen Volkshochschule, die 1935 entsteht und von der Notgemeinschaft als einer Art Trägerin unterstützt wird. Parallel entsteht ab 1935 in Paris, einem wichtigen Zentrum der deutschen Exilanten, eine Freie Deutsche Hochschule, die eng mit dieser Freien Deutschen Volkshochschule verbunden ist. Gibt es in der Hochschule Vorlesungen und Übungen von Fachwissenschaftlern zu Philosophie, Soziologie, Geschichte, Ökonomie und weiteren Bereichen, wird an der Volkshochschule einerseits an die Tradition der Selbstaufklärung im Stil der Frankfurter Casinogesellschaft von 1802 und andererseits an einen bewegungsorientierten Protest angeknüpft.

Die Freie Deutsche Volkshochschule nahm dabei nach einem Urteil von Josef Olbrich eine besondere Stellung im Verbund der Exilinstitutionen in Paris ein, denn sie wurde von ihrer Gründung bis zu seiner Weiterreise 1939 nach Mexiko von dem ehemaligen Leiter der Marxistischen Arbeiterbildungsschule in Berlin, dem Wirtschaftswissenschaftler Johann-Lorenz Schmidt, geleitet. Olbrich schreibt in seiner „Geschichte der Erwachsenenbildung", dass sich die Widerstandshaltung dieser Kultur- und Bildungseinrichtungen schon an den angebotenen Themen zeige. Sie knüpften, so Olbrich, deutlich an die Berliner Marxistische Arbeiterschule an, eine Institution, die bereits vor 1933 den Kampf gegen den aufkommenden Faschismus aufgenommen hatte.

Die Gruppe von Intellektuellen im Exil, die sich in der Notgemeinschaft für Deutsche Wissenschaft und Kunst im Ausland zusammengeschlossen haben, ist also keineswegs unpolitisch und nur an der Organisation von Bildungsmaßnahmen interessiert. Im Vorfeld der Reichstagswahl 1936 wird in Deutschland eine Erklärung des Aktionsausschusses für Freiheit in Deutschland verbreitet, in der Autoren wie Heinrich Mann und Lion Feuchtwanger sowie eben jene Notgemeinschaft vor einem kommenden Wahlbetrug durch die NSDAP und Hitler warnen. Diese Erklärung wurde dabei vom Reichssicherheitshauptamt

EMIGRATION 1934

als „gefährlich" und „zur Beobachtung" eingestuft. Am Beispiel der Notgemeinschaft zeigt sich, dass in der Zeit des Nationalsozialismus nicht nur in Deutschland einzelne Volkshochschulen und deren Repräsentanten Widerstand gegen Hitler und das nationalsozialistische Regime leisteten. Auch Protagonisten eines „anderen Deutschlands" außerhalb der Grenzen schlossen sich an die humanistische und aufklärerische Tradition an und verteidigten sie, wo immer sie Freiräume dafür fanden.

NIKOLAUS MEYER & DIETER NITTEL

lehren und forschen zu pädagogischen Fragestellungen, unter anderem an der Goethe-Universität Frankfurt.

Eröffnung des deutschen Volksbildungswerks in Bielefeld

Die Eröffnungsfeier des Deutschen Volksbildungswerks in Bielefeld am 13. Januar 1935 war ein Forum der Parteigecken und Propaganda. Wer die Veranstaltung in der 1930 eingeweihten Rudolf-Oetker-Halle verließ, konnte (und wollte) kaum Zweifel über die ideologische Fundierung und Stoßrichtung der neuen Einrichtung haben. Das klassische Programm der überparteilichen Erwachsenenbildung zwischen Gymnastik, Englisch oder Stenografie wurde durch weltanschaulich geprägte Vorträge und Arbeitskreise mit den Themen Volk, Rasse, Militär und Nationalsozialismus verändert. Die Traditionslinie politischer Neutralität der Volkshochschule war damit endgültig abgeschnitten.

Mit einiger Verzögerung trat das nationalsozialistische Volksbildungswerk Anfang 1935 die Nachfolge der Volkshochschule Stadt- und Landkreis Bielefeld an. Diese war 1920 von 18 Gruppierungen unterschiedlichster Ausrichtung als Verein gegründet worden und deshalb parteipolitisch neutral, was einen städtischen Zuschuss ermöglichte. Nachdem der von der NSDAP beherrschte Magistrat diesen nach der Machtübernahme umgehend gestrichen hatte, musste die Volkshochschule am 29. April 1933 ihre Arbeit einstellen. Seit Herbst 1934 arbeiteten lokale NSDAP-Abteilungen an einer neuen Bildungseinrichtung, jetzt allerdings als Teil einer Parteigliederung, und zwar der Organisation „Kraft durch Freude".

Kurz vor der Eröffnung bewarb die *Westfälische Zeitung* die neue Ausrichtung: „Das Durcheinander der alten Volkshochschule hat mit dazu beigetragen, den Wirrwarr auf geistigen Gebieten noch zu vergrößern. [...] Das Volksbildungswerk soll mithelfen aus dem Menschenmaterial des Volkes einen neuen Typ zu schaffen. Dieser Typ soll sein der starke gläubige und zähe Kämpfer für Führer und Volk, für Blut und Boden: der Mensch des Dritten Reiches!" In seiner Eröffnungsfestrede lobte Gauschulungsleiter Wilhelm Dietrich Rosenbaum (1909–1994) die Bielefelder Kreisleitung wegen ihres Engagements für das Volksbildungswerk in den Westfälischen Neuesten Nachrichten als vielleicht „mustergültigste im Gau", erkannte die Volksbildungsarbeit als „teilweise Erfüllung des nationalsozialistischen Programms" und erklärte das „Rasseproblem" zur „Kernfrage der deutschen Erneuerung".

Regimekonforme und ideologisch geprägte Vortragsreihen ergänzten bereits im Auftaktjahr das herkömmliche Programm. Im Arbeitskreis „Rassekunde, Vererbungslehre, Volksgesundheit" leitete der Bielefelder Lehrer und Eugeniker Bernhard Bavink (1879–1947) eine „Einführung in Vererbungslehre und Rassenhygiene". Eine von Studienrat Gaston Ritter (1889–1949) angebotene Reihe „Volk und Vererbung" dagegen fiel mangels Anmeldungen aus. In der zweiten Sektion „Politik, Staats- und Wirtschaftslehre" referierten regionale Parteifunktionäre unter anderem zu Themen wie „Nationalsozialistischer Kulturwille", „Der Kern der Judenfrage" und „Nationalsozialismus als Notwendigkeit" sowie „Unsere Reichswehr" und „Die Kriegsschuldlüge, das Fundament des Versailler Vertrages", womit in der Bevölkerung durchaus verbreitete Einstellungen bedient wurden. Die Resonanz sah angeblich so aus, wie es in den Westfälischen Neuesten Nachrichten hieß: „Am meisten werden bisher die Gymnastikkurse besucht. Großes Interesse wird aber auch den Vorträgen über Rassenkunde entgegengebracht."

BILD Deutsches Volksbildungswerk in Bielefeld, heute Rudolf-Oetker-Halle

Die frühe Verbindung aus „Weltanschauung und Bildung" prägte auch danach die Arbeit des Volksbildungswerks, das für die „Große weltanschauliche Vortragsreihe" regelmäßig prominente Referenten aus Partei und deren Gliederungen, Ministerien und Militär verpflichtete. Der Arm der Partei reichte bis in das reguläre Fortbildungsangebot, denn mindestens einmal im „Arbeitsabschnitt" trug dort ein „politischer Referent über ein weltanschauliches Thema" vor. Darüber hinaus beschränkte sich das Volksbildungswerk nicht allein auf die Erwachsenenbildung, sondern entwickelte auch Angebote für die HJ. Zusätzlich bestand seit Sommer 1935 eine eigene Leihbücherei, die aus der 1933 beschlagnahmten und „gesäuberten" Zentral-Arbeiter-Bibliothek hervorgegangen war.

Die Volkshochschule als eine allen zugängliche Bildungsstätte unpolitischer Art war durch eine ideologisch gefestigte Parteieinrichtung für „Volksgenossen" ersetzt worden. Seit dem zweiten Arbeitsabschnitt prangte regelmäßig ein Hakenkreuz auf dem Titelblatt. Hinsichtlich der Zugangsbedingungen wurde das Programm für das Winterhalbjahr 1938/39 eindeutig: „Hörer der Volksbildungsstätte kann jeder deutsche Volksgenosse werden, soweit keine Zweifel an seiner arischen Abstammung bestehen."

JOCHEN RATH

forscht als Leiter des Instituts Stadtarchiv und Landesgeschichtliche Bibliothek zur Geschichte Bielefelds.

Volkshochschule und Emigration

Im April 1936 steht Carola Rosenberg-Blume an der Reling der „Washington". Sie hofft, in den USA mit ihrem Mann und den zwei gemeinsamen Söhnen „endlich wieder Boden unter den Füßen zu haben". Dort findet sie, die Schöpferin einer neuen emanzipatorischen Vision von Frauenbildung, Gründerin und von 1924 bis 1933 Leiterin der Frauenabteilung der vhs Stuttgart, ein neues Betätigungsfeld, wie so viele Erwachsenenbildner, die zu neuen Ufern aufbrachen, um weiterwirken und weiterleben zu können.

Rosenberg-Blume entstammte einer jüdischen Familie und erfuhr eine weltoffene, in der deutschen Kultur fest verankerte Erziehung. An der vhs Stuttgart arbeitete sie daran, das Frauenbild jener Jahre in allen Lebensbereichen zu ersetzen: von der Hausfrau und Versorgerin der Familie hin zu einer selbstbewussten und auch berufstätigen Frau. Am 1. April 1933, dem Tag des sogenannten Judenboykotts, erreichte dieses Nazi-Signal zur Vernichtung der Juden in Deutschland auch Rosenberg-Blume: Sie erhielt ohne Vorankündigung striktes Arbeitsverbot. Es gab keinen Einspruch des Vorstands des Vereins zur Förderung der Volksbildung. Zudem wurde Rosenberg-Blume der Pass entzogen, damit sie Einladungen zu Gastvorlesungen nach Dänemark und England nicht wahrnehmen konnte. Die Säuberungswelle an der Volkshochschule war angelaufen, die Lehrkräfte wurden von Fritz Cuhorst, dem Nazi-Beauftragten für Erwachsenenbildung im Vorstand des Vereins, auf mögliche linke Orientierungen und „Rasse" kontrolliert, auf Verdacht hin verhaftet oder in KZ-Haft gebracht. Das Schicksal des Exils oder der Deportation mussten auch vier jüdische in der Frauenabteilung tätige Ärztinnen erfahren.

Nach dem Aufführungsverbot der Theaterstücke ihres Mannes, Bernhard Blume, nach vergeblicher Stellensuche Rosenberg-Blumes und der realen Gefährdung ihrer Existenz durch Spionage und Überwachung wurde die Auswanderung in die Vereinigten Staaten beschlossen. Am 22. April 1936 verließ die Familie Blume Deutschland, Ende April kam sie in einem Land an, das sie als „offen, gutwillig, aufgeschlossen und hilfsbereit" erleben sollte.

Das unter den bereits ausgewanderten jüdischen Intellektuellen bestehende Kontaktnetz in Amerika, darunter etliche Repräsentanten aus der Deutschen Volkshochschule, und deren Verbindungen zum Leiter der American Association for Adult Education, Morse Cartwright, halfen ihr bei der Suche nach Verdienstmöglichkeiten. Die Chance auf einen glänzenden Einstieg in die amerikanische Erwachsenenbildung erhielt Rosenberg-Blume, als sie zu einem Vortrag auf den internationalen Kongress anlässlich des zehnjährigen Bestehens des amerikanischen Volkshochschulverbands in New York im Sommer 1936 eingeladen wurde. Sie sprach über Arbeiterbildung in Deutschland und machte Vorschläge zu einer grundlegenden Erneuerung der amerikanischen Arbeiterbildung. Später gestaltete sie die Summer Schools um und arbeitete mit bekannten Institutionen wie der Evening High School von Berkely und der New School for Social Research in New York zusammen. Ende der 1930er Jahre wurde sie zur Leiterin eines Rates für Erwachsenenbildung der East Bay von San Francisco ernannt, an dessen Gründung sie beteiligt gewesen war.

BILD Auf dem Weg ins Exil: Carola Rosenberg-Blume aus Stuttgart

EMIGRATION 1936

1945 verabschiedete sie sich aus ihrem geliebten, aber privat organisiertem Arbeitsfeld und promovierte in Klinischer Psychologie. In den Jahren nach Kriegsende erwogen Rosenberg-Blume und ihr Mann eine Rückkehr. In der Hoffnung auf eine „innere Erneuerung in Deutschland, an der mitzuarbeiten wohl eine Aufgabe hätte sein können", warteten sie im Exil auf eine solche Einladung. Diese kam aber nicht. Nicht mal einen Bericht von den ehemaligen Kollegen aus der vhs Stuttgart, wie es dort aussehe, erhielt sie. Erst recht keinen Ruf von denjenigen, die für die Erwachsenenbildung im Nachkriegsdeutschland zuständig waren. Es ist fast anzunehmen, dass Rosenberg-Blume zurückgekommen wäre, hätte man sich bei ihr entschuldigt und ihr die Mitarbeit am Aufbau einer neuen Volkshochschule in einem freien Deutschland angeboten.

Die Verfolgung durch die Nationalsozialisten und die auch später nie überwundene Ausgrenzung aus ihrem heimischen Wirkungsfeld mag dazu beigetragen haben, dass sie sich in der Fremde zunehmend an ihrem Mann und dessen Karriere orientierte. Sie hat die Demütigung, über ihre Abstammung und nicht über ihren Geist definiert zu werden, nur durch konsequente Verdrängung überwinden können. Erst Ende des 20. Jahrhunderts, nachdem die Dokumentation ihrer umfassenden Arbeit an der vhs Stuttgart zufällig im Keller der Einrichtung gefunden worden war, wurde Carola Rosenberg-Blume als Pionierin einer modernen Frauenbildung in der Weimarer Zeit und als Vorbild anerkannt – nicht nur in Europa, sondern auch in den USA.

ANNE-CHRISTEL RECKNAGEL

hat neben ihrer Tätigkeit für die Stuttgarter Volkshochschule das Leben und Wirken Carola Rosenberg-Blumes erforscht.

Zwischen Durchgriff und Kontinuität

Nachdem 1933 begonnen wurde, die Vielzahl der unterschiedlichen Einrichtungen der Erwachsenenbildung gleichzuschalten, also entweder aufzulösen oder unter die Verfügungsmacht der Partei zu stellen, ergab sich ein weiteres Problem, nämlich die Vielzahl von staatlichen und parteibezogenen Ämtern und Dienststellen, die um die Zuständigkeit der unter kommunaler Trägerschaft stehenden Volkshochschulen konkurrierten. Mit der Gründung der „Reichsarbeitsgemeinschaft für Erwachsenenbildung" im November 1937 versuchte man, diese Institutionen und Organisationen zu koordinieren und die Zuständigkeiten zwischen Staat, Partei und Kommunen neu zu regeln. Im Ergebnis ist es dabei zu einer Vormachtstellung des 1936 gegründeten Deutschen Volksbildungswerks in der Gemeinschaft „Kraft durch Freude" gekommen.

Die Gründung der Reichsarbeitsgemeinschaft kann man demnach als Etappe einer Geschichte lesen, die die zunehmende Vereinnahmung erwachsenenpädagogischer Einrichtungen durch die Nationalsozialisten beschreibt: von dem Verschwinden privater und konfessioneller Einrichtungen, von der Entlassung missliebiger Personen, von den Umbenennungen eines Großteils der Volkshochschulen in Volksbildungsstätten, vom Verlust des Einflusses der Kommunen, von den Auswirkungen eines „Musterarbeitsplans" für das Bildungsangebot, schließlich von der Instrumentalisierung der Volksbildung für Kriegszwecke. Erst mit dem Ende der NS-Herrschaft und mit der Wiedererschaffung einer an die Traditionen der Weimarer Zeit anknüpfenden Erwachsenenbildung nach dem Krieg kommt diese Geschichte zu einem Abschluss. Die Gründung der Reichsarbeitsgemeinschaft kann man aber auch als eine Geschichte lesen, in der von den Schwierigkeiten der neuen Machthaber bei der Umsetzung ihrer Ziele die Rede ist. Zu diesen Zielen heißt es in einem zeitgenössischen Bericht über die Gründung des Gremiums: „Dabei ist mit allem Nachdruck zu betonen, dass es sich hierbei keineswegs nur um eine lediglich organisatorische Arbeitsaufgabe handelt, sondern um eine wesentliche Möglichkeit, breite Schichten – vor allem die kulturell aufgeschlossenen Kreise des Mittelstands – des Volkes auf eine neue, verpflichtende Weise anzusprechen und ihren brachliegenden Einsatzwillen in den freudigen Dienst an der deutschen Volkwerdung zu stellen."

Diese zweite Geschichte würde darauf hinweisen, dass die 1939 erlassenen Richtlinien der Reichsarbeitsgemeinschaft nicht von allen Volkshochschulen vollständig befolgt wurden. Das betrifft vor allem die Umbenennung der Einrichtungen und deren inhaltliche Programmgestaltung. Lässt sich dies nicht auch als eine Durchsetzungsschwäche des Systems verstehen? Kann es nicht auch als Versuch begriffen werden, gerade die Gruppe der „kulturell aufgeschlossenen Kreise des Mittelstands" weiterhin in traditionellen Formen der Vermittlung von auch unpolitischem Wissen anzusprechen, ohne in offene Opposition zum herrschenden System zu treten?

Zu den vielfältigen Formen einer Anpassung, die gleichsam auf subtile Weise Kontinuität zu wahren vermochte, gehört auch Unauffälliges: etwa wenn auf Titelseiten von Arbeitsplänen Abbildungen lokaler historischer Sehenswürdigkeiten zu sehen sind, die stärker als das dort zu findende Emblem der Organisation „Kraft durch Freude" den Blick auf sich ziehen – wie auf der hier abgebildeten Titelseite eines Programmhefts, in dem neben (eher wenigen) Angeboten zum Thema „Wehrhaftes Volk"

1937

GLEICHSCHALTUNG

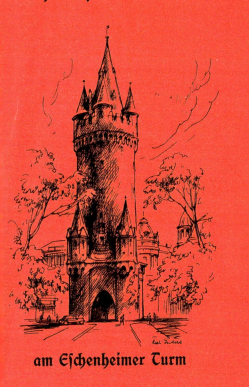

zahlreiche Veranstaltungen der traditionellen allgemeinen Erwachsenenbildung angekündigt werden.

Im Rahmen dieser zweiten Geschichte wäre schließlich darauf hinzuweisen, dass es in der Folgezeit die Ausdehnung der Reichsgrenzen einerseits und der Eintritt in den Krieg andererseits waren, die die Arbeit der Volkshochschulen verändert haben – etwa durch Neugründungen von Einrichtungen in den besetzten Gebieten, neue Teilnehmergruppen wie Soldaten und darauf bezogene Angebote der beruflichen, kulturellen und sprachlichen Erwachsenenbildung. Dies kann als Beleg dafür verstanden werden, dass Erwachsenenbildung traditionell stärker von gesellschaftlichen Veränderungen als von Programmen staatlicher Gremien abhängt.

Für eine Geschichtsschreibung zur Erwachsenenbildung scheint es deshalb angemessen, nicht von vornherein von Brüchen, sondern auch von der Möglichkeit von Übergängen auszugehen und zu versuchen, hinter propagierten Erneuerungen und realen Veränderungen die möglicherweise verborgenen Linien einer mehr oder weniger bedingten Kontinuität zu entdecken.

SIGRID NOLDA

befasste sich als Professorin für Erwachsenenbildung mit gegenwärtigen und historischen Diskursen der Erwachsenenbildung.

Jüdische Erwachsenenbildung unter NS-Herrschaft

Jüdisches Wissen, das stabilisierend zu wirken vermochte, in die jüdische Gemeinschaft im nationalsozialistischen Deutschland zu tragen: Dieses Ziel hatte die reichsweit agierende Mittelstelle für jüdische Erwachsenenbildung, die in den Lehr-Lern-Strukturen auf das Freie Jüdische Lehrhaus, Frankfurt am Main, zurückging. Den Initiatoren Ernst Simon und Martin Buber ging es um geistigen Widerstand, aber auch um ein Lernen auf Augenhöhe und letztlich um eine Verknüpfung alter Themen mit neuen Fragen. Mit diesem Konzept entwickelte sich die Mittelstelle zu einer bedeutenden Einrichtung der Erwachsenenbildung und wurde 1938, im Jahr der Reichspogromnacht, vom NS-Regime geschlossen.

Der nachstehende fiktionale Dialog erzählt aus jüdischer Sicht von der damaligen Situation: Zwei Männer treffen sich zu Beginn des Jahres 1938 zufällig auf einer Straße in Frankfurt am Main, nicht weit entfernt vom Philanthropin, dem traditionsreichen Ort jüdischen Lernens und Lehrens. Beide sind jüdischen Glaubens.

DR. IGNAZ SONNTAG, ehemals Oberstudienrat an einem Frankfurter Gymnasium: Ach, wie schön, Sie zu treffen, lieber Herr Blumenthal.
DR. HEINRICH BLUMENTHAL, ehemals Rechtsanwalt in eigener Praxis: Ja, ich freue mich auch, und dann noch hier so ganz in der Nähe des Philanthropin.
SONNTAG: Wissen Sie noch, wie wir uns damals in Bad Kreuznach kennengelernt haben, bei einer Lernzeit der Mittelstelle für jüdische Erwachsenenbildung?
BLUMENTHAL: Selbstverständlich! Ein unvergessliches Erlebnis war es, Professor Buber zu hören. Er hat uns allen Mut gemacht, standhaft zu bleiben, auszuhalten.
SONNTAG: Ja, mich zum Beispiel hat es motiviert, meine Hebräisch-Kenntnisse zu verbessern, weil ich hoffte, damit doch noch als Lehrer wirken zu können, nachdem mir die staatliche Schule, mein ehemaliger Arbeitgeber, gekündigt hatte.
BLUMENTHAL: Mir ging das ähnlich. Ich habe aber darüber hinaus noch Englisch gelernt. Etliche Bekannte von mir sind in der Zwischenzeit nach England oder gar nach Amerika ausgewandert. Da brauchen sie das Englische dringend. Wer weiß, was mir noch bevorsteht.
SONNTAG: Haben Sie gehört, dass die Mittelstelle nicht mehr existiert?
BLUMENTHAL: Ja, und auch das Lehrhaus der Israelitischen Religionsgemeinden in Mainz hat seine Tore geschlossen.
SONNTAG: Alles keine ermutigenden Signale ... Wissen Sie, was aus Buber geworden ist?
Blumenthal schüttelt den Kopf, begleitet von einem langen Schweigen.

Spontan reichen die beiden Männer einander die Hände, was sie früher nie taten, wenn sie voneinander Abschied nahmen, deuten gar eine vorsichtige Umarmung an. Ohne ein weiteres Wort zu sagen, drehen sie sich weg. Ein jeder geht davon, in seine Richtung. Monate später erhält Blumenthal von Sonntag eine Ansichtskarte aus Jerusalem. Blumenthal sitzt gerade beim Frühstück – in der kleinen Londoner Wohnung einer Tante, die gleich 1933 nach England geflohen war. „Gut, er hat es geschafft. Aber was aus Buber wohl geworden ist?"

BILD Wie viele andere in Deutschland: die Synagoge am Börneplatz in Frankfurt a.M. in Brand gesteckt

VERFOLGUNG 1938

Martin Buber gelingt es, im Herbst 1938 nach Palästina, das spätere Israel, zu fliehen. Jüdische Erwachsenenbildung kann in Deutschland nur mehr an geheimen Orten stattfinden. Am 5. November desselben Jahres werden allen jüdischen Bürgern die Reisepässe entzogen. Am 9. November inszenieren die Nationalsozialisten ein Pogrom, dem auch viele Häuser zum Opfer fallen, die lange dem Bemühen um jüdische Bildung und Erwachsenenbildung gedient hatten.

Erst während der frühen Nachkriegszeit ist wieder jüdische Erwachsenenbildung in Deutschland dokumentiert – in den sogenannten Displaced-Persons-Lagern, die die Alliierten der Westzonen errichtet hatten. Hier kamen Tausende jüdischer Menschen zusammen, oft gerade eben der Hölle in den Konzentrationslagern entronnen, und stillten ihren unbändigen Hunger nach einer jüdisch akzentuierten Bildung für Erwachsene in weitgehend selbst organisierten Seminaren und Kursen.

WOLFGANG MÜLLER-COMMICHAU

ist Honorarprofessor an der Hochschule RheinMain und hat das Buch „Identitätslernen. Jüdische Erwachsenenbildung vom Kaiserreich bis zur Bundesrepublik" veröffentlicht.

Kulturelle Bildung in der Volkshochschule – Mechanismen der Macht im NS-Staat

Es ist das Jahr, in dem mit dem fingierten Überfall auf den Sender Gleiwitz der Zweite Weltkrieg herbeigeführt wurde. Deutsche Truppen überfielen am 1. September die Poststation in Danzig. Die Westerplatte wurde von der See aus beschossen. Die Propagandamaschine lief seit der Machtübergabe an die Nationalsozialisten längst auf Hochtouren. Die Volkshochschulen, von denen einige sich bereits 1933 auflösten oder aber sich lange gegen die Gleichschaltung wehrten, passten mit ihrem Verständnis von Allgemeinbildung weder zur gewünschten „Führerbildung" noch zur „Volksgemeinschaftsbildung". Gerade weil der offene und demokratische Ansatz von Bildung den Nationalsozialisten suspekt war, suchten die neuen Machthaber nach bindenden organisatorischen Strukturen.

Für die Institution Volkshochschule interessierten sich rivalisierende nationalsozialistische Akteure, so etwa Alfred Rosenberg, führender NS-Ideologe, und Robert Ley, Reichsleiter NSDAP und Leiter der Deutschen Arbeitsfront. Ziel war es, die Volkshochschule als Instrument der Erziehung und Schulung, der Entmündigung und Steuerung einzusetzen. Schon 1934 wurde das Amt Deutsches Volksbildungswerk gegründet. Das Amt hatte den Auftrag, den Willen zur „Wehrhaftigkeit und völkischen Selbstbehauptung" sowie das „Bekenntnis zu Blut und Boden" in der Bevölkerung zu verankern. Eine zentrale Maßnahme war es, die Volkshochschule der Freizeitorganisation „Kraft durch Freude" zuzuordnen, um die Arbeiterschaft ideologisch einzubinden und deren Leistungsfähigkeit zu steigern. Erst im Jahr 1939 wurde dieser Prozess durch einen Richtlinienerlass abgeschlossen und die Volkshochschule in das NS-System inkorporiert. Die Erwachsenenbildungsarbeit wurde mit diesem Erlass in der Deutschen Arbeitsfront zusammengefasst. So konnte denn auch die „volkskulturelle und nationalpolitische Ausrichtung und Arbeitsweise" durchgesetzt werden.

Dieser Erlass hatte auch Auswirkungen auf die kulturelle Bildung. Seit der Bücherverbrennung im Jahr 1933 – ein Auftakt für kommende kulturpolitische Exzesse – wurde das NS-Konzept für kulturelle Bildung immer wieder justiert. Was die Malerei betraf, so war es bis 1937 noch relativ offen. Einige Künstler, die später verboten werden sollten, waren zu diesem Zeitpunkt noch nicht der „Entarteten Kunst" zugeordnet. In der Zeitschrift *Kunst im Dritten Reich* gab es noch immer offene Debatten. Joseph Goebbels berief 1937 eine Kommission, um die im öffentlichen Besitz befindliche, ab 1910 entstandene „Verfallskunst" auszuwählen. Diese sollte in der Ausstellung „Entartete Kunst" der Öffentlichkeit vorgestellt werden und das Kunstverständnis der Nationalsozialisten propagieren, während am Tag zuvor in derselben Stadt die „Große Deutsche Kunstaustellung" eröffnet worden war.

Die NSDAP verstand es, antimodernistische Kunstauffassungen in Verbindung mit Vorwürfen der Dekadenz für sich zu nutzen. Die Ausstellung in München war eine Einladung an die Künstler und die Öffentlichkeit, um gegenüber moderner Kunst sowie gegenüber dem Fremden ihre Abwehr zum Ausdruck zu bringen und gleichzeitig die Zugehörigkeit zum NS-Staat zu bekunden. Die Beschreibung, was „entartet" meinte, blieb jedoch im Wandel begriffen. Seit Alfred Rosenberg den Kampfbund für deutsche Kultur gegründet hatte, gab es keine eindeutige Definition. Dieser Ansatz verband antisemitisch-völkisches Denken mit einem nationalsozialistischen Kunstverständnis und richtete sich gegen „bolschewistische und

BILD   Besucher der Ausstellung „Entartete Kunst"

weltbürgerliche" Einflüsse. Dabei ging es neben Malerei ebenso um moderne Musik, Literatur und Theater. Auch die Volkshochschulen reagierten in ihren Programmen auf diese Kunstdoktrin. Ab 1939 gab es Lehrpläne für alle anerkannten Volksbildungsstätten mit Schwerpunkten wie „Geschichte und Politik", „Wehrhaftes Volk", „Gesundes Volk", „Volk an der Arbeit", „Deutsches Kultur- und Geistesleben", „Volkstum und Heimat". In einem Musterplan für den Bereich „Deutsche Kultur- und Geistesleben" wurde der Kunstbegriff eng mit dem Rassenbegriff verwoben.Im Halbjahrprogramm 1938/39 leitete die Groß-Berliner Volkshochschule ihr Programm mit dem „Heimatthema" ein, um die „Heimat und die Verwurzelung unserer Bildung in ihr als einen wesentlichen Zug nationalsozialistischer Erziehung zu platzieren". In den Angeboten zur Literatur wurden ganze Epochen unter der Absicht durchgearbeitet, die „Stärke" deutscher Literatur gegenüber anderen Nationalliteraturen herauszustellen.

Ein Fluchtpunkt für die Volkshochschulmitarbeiter war eine ausdifferenzierte Fachlichkeit, die den Einzelnen nicht angreifbar machte. Allerdings war man zur „Betriebsvergemeinschaftung" verpflichtet. Hier waren antisemitische Bemerkungen gängig, wobei die rassistische Überlegenheit und die Wehrhaftigkeit betont wurden. Hinzugekommen war bereits, dass Frauen und Juden aus Leitungspositionen entlassen wurden.

WILTRUD GIESEKE

forscht und lehrt als Professorin für Erwachsenenbildung in Berlin zur kulturellen Bildung und zur Geschichte der Volkshochschulen.

Im Krieg den Frieden vorbereiten

Fritz Borinski prägte entscheidend den Wiederaufbau der Volks- und Erwachsenenbildung in Deutschland nach dem Zweiten Weltkrieg. Sein Praxisfeld in der Weimarer Republik war die Volkshochschule in ihren verschiedenen Formen, sein pädagogisches Konzept das einer entschieden demokratischen Volks- und Arbeiterbildung. Als Leiter des Seminars für Freies Volksbildungswesen an der Universität Leipzig wurde er ein Pionier der akademischen Ausbildung für Erwachsenenbildner. 1933 aus „rassischen" Gründen entlassen, emigrierte er 1934 nach Großbritannien. Dort wurde er 1940 als Enemy Alien – als feindlicher Ausländer – interniert und in ein Lager nach Australien deportiert. Hinter Stacheldraht baute er eine Lagerschule auf, die inhaftierte Jugendliche auf Schulabschlüsse vorbereiten und geistige Anregung und Weiterbildung in der Art einer Volkshochschule oder „Lageruniversität" vermitteln sollte.

Im November 1941 war Borinski an Bord der „Sterling Castle", eines britischen Truppentransportschiffs, das die Internierten von Australien auf der Route durch den Panamakanal nach Großbritannien zurückbrachte, wo sie, nunmehr als Asylanten anerkannt und mit einer Arbeitserlaubnis versehen, die Freiheit erlangten. Auf der Fahrt hatte Borinski in einem Gespräch an Deck, nur zufällig von einem Mitreisenden angehört, seine Hoffnungen für die Zukunft des Bildungs- und Erziehungswesens in einem vom Nationalsozialismus befreiten Deutschland erläutert. Eben diese Worte führten dann im Jahre 1942 zur Gründung des britisch-deutschen oder deutsch-britischen pädagogischen und bildungspolitischen German Educational Reconstruction Committee (GER), welches seine Arbeit 1943 aufnahm.

BILD Der britische Truppentransporter „Stirling Castle" bringt Exilanten nach Großbritannien

EMIGRATION 1940

Nach seiner Rückkehr nach London erreichte Borinski im Sommer 1942 überraschend eine Einladung zum Lunch. Seine Gastgeber waren der Leiter der Abteilung Lehrerbildung im britischen Kultusministerium, Mr. Sidney H. Wood, und seine als Frauenrechtlerin und soziale Akteurin bekannte Ehefrau Phyllis Wood. Die Vorstellungen der Woods und die Ideen Borinskis passten zusammen. Mr. Wood hatte bereits vergeblich versucht, im Kultusministerium Interesse zu wecken für die Weiterbildung und spätere Rückkehr emigrierter deutscher Pädagogen. Ihm ging es darum, diese für den künftigen Neuanfang in Deutschland zu gewinnen. Da das Vorhaben, noch während des Kriegs den Frieden vorzubereiten, im Ministerium keine Resonanz fand, waren die Woods zu einer privaten Initiative entschlossen. Unter der Devise *Reconstruction* wollten sie britische Förderer mit deutschen Emigranten zusammenbringen. *Reconstruction* stand für einen weltoffenen Neuanfang in Deutschland.

Demokratische Traditionen des deutschen Bildungswesens sollten belebt und weiterentwickelt werden. Der vieldeutige Begriff *Reeducation* wurde abgelehnt, weil darunter autoritäre Umerziehung verstanden werden konnte. Die pädagogische Arbeit sollte Sache der Deutschen sein, die Beschaffung von materieller und immaterieller Förderung und die Vernetzung des Projekts in der Öffentlichkeit Sache der britischen Partner. Weithin bekannte Persönlichkeiten wirkten mit: die parteilose Abgeordnete Eleanor Rathbone, der Politikwissenschaftler Sir Ernest Barker und der Soziologe Karl Mannheim. Finanzhilfe kam unter anderem von den Quäkern. Das Sekretariat war professionell besetzt, zuerst mit Borinski und dem Germanisten Werner Milch, beide unterstützt durch die Pädagogin Minna Specht, dann ab 1946 bis zum Ende des GER, 1958, mit dem Sozialpädagogen Erich Hirsch. GER bildete Emigranten fort, informierte die britische Öffentlichkeit über Deutschland, besuchte Kriegsgefangenenlager, konnte frühzeitig Deutsche nach England einladen, ermöglichte Studienaufenthalte und vermittelte Personen, Ideen und Hilfsgüter nach Deutschland.

GER ist ein leuchtendes Beispiel des frühen Wirkens einer grenzüberschreitenden Nichtregierungsorganisation, die in schwerer Kriegs-und Nachkriegszeit viel an Hilfe geleistet hat. Eines der Themen von GER war die Idee der Volkshochschule in Freiheit. Als Borinski im April 1947 auf einer Schiffsreise zurück in die deutsche Heimat war, hatte er sein Manuskript „The German Volkshochschule" im Gepäck. Erneuert aus demokratischen Quellen sollte die deutsche Volkshochschule ein Baustein für ein freiheitliches Europa werden. Borinski wurde Leiter der Heimvolkshochschule Göhrde, dann Volkshochschulleiter in Bremen und später Professor für Pädagogik an der Freien Universität Berlin. Zeitlebens setzte er sich für die Volkshochschule als eine Schule zur Demokratie und für Erwachsenenbildung als einen anspruchsvollen Beruf ein.

MARTHA FRIEDENTHAL-HAASE

setzt ihre Forschungen zur Geschichte der Erwachsenenbildung fort, derzeit mit einem Buch über Fritz Borinski.

Ideologie und Volksbildung

Von einer „erfreulich gut" besuchten Veranstaltung schrieb die Krakauer Zeitung, ein nationalsozialistisches Blatt, über den vierten Vortragsabend der deutschen Volksbildungsstätte Warschau am 13. März 1941. Der Redner, Reichsamtsleiter Schön, Leiter der Abteilung Umsiedlung im Amt des Distriktchefs Warschau, nutzte diesen Rahmen, um über die „Volkstumsordnung" in seinem Distrikt zu referieren. Dabei ging es, der NS-Ideologie entsprechend, um das „große deutsche Aufbauwerk" im Osten, um die Deutschen als „Kulturträger", die sie in Polen immer schon gewesen seien, und um die „Notwendigkeit" der Ansiedlung von „Volksdeutschen" sowie der Vorbereitung einer „endgültige[n] Lösung der Judenfrage" auch in Polen.

An diesem Beispiel wird deutlich, dass die im Deutschen Volksbildungswerk zusammengeschlossenen und der NS-Freizeitorganisation „Kraft durch Freude" angegliederten Volksbildungsstätten in Deutschland, darunter auch jene in den „Ostgebieten", ein Ort und Mittel der Propagierung der brutalen und menschenverachtenden NS-Ideologie waren. Bildung und Ideologie gingen im Nationalsozialismus Hand in Hand. Ob in Warschau, in der Ende 1940 von Generalgouverneur Hans Frank eröffneten Krakauer Volksbildungsstätte oder im 1942 begründeten Ostinstitut für Volksbildung in Posen – überall betonten die Nationalsozialisten, dass „Volksbildung" vor allem der Vermittlung „weltanschaulicher Themen" dienen und damit bei der „Einfügung" der in Polen ansässigen „Volksdeutschen" in die „deutsche Schicksals- und Blutsgemeinschaft" des „Großdeutschen Lebensraums" helfen müsse.

Dies geschah in der Praxis beispielsweise in Form von Propagandavorträgen wie dem von Schön – und in enger Abstimmung mit dem Schulungsamt der NSDAP. Mehrmals wöchentlich luden die Volksbildungsstätten zu entsprechenden Vortragsabenden ein. Angesichts der oftmals schlechten Sprachkenntnisse der zuhörenden „Volksdeutschen" waren die Redner allerdings gehalten, ihre Ausführungen möglichst einfach und anschaulich zu gestalten. Die Resonanz war ohnehin bescheiden: Im Jahre 1941 besuchten nach offiziellen Angaben rund 2.500 Menschen die Krakauer Vortragsabende – deutlich mehr gingen ins Kino oder ins Theater. Darüber hinaus ging auch in den nationalsozialistischen Volksbildungsstätten die „Bildung" natürlich nicht nur in Weltanschauungspropaganda auf – auch wenn das eine ohne das andere nicht denkbar war.

Im Nationalsozialismus spielten die Organisation beruflicher und kultureller Betätigung und Weiterbildung sowie sportlicher Ertüchtigung eine bedeutende Rolle. Und auch in Krakau hatte, wie der Journalist Herbert Menz in einem Organ des Generalgouvernements 1941 schrieb, „einmal wöchentlich […] die Musik das Wort". Der von den Nazis entfesselte und rücksichtslos geführte Vernichtungskrieg im Osten benötigte schließlich auch gut ausgebildete Menschen. Dazu kam in den besetzten polnischen Gebieten das ganz praktische Erfordernis, Sprachkurse für die dieser Sprache oft nur unzureichend kundigen „Volksdeutschen" anzubieten. Doch auch hier war die Resonanz gering; viel eher waren die Menschen an den sich aus dem Status „Volksdeutscher" ergebenden sozialen Vorzügen interessiert. Doch weder die geringen Teilnehmerzahlen noch die scheinbare und tatsächliche Kontinuität „obligatorischer" Volksbildungstätigkeit in dieser Zeit können darüber hinwegtäuschen, dass die Volksbildungs-

BILD   Gleichgeschaltete Volkshochschulen werben für ihre Angebote

stätten um das Jahr 1941 herum nicht zuletzt Orte der nationalsozialistischen Pervertierung der Volks- und Erwachsenenbildung waren.

An dem hier dargestellten Beispiel wird somit die mögliche Instrumentalisierbarkeit der Volksschulbildung durch Politik und Ideologie deutlich: Während einige Traditionen der Volksbildung (wie die kulturelle und sprachliche Bildung) fortgeführt wurden, wurden andere ideologisch durchsetzt – die Aufgabe der Volksbildung hieß Propaganda, nicht Aufklärung. Mit anderen Worten: Ein Missbrauch des eigentlichen Auftrages der Volksbildung fand statt. Um sich eines solchen politischen Missbrauchs zu entziehen, müssen sich die Verantwortlichen der Volksbildung darüber im Klaren sein, dass ihre Aufgabe darin besteht, den Menschen zur Entwicklung und Ausbildung ihrer Fähigkeiten zu verhelfen – und nicht darin, sie zu Instrumenten einer bestimmten Politik zu machen.

GLEICHSCHALTUNG 1941

MARTIN GÜNZEL

ist Historiker und forscht am Lehrstuhl für Neuere und Neueste Geschichte der Albert-Ludwigs-Universität Freiburg.

Ein ungeschriebener Brief aus der Gestapohaft

Stuttgart, den 10. Juni 1942

Sehr verehrter, lieber Freund Bosch,

nun hat es also auch mich getroffen – wie vor mir schon so viele. Die Zeiten sind nun einmal nicht so, dass man sich „heraushalten", sich allein der Verwirklichung eines von der Politik sich fernhaltenden erzieherischen Ideals widmen könnte.

Seien Sie versichert, dass ich, soweit es in meiner Macht und in meinen Kräften steht, die von meiner Verhaftung für unseren Kreis ausgehende Gefahr abzuwenden versuchen werde. Meine treue Sekretärin, Marianne Weber, hat, die zu erwartende Durchsuchung meiner Wohnung und meines Büros in der Hölderlinstraße 54 vorausahnend, sogleich alles Schriftmaterial, das auf die Existenz unseres Kreises, insbesondere seiner Verbindung zu Herrn Goerdeler, hindeuten könnte, vernichtet. Auch auf den für mich nun zum Verhängnis gewordenen Fonds zur freien Vergabe von Stipendien aus dem von Herrn Dr. Markel und Ihnen so großzügig aufgebauten und von mir nach bestem Wissen und Gewissen verwalteten Stiftungsvermögen wird sich kein Hinweis finden.

Dem armen „bekennenden" Theologiestudenten, den wir zuletzt mit einem Stipendium bedachten und der dem Druck des Verhörs nach seiner Verhaftung nicht standgehalten und meinen Namen preisgegeben hat, kann ich sein Handeln nicht einmal verdenken, weiß ich doch zu gut, wie sehr Geist und Seele schwanken, ja schwach werden können – wie sehr man hofft, die Sache, für die man über viele Jahre mit aller Kraft eingetreten ist, über die Zeit zu retten, indem man sich „arrangiert".

Ja, auch ich habe eine Zeit lang gehofft, ja sogar fest geglaubt, die Volksbildungsbewegung, so wie sie mir am Herzen lag – als Bildung des ganzen Menschen, unabhängig von sozialer Herkunft, Gesinnung und Religion, als Bildung hin zu einem verantwortlichen Glied unserer Volksgemeinschaft – könne auf dem ideologischen Boden des neuen Regimes fortgeführt werden. Dies hat mich zu Taten veranlasst, derer ich mich heute schäme. Umso mehr schäme, als ich bald erkennen musste, dass sie ganz und gar vergebens waren. Hätte ich mich nicht der von Cuhorst und Klett betriebenen Entlassung Carola Rosenberg-Blumes im Jahre 33 ebenso widersetzen müssen, wie ich es bei Karl Adler, dem Leiter unserer Musikabteilung getan habe? Frau Blumes Einsatz und Erfolge standen diesem ja in keiner Weise nach, hat sie doch mit großer Beharrlichkeit die Frauenabteilung unserer Volkshochschule aufgebaut und über viele schwierige Jahre mit Fleiß, pädagogischem Geschick und herausragendem Einsatz geleitet.

Ich schwanke und zweifele heute mehr noch als damals, als ich glaubte, durch Willfährigkeit unseren Verein zur Förderung der Volksbildung retten zu können. Denn hätte, aus heutiger Sicht betrachtet, eine Weiterbeschäftigung für Frau Blume nicht Gefahr für Leib und Leben bedeutet? Was wäre ihr als Jüdin noch widerfahren, hätte sie die frühe Entlassung nicht zur Ausreise nach Amerika gezwungen?

BILD Der Stuttgarter vhs-Leiter Theodor Bäuerle

WIDERSTAND 1942

Ich bin Ihnen zu tiefstem Dank verpflichtet, dass Sie als Vorsitzender des Vereins zur Förderung der Volksbildung seit dessen Gründung und bis zu seiner Auflösung und darüber hinaus stets fest an meiner Seite gestanden haben. Sie haben mir von Beginn an nicht nur eine berufliche Perspektive geboten, indem Sie mir gleich nach der Gründung im Mai 1918 die Geschäftsführung des Vereins übertragen haben. Vielmehr haben Sie es ermöglicht, meine – unsere – gemeinsame Idee einer weder bürgerlichen noch proletarischen, sondern auf den Menschen und die Entfaltung seiner Persönlichkeit gerichteten Bildung zu verwirklichen. Als dieses nicht mehr möglich war, der Druck auf den Verein und meine Person zu groß wurden, haben Sie abermals mein Schicksal und das des Vereins untrennbar miteinander verknüpft gesehen und mit Ihrer Niederlegung des Vorsitzes dessen Auflösung besiegelt. Und Sie haben mich beruflich aufgefangen und mir die Weiterbeschäftigung in Ihrem Unternehmen und im Geiste unseres Volksbildungsgedankens ermöglicht. So bin ich – und werde es nach meiner hoffentlich baldigen Haftentlassung wieder sein – mit vollem Herzen Geschäftsführer der Bosch-Jugendhilfe und der Markelstiftung und hoffe, mit Ihnen gemeinsam von diesem meinem Platz aus, an einem neuen demokratischen Deutschland zu bauen.

Mit vorzüglicher Hochachtung
Ihr Bäuerle

DAGMAR MIKASCH-KÖTHNER
ist Direktorin der Volkshochschule Stuttgart, zu deren Gründern Robert Bosch, Theodor Bäuerle und Karl Lautenschlager zählen.

Schwedisches Exil – deutsche Nachkriegsgeschichte vorausgedacht

1943 endete eine zehnjährige Exildynamik, im Zuge derer etwa 4.000 bis 5.500 deutschsprachige Flüchtlinge, die aus politischen Gründen oder aufgrund ihrer Weltanschauung verfolgt worden waren, Aufnahme in Schweden fanden. Die meisten hatten kaum eine engere Affinität zu Skandinavien, wollten wohl auch nicht dauerhaft in Schweden bleiben. Sie formierten ab 1942/43 wissenschaftliche, kulturelle und politische Gesprächskreise, in denen sie das Ende der nationalsozialistischen Unterdrückungsherrschaft und den Neubeginn einer demokratischen Staatlichkeit publizistisch vorausdachten. Unter ihnen befanden sich auch zahlreiche deutsche Erwachsenenbildner. Am Beispiel des Schopenhauer-Kenners und Volkshochschuldirektors Franz Mockrauer (1889–1962), der einer jüdischen Berliner Bürgerfamilie entstammte, lässt sich nachzeichnen, wie die Erwachsenenbildung im Nachkriegsdeutschland von dem Vorbild und den Anregungen der schwedischen Erwachsenenbildung profitierte.

Mockrauer war schon seit Beginn der 1930er Jahre mit der skandinavischen Erwachsenenbildung, den dänischen und den schwedischen Volkshochschulen eng verbunden Dort hielt er wiederholt längerfristige Kurse ab, bewegte sich elegant in den Landessprachen und hinterließ später zahlreiche Anregungen in der deutschen, insbesondere in der schleswig-holsteinischen und niedersächsischen Erwachsenenbildung. Sein Verdienst lag im Gespräch, in aufs Wesentliche beschränkten Entwürfen und im programmatischen Nachdenken über die Zukunft der Erwachsenenbildung.

Franz Mockrauer – im Grunde eher eine Person der leisen Töne – wurde nur dann unerbittlich, wenn es um die Sache der Erwachsenenbildung in der pluralistischen, demokratisch erhofften Gesellschaft ging. So gab er seine sachlich begründete Zurückhaltung auf, als seinem Konzept der mitbürgerlichen Erziehung widersprochen wurde. Mockrauer trat ein für ein Verständnis von Erwachsenenbildung ohne weltanschauliche Traditionsvorbehalte.

BILD Der Dresdner vhs-Direktor Franz Mockrauer

Er nahm eine prominente Stellung in verschiedenen Gesprächszirkeln im schwedischen Exil ein; so war er zwischen 1942 bis 1946 Mitglied des Komitees für den demokratischen Wiederaufbau Deutschlands, SDU. Sein Verdienst liegt unbestritten auch in diesem Kreis bei der klaren Absage an die Tradition der Erwachsenenbildung in Form der Neuen Richtung der Weimarer Republik und bei der Einleitung einer Phase der pragmatischen Ausrichtung, die hernach als erste Realistische Wende in der Erwachsenenbildung gekennzeichnet wurde.

Die Prerower Formel, das Dokument, mit dem diese Wende eingeleitet werden sollte, blieb zunächst verwehte Geschichte; was angesichts der damaligen staatlichen Verfassung, zumal in Preußen, kaum anders sein konnte. Erst später ist sie in das Repertoire einer neuen Erwachsenenbildung eingefügt worden und entfaltete eine demokratische Kehrtwende im neuen Selbstverständnis einer öffentlichen – das meinte zunächst kommunalen – Erwachsenenbildung. Und dies vor allem durch die Diskussion in politischen und weltanschaulichen Gesprächsrunden im schwedischen Exil. Das lag nahe, weil hier im traditionalen Bewusstsein für die deutsche Erwachsenenbildung gleichzeitig Elemente der schwedischen Erwachsenenbildung aufschienen, die geeignet waren, die Vision einer künftigen deutschen Erwachsenenbildung vorauszudenken, so die Inpflichtnahme von staatlicher Förderung, die Längerfristigkeit von Bildungsangeboten und die Ausrichtung ihrer Inhalte an schulischer und beruflicher Vorbildung. Dabei wurden Elemente der musischen und kulturellen Bildung als durchgängiges Ferment stets mitgedacht.

Sowohl für die Tagung in Prerow wie auch für die Umsetzung der Formel in Pläne für einen Neuaufbau der Erwachsenenbildung nach Beendigung des Kriegs in den Ländern der Britischen Zone steht Franz Mockrauer als Spiritus Rector, oder wie wir 1974 von Helmut Müssener, einem intimen Kenner des schwedischen Exils, hörten: „Sollte einmal die Geschichte der Erwachsenenbildung in Deutschland und die Volksbildung in Schweden geschrieben werden, so dürfe Franz Mockrauer in beiden jeweils einen hervorragenden Platz einnehmen."

JOACHIM KNOLL
lehrte an der Universität Bochum. Sein Lehrstuhl vertrat besonders die Internationalität deutscher Erwachsenenbildung.

Pädagoge im Widerstand

1944, 20. Oktober, 8 Uhr: Vor dem Volksgerichtshof in Berlin beginnt der Prozess gegen vier sozialdemokratische „Verschwörer des 20. Juli", des Attentats auf Adolf Hitler. Ein Standfoto hält eine Szene aus diesem Schauprozess fest: Es zeigt den Gerichtssaal, überragt von einem mächtigen barocken Portal im zentralen Hintergrund, das mit den Machtinsignien des NS dekoriert ist. Links davon Stuhlreihen mit Zuschauern in Uniform und in Zivil, am rechten Bildrand auf der Anklagebank die politischen Freunde Gustav Dahrendorf, Julius Leber, Hermann Maaß. Zwischen ihnen Polizisten mit Tschako, in der Reihe davor an Tischen Anwälte in schwarzen Roben, im Bildvordergrund schließlich die Richterbank mit den Vertretern der NS-Justiz. Nur wenige Meter davon entfernt, in der Bildmitte, steht ein Mann: hager, mit eingefallenen Wangen und fliehendem Haaransatz, in zerschlissenem und zu groß wirkendem Anzug, allen erlittenen Misshandlungen und Demütigungen zum Trotz ungebeugt und aufrecht, seinen Blick fest und konzentriert auf den ihm mit dem Gesicht zugewandten vorsitzenden Richter Freisler gerichtet.

Wir wissen: Am Ende des Tribunals steht das Todesurteil – wegen „Landesverrats". Der Mann, der noch am Nachmittag desselben Tags im Strafgefängnis Plötzensee ermordet wird, ist der Schulpädagoge und Erwachsenenbildner, Weltwirtschaftsexperte, Kulturhistoriker und Bildungspolitiker Adolf Reichwein. Er ist gerade 46 Jahre alt, für viele seiner Zeitgenossen ein Hoffnungsträger für die Zeit des politischen Neuaufbaus nach dem Ende der NS-Diktatur und wird in Widerstandskreisen als zukünftiger Kultusministerkandidat gehandelt.

Adolf Reichwein hatte von 1923 bis 1929 in der thüringischen Volksbildungsarbeit gewirkt, zunächst als Geschäftsführer der überregionalen vhs Thüringen, ab 1925 als Leiter der städtischen vhs Jena. In klarer Abkehr von der subjektiv-idealistischen Ausrichtung seines Vorgängers Wilhelm Flitner, als Mitglied des Hohenrodter Bundes einer der Protagonisten der „Neuen Richtung" innerhalb der Weimarer Volksbildungsbewegung, vollzog sich mit Reichweins Amtsantritt ein markanter „Programm- und Paradigmenwechsel" in der Jenaer vhs-Arbeit. In sachlich nüchternen und realitätsbezogenen Formulierungen dokumentiert er im Vorspann zum Herbstprogramm des Jahres 1925 sein neues Verständnis der Volkshochschule und ihrer Aufgaben:

„Die Volkshochschule ist ein Treffpunkt zu freier Aussprache. Die wichtigen Fragen der Gegenwart werden dort, unter Leitung sachlich Unterrichtender, so erörtert, dass Belehrung sich mit eigner Denkschulung, mit Schärfung des persönlichen Anschauungsvermögens verbindet. Darum tritt an die Stelle des Vortrags die Arbeitsgemeinschaft der Gruppe. Die Volkshochschule ist eine Stätte persönlicher Bildung. Sie gibt dem einzelnen Gelegenheit, seine geistigen und leiblichen Kräfte zu entwickeln. Sie will helfen, die einzelnen zu verantwortungsbewusstem Verhalten gegen sich selbst und die Gemeinschaft zu erziehen. Die Volkshochschule dient damit der Entfaltung des einzelnen und seiner Kräfte, sie dient nicht minder dem Neubau von Gesellschaft und Staat."

BILD Adolf Reichwein als Angeklagter beim Schauprozess vor dem Volksgerichtshof

In nur wenigen Jahren hat Reichwein die Arbeit der Volkshochschule völlig neu gestaltet, sie institutionell ausdifferenziert und ihre Ausstrahlung – trotz anfänglichem Misstrauen seitens der organisierten Arbeiterbewegung – gerade auf die Arbeiterschaft in Jena wesentlich erhöht. 1926 gelang Reichwein die Gründung eines selbstverwalteten Jungarbeiterwohnheims in Jena nach dem Modell der Leipziger Volkshochschulheime. Krönender Abschluss der einjährigen Lehrgänge waren mehrwöchige Studienexpeditionen in europäische Länder. Unter Reichweins Leitung hat sich die vhs in den 1920er Jahren zu einem geistig-kulturellen Mittelpunkt im gesellschaftlichen Leben der Universitäts- und Industriestadt Jena entwickelt, zu einer internationalen Begegnungsstätte für Menschen unterschiedlicher sozialer Herkunft und Kulturen.

An seine demokratische Volkshochschulkonzeption, die zu den meistdiskutierten Modellen der Weimarer Erwachsenenbildung gehörte, aber auch an den vielseitigen und engagierten Pädagogen und Politikprofessor, überzeugten „planetarischen Europäer" und aktiven Widerstandskämpfer im Kreisauer Kreis erinnern heute zahlreiche Schulen und verwandte pädagogische Einrichtungen, darunter die vhs Halle (Saale), sowie Straßen und Plätze in Deutschland, die seinen Namen tragen. Adolf Reichweins Todestag jährt sich 2019 zum 75. Mal.

ULLRICH AMLUNG

ist Herausgeber der kommentierten Werkausgabe der pädagogischen Schriften Adolf Reichweins.

„Dies ist noch erreicht …"

Nach der Bombardierung Dresdens im Februar 1945 verlor die Stadt ihr Gesicht. Im Mai desselben Jahrs, als der Zweite Weltkrieg zu Ende war, versammelten sich die am Leben gebliebenen Musiker der Philharmonie, gründeten Schauspieler ein Interims-Theater, begannen Trümmerfrauen, Berge von Schutt wegzuräumen. Und eine Gruppe von Dresdnern sprach bei dem eben eingesetzten Stadtschulrat Clemens Dölitzsch vor, um die Volkshochschule neu zu beleben.

Nur wenige Tage Friedenszeit nach der Zeit des Nationalsozialismus hatte ihnen genügt, sich zu finden und einen Freundeskreis zu gründen. Die Gruppe um den Buchhändler Arthur Nestler, den Sozialwissenschaftler Richard Woldt, den Hochschulpädagogen Kurt Riedel, die Friedensliga- und Frauenrechtlerin Martha Freund-Hoppe und den ehemaligen Vorsitzenden des Dresdner Lehrerverbands, Ernst Krebs, gewann rasch an Einfluss. Mit dem Motto „Machst Du mit?" wuchs der Freundeskreis und wurde zu einem Förderkreis der Dresdner Volkshochschule. Bereits im Juli 1945 wurde an einem vorläufigen Programm gearbeitet. Die „Dresdner Volkshochschule 1945", so deren Bezeichnung, trat mit Plakaten an 200 Litfaßsäulen am 8. August 1945 in die Öffentlichkeit. Nach diesem ersten öffentlichen Auftritt verbot jedoch der sowjetische Stadtkommandant diese „Eigenmächtigkeiten" und veranlasste, dass innerhalb von 24 Stunden alle Bekanntmachungen der Volkshochschule 1945 entfernt werden mussten. Die Gründe für dieses rigide Vorgehen lagen in der politischen Situation jener Zeit: Stalin-Bilder und Propaganda-Banner prägten das Gesicht der Stadt und führten ab August 1945 zu illegalen Gegenaktionen, in denen Slogans wie „Raus mit der KPD" und „Raus mit den Russen" an Häuserwände gemalt wurden.

Zu diesem Zeitpunkt waren bereits 60 Honorardozentinnen und -dozenten vertraglich verpflichtet worden, mit Semesterbeginn am 16. August ihre Lehrtätigkeit aufzunehmen. 77 Anmeldungen zur Abiturstufe lagen vor. Der Stopp durch die Stadtkommandantur konnte jedoch nicht verhindern, dass einzelne Vorträge gemäß dem ursprünglichen Programm stattfanden.

Am 30. Oktober 1945 stimmte der Rat der Stadt schließlich doch der Einrichtung einer städtischen Volkshochschule zu. Die Volkshochschule wurde dem Schulamt unterstellt. Als Leiter wurde unter anderem der Romanistik-Professor Victor Klemperer vorgeschlagen, der sich später mit seinen Tagebüchern und Aufzeichnungen als Chronist der NS-Zeit einen Namen machen sollte. Am 11. Dezember 1945 wurde er vom Rat der Stadt gewählt, wenn auch nur als „Kompromiss". Als jemand, der vom Juden zum Protestanten konvertiert war und sich nach Kriegsende zum Kommunismus bekannte, musste er zeitig mit Anfeindungen aus seiner Umgebung umgehen lernen.

Ende 1945 konnte der Programmbetrieb an der Volkshochschule noch immer nicht beginnen, was unter anderem daran lag, dass das Personal eine Selbstauskunft über ihre Biografie und ihren Bezug zum Nationalsozialismus abgeben musste und die Überprüfung weitere Monate verstreichen ließ. Klemperer plante die Eröffnung der Volkshochschule für den 1. Februar 1946. Ende Januar 1946 war alles für die Eröffnung vorbereitet. Ein neuerlicher Befehl der Sowjetischen Militäradministration in Deutschland (SMAD) vom 23. Januar 1946 verzögerte jedoch erneut die Aufnahme der Bildungsarbeit. Erst im

BILD Schlange stehen zur Anmeldung in der Volkshochschule am Güntzplatz in Dresden

NEUANFANG 1945

April 1946 war es dann soweit. Das erste Trimester mit 82 Kursen startete und wurde mit einem Programmheft in einer Auflage von 500 (!) Exemplaren beworben. Der offizielle Gründungsakt fand am 28. April 1946 in der Tonhalle (kleines Schauspielhaus) statt. In einer mit Begeisterung aufgenommenen Eröffnungsrede sprach Klemperer vor mehr als 400 Gästen.

Diese berühmt gewordene Rede gab eine Antwort auf die Fragen der Zeit im unmittelbaren Nachkriegsdeutschland, wo das Changieren zwischen Macht und Ohnmacht die geistige Verfassung der meisten Menschen bestimmte. Das bereits einen Tag später verfügte Verbot der Vervielfältigung der Rede, in der Klemperer von einer „VHS der Zukunft" sprach und die auch politische Brisanz enthielt, konnte jedoch nicht verhindern, dass Handschriften in großer Zahl bald in allen vier Besatzungszonen kursierten. In sein Tagebuch hatte Klemperer am Abend des Gründungstags geschrieben: „Dies ist noch erreicht ... der neuen VHS mein Gepräge gegeben zu haben ..." Die Dresdner Volkshochschule dankt es ihm bis heute: Seit 1989 trägt sie seinen Namen.

Diese bewegte Gründungsgeschichte der vhs Dresden zeigt beispielhaft für viele andere Städte nach 1945 das starke zivilgesellschaftliche Potenzial in der Bevölkerung beim Aufbau eines demokratischen Bildungssystems. Ähnlich wie 1919 und auch in den 1990er Jahren in den neuen Bundesländern waren es immer wieder Volkshochschulen, die zu den Pionieren einer neuen Bildungskultur in Deutschland gehörten.

HANS-WERNER SCHNEIDER

hat sich als stellvertretender Leiter der Dresdner Volkshochschule mit deren Geschichte auseinandergesetzt.

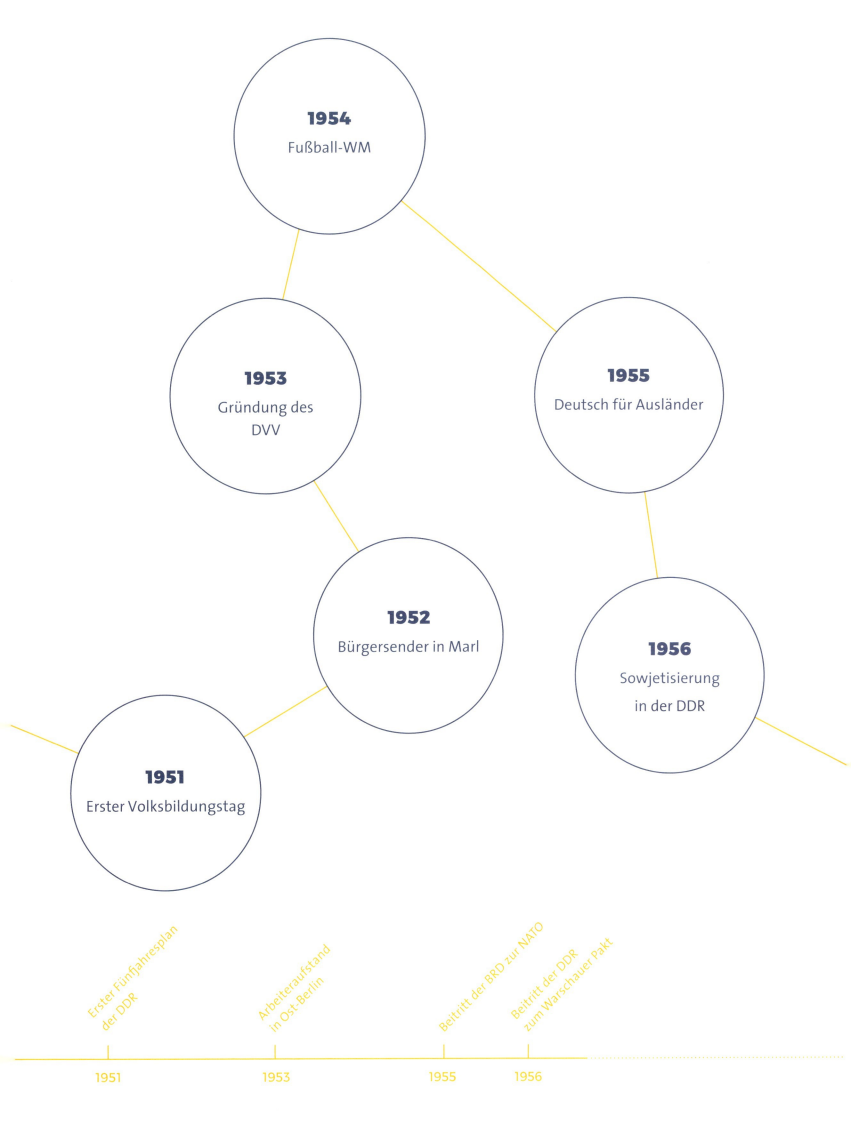

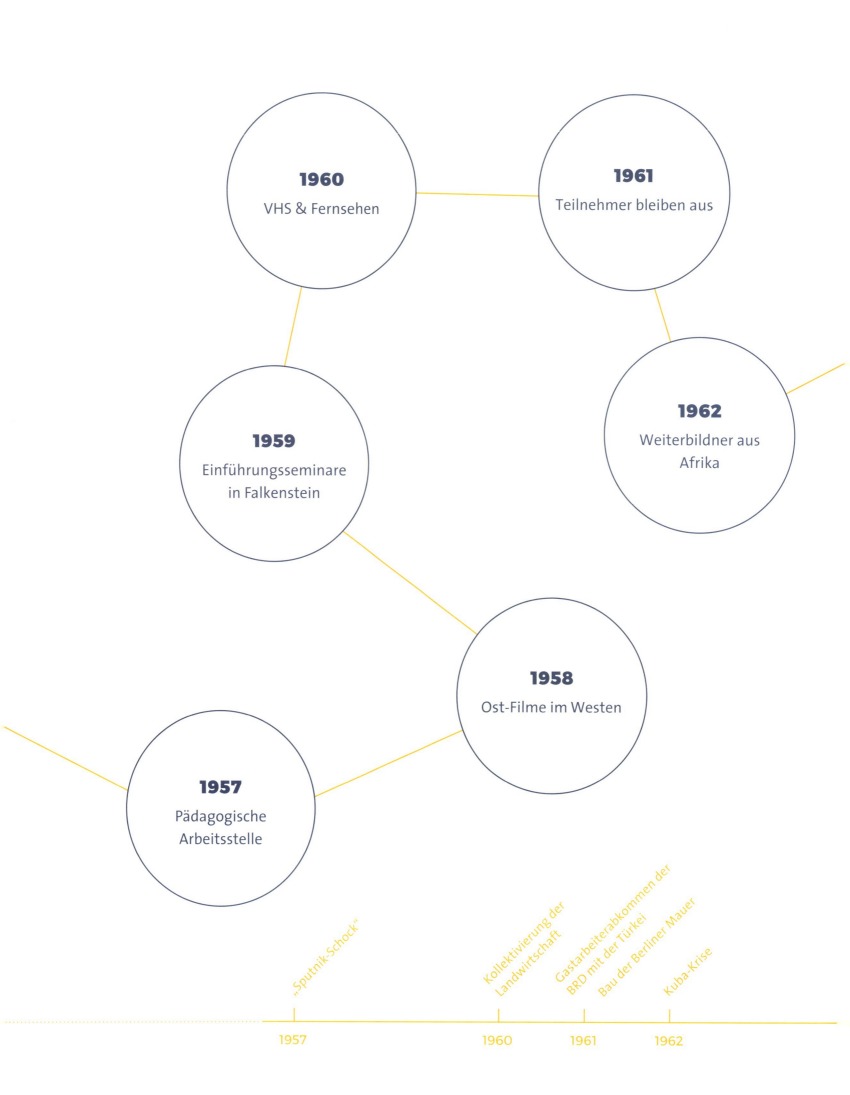

„Im Geiste der Gemordeten"

Am 24. April 1946, auf den Tag genau ein Jahr nach der Befreiung Ulms durch die amerikanischen Alliierten, wurde die Ulmer Volkshochschule (vh Ulm) von Inge Scholl und anderen engagierten Ulmerinnen und Ulmern gegründet. Scholl war die Schwester von Hans und Sophie Scholl, die der Widerstandgruppe „Weiße Rose" angehört hatten und von den Nationalsozialisten hingerichtet worden waren. „Im Geiste der Gemordeten" setzte sie daher das politische und moralische Erbe der „Weißen Rose" – unterstützt von Otl Aicher und einem Kuratorium – in die Tat um.

„Herr Professor, es muss was geschehen!" Mit diesen Worten begrüßte der 23-jährige Otl Aicher im Sommer 1945 den Theologieprofessor Romano Guardini in Mooshausen bei Memmingen. Dorthin hatte sich Guardini zurückgezogen, nachdem die Nazis ihm seinen Lehrstuhl in Berlin genommen hatten. Aicher war auf einem klapprigen Motorrad nach Mooshausen gekommen und überzeugt, dass Deutschland 1945 ohne einen intellektuellen Neuanfang keine Zukunft hätte. Aichers Aufforderung blieb nicht ungehört: Am 16. August 1945 sprach Guardini nebst namhaften Wissenschaftlern beim ersten von insgesamt acht Vorträgen in der Ulmer Martin-Luther-Kirche zum Thema „Wahrheit und Lüge". Otl Aicher war ein enger Freund der Geschwister Scholl gewesen, die am 22. Februar 1943 in München hingerichtet worden waren. Er hatte in den Vorkriegs- und Kriegsjahren im „Schollkreis" in Ulm über den Neubeginn nach dem (hoffentlich bald) verlorenen Krieg mitdiskutiert und war 1945 ein guter Freund von Inge Scholl. Nun betrachteten die beiden den Tod der Geschwister Scholl als Vermächtnis für den geistigen Wiederaufbau.

Im Winter 1945/46 trafen sich unter der Leitung von Inge Scholl und unterstützt von den amerikanischen Offizieren Otl Aicher, Helga und Herbert Wiegandt, später Leiter der Stadtbibliothek, Elisabeth Walser und Kurt Fried, der städtische Kulturbeauftragte und Lizenzträger für die Schwäbische Donauzeitung. Mit weiteren Ulmerinnen und Ulmern bildeten sie alsbald das Kuratorium und erarbeiteten ein Konzept für die neue Bildungseinrichtung, eine Abendschule der Demokratie.

Festredner bei der Eröffnungsfeier am 24. April 1946 war Theodor Bäuerle, Leiter des Kultministeriums in Stuttgart. Im Verlauf der Festwoche referierten unter anderem Theodor Heuss, Albrecht Goes und Fedor Stepun in der neuen Volkshochschule. Diese setzte von Beginn an auf Kooperationen mit anderen Kultureinrichtungen. So gratulierten die städtische Bühne und das Puppentheater Ulm mit eigens inszenierten Aufführungen, und das Ulmer Museum zeigte „Neue Münchner Kunst". Die ersten Kurse befassten sich mit „Natur und Geist" oder behandelten „Die deutsche Dichtung der letzten hundert Jahre".

Die vh-Leitung, Inge Scholl und Otl Aicher, legte von Beginn an Wert auf zwei besondere Qualitäten, die für lange Zeit Alleinstellungsmerkmale bleiben sollten: zum einen die Veranstaltungsstruktur, zum anderen das damit aufs Engste verbundene Marketing. Schon bald wurden die sogenannten Donnerstagsvorträge, vier Vorträge zu einem Thema pro Monat, zum Markenzeichen. Nicht Häppchen-Bildung sollte es sein, sondern fundierte Wissensvermittlung als Grundlage der Diskussion. Auch die anderen Angebote wurden unter Rubriken zusammengefasst. Der Bildungsanspruch der Gründer schlug sich auch in der Namensgebung nieder: vh Ulm, Ulmer Volks-Hochschule. Die Menschen sollten durch Bildung zu einem

BILD Inge Aicher-Scholl (Bildmitte), Gründerin der vh Ulm rationalen Diskurs angeregt, nicht beschult werden. Das Logo der vh prangte ab Anfang der 1950er Jahre auf Plakatstelen im Stadtbild und verwies auf die von Aicher – er war 1953 Mitbegründer der Hochschule für Gestaltung Ulm – entworfenen Plakate, insbesondere zu den Donnerstagsvorträgen.

Die vh Ulm entwickelte sich zum Zentrum des geistigen Wiederaufbaus in der baden-württembergischen Stadt und zählte bereits im Mai 1946 2.600 Mitglieder, die die Arbeit „ihrer vh" mit einer Reichsmark im Monat unterstützten. Das Motto der Gründerin „Einmischung erwünscht" zog – und motivierte die Teilnehmenden, sich aktiv am materiellen und ideellen Wiederaufbau der Stadt zu beteiligen.

NEUANFANG 1946

DAGMAR ENGELS

ist Historikerin und leitet seit 1991 die Ulmer Volkshochschule.

Wiederaufbau der westdeutschen Erwachsenenbildung

Nach Ende des Zweiten Weltkriegs war den vier Siegermächten klar, dass Erwachsenenbildung ein wichtiges Potenzial für politische Bildung barg. Dies belegt die Direktive Nr. 56 vom 28. Oktober 1947 des Alliierten-Kontrollrats mit den „Grundlegenden Richtlinien für Erwachsenenbildung in Deutschland". Das vorrangige Ziel der Volksbildung sollte es demnach sein, „tätige Helfer für die demokratische Erziehung Deutschlands heranzubilden, indem der erwachsenen Bevölkerung die neuesten sozialen, politischen und wissenschaftlichen Erkenntnisse allgemein zugänglich gemacht werden". Das waren sehr große Ziele in einer Zeit, in der es vielen Menschen um die pure Sicherung der wirtschaftlichen Existenz ging.

In der unmittelbaren Nachkriegszeit war es daher nicht einfach, das Interesse der Menschen für Bildungsangebote im Bereich der Politik zu wecken. Nach der NS-Zeit herrschte eine politische Lethargie. Das Zusammenleben mit Flüchtlingen sowie Juden aus den Lagern der Nationalsozialisten, die Verständigung mit den Alliierten und das Überleben in einer wirtschaftlich schwierigen Zeit waren Herausforderungen, denen sich die Bürgerinnen und Bürger stellen mussten.

Der Wiederaufbau der Erwachsenenbildung wurde stark von den Alliierten geprägt, die mithilfe verschiedener Initiativen eine demokratische Kultur in Deutschland aufbauen wollten. Eine davon war das Konzept der *Reeducation* in der amerikanischen Zone, in der britischen Zone nannte man es *Reconstruction*. Diese Konzepte zielten darauf ab, „Deutschland in die Kulturgemeinschaft zivilisierter Nationen, die es unter der national-sozialistischen Herrschaft verlassen hatte", zurückzuführen. Es galt, autoritäre, biologistische und rassistische Deutungsmuster durch eine neue Kultur abzulösen. Ein neuer Partnerschaftsgedanke sollte entstehen und es jedem Einzelnen ermöglichen, seine individuelle kulturelle Identität zu finden, sich selbst und andere besser zu verstehen. Aber mit welchen Methoden und in welchen Räumen sollte dieses anspruchsvolle Unterfangen in Gang gebracht werden?

Im Rahmen von *Reeducation* wurden Männer und Frauen anfangs unter anderem in Gesprächen, bei Filmvorführungen und in Diskussionen von Artikeln insbesondere über die NS-Verbrechen aufgeklärt. Das geschah häufig in unzulänglich ausgestatteten Schulen; erwachsenengerechte Räumlichkeiten waren noch Zukunftsideen. Und der Begriff der *Reeducation* war nicht unproblematisch und sorgte für

BILD Gründung von Volkshochschulen in Ruinen auf Befehl der Alliierten, hier in Bremen

eine Abwehrhaltung in der Bevölkerung. Zudem kam es tatsächlich zu Umerziehungsversuchen, indem die Verteilung von Lebensmittelmarken daran geknüpft war, sich Aufnahmen von der Befreiung von Konzentrationslagern anzuschauen. Die Deutschen wehrten sich dagegen, sich auf kulturellem Gebiet von den Alliierten belehren zu lassen. In den Westzonen wurde *Reeducation* ab 1946 durch *Reorientation* ersetzt. Man präsentierte den Bürgerinnen und Bürgern positive Identifikationsfiguren, verwies auf die Notwendigkeit demokratischer Umgangsformen und den gemeinsamen Aufbauwillen. Spätestens ab 1947 sollte Erwachsenenbildung den Aufbau demokratischer Strukturen und eines aufgeklärten Denkens der Bevölkerung fördern.

Welche Institutionen und welche Personen konnten damals diese demokratische Reform vorwärts bringen? Noch bevor der Kontrollrat mit der Direktive Nr. 56 eine Rechtsgrundlage der Volkshochschularbeit schuf, hatte 1946 in Hannover eine Volkshochschultagung für die britische Zone stattgefunden. Dort diskutierten Vertreter von 32 Volkshochschulen, darunter auch einiger Heimvolkshochschulen, über neue Lehrmittel, Strategien zum Finden von Dozenten, Möglichkeiten der Erziehung zur politischen Verantwortung und Chancen der Erwachsenenbildung, Flüchtlinge und Evakuierte zu integrieren. Im selben Jahr gab es die erste und gleichzeitig letzte Tagung von Volkshochschulleitungen aller vier Besatzungszonen in Berlin. Persönliche Kontakte bestanden weiter, aber die Volkshochschulen in den Westzonen entwickelten sich in eine andere Richtung als jene der Sowjetischen Besatzungszone im Osten. In den Westzonen wurden die Pluralität und die Subsidiarität der Träger und Einrichtungen angestrebt; alle Menschen, die interessiert waren, sollten Zugang zu den Bildungsangeboten erlangen und die Teilnahme beruhte seither auf Freiwilligkeit.

Als geeignete Personen für die neue Erwachsenenbildung erwiesen sich Volksbildner, die sich teilweise nach Verdrängung, Migration und Remigration wieder artikulieren konnten. Sie wollten an die Erfahrungen der Volkshochschulen der Weimarer Zeit anknüpfen und wirkten maßgeblich am Aufbau der westdeutschen Erwachsenenbildung mit. Dies allerdings nur, weil die Alliierten sich darin einig waren, dass Volkshochschulen flächendeckend wiedererrichtet und organisiert werden sollten.

RUDOLF TIPPELT

ist Professor für Erwachsenenbildung in München und besonders interessiert an Weichenstellungen in der deutschen Bildungsgeschichte.

Ländliche Volksbildung in der Sowjetischen Besatzungszone

Landkreis Borna. Südlich von Leipzig. Die Volkshochschulkommission aller antifaschistisch-demokratischen Parteien und Organisationen entwirft erste Gedanken für einen Aufbauplan, der die Gründung einer Kreisvolkshochschule Borna ins Auge fasst. Lehrbeginn soll bereits am 1. Oktober 1948 sein. Zwei Jahre zuvor hatte es schon einmal einen Versuch gegeben, eine Volkshochschule in Borna zu gründen. Der Aufruf vom 31. Oktober 1945 an „alle Lehrkräfte, welche sich für die Volkshochschule zur Verfügung stellen wollen, ihre Anschrift schnellstens in der Geschäftsstelle des Antifaschistischen Blocks, Bahnhofstraße 32, abzugeben", war offenbar ohne hinreichenden Erfolg geblieben. Auch an Hörern mangelte es im Herbst 1945 noch. Die im November gegründete Volkshochschule nahm ihren Betrieb zunächst nicht auf.

Mittlerweile war aber mit dem „Statut der Volkshochschulen in der Sowjetischen Besatzungszone", das 1946 durch den Befehl Nr. 22 der Sowjetischen Militäradministration in Deutschland (SMAD) zum Gesetz erhoben wurde, eine rechtliche Grundlage für die Arbeit der neu zu gründenden Volkshochschulen geschaffen worden. Ihre Aufgabe sollte es sein, „unter den Erwachsenen und der Jugend allgemeinbildende, wissenschaftliche und allgemeinpolitische Kenntnisse zu verbreiten, zur Hebung der allgemeinen Kultur und des allgemeinen Bildungsstandes beizutragen und die Bevölkerung im Geiste der Demokratie, des Antifaschismus und Antimilitarismus zu erziehen". Zudem erschien seit Anfang 1947 die vom Verlag *Volk und Wissen* herausgegebene Zeitschrift *Volkshochschule*, die den neuen Lehr- und Leitungskräften Grundlagen für die didaktische, inhaltliche und praktische Arbeit als Erwachsenenpädagoge vermittelt.

Mit dem Aufbauplan der Volkshochschulkommission werden nun die ganz alltäglichen Fragen des Volkshochschulalltags im Landkreis Borna geregelt: Die Auswahl der Lehrkräfte erfolgt mit Blick auf ihre „politische Vergangenheit" – Mitglieder der NSDAP und ihrer Gliederungen sowie Personen, deren Tätigkeit in Vergangenheit und Gegenwart keine Gewähr für eine demokratische, antifaschistische und antimilitaristische Einstellung bietet, werden nicht als Lehrende zugelassen. Hauptamtliche Lehrkräfte und die „am stärksten beanspruchten Außenstellenleiter" erhalten zusätzliche Lebensmittelkarten für Schwerarbeiterkarten, Direktoren die Lebensmittelkarte II.

Der Plan bestimmt auch, „in welchen gewerkschaftlichen Rahmen" das hauptamtliche Personal „einzuordnen" und an welcher Betriebsküche es für das Mittagessen „anzuschließen" ist. Im Sinne der demokratischen Selbstverwaltung sind Vertreter der Hörerschaft in den „Dozentenrat" zu wählen. Für Lehrkräfte und Hörer wird eine „Gebrauchsbibliothek" geschaffen, die die Werktätigen vor „minderwertiger oder politisch ungeeigneter Literatur" schützt. Die Lehrprogramme richten sich nach dem von der Landesregierung herausgegebenen „Entwurf für Rahmenlehrpläne für den Unterricht an den Volkshochschulen" vom 1. Dezember 1947, ebenfalls herausgegeben vom Verlag *Volk und Wissen*. Für die Wintermonate werden Kohlenzuteilungen festgelegt; die Sommermonate von Juli bis in den September sind vorlesungsfrei – auch weil die Hörerbeteiligung in der Erntezeit gering sein wird. Vier Fahrräder oder ein Kraftwagen, „wie im Gebirge in Gebrauch", sollen vom Kreisrat für die hauptamtlichen Mitarbeiter angeschafft werden – in der Praxis sind es dann wohl doch nur Fahrräder, denn „diese Fahrräder machen die

BILD Weiterbildungsangebote in der Dresdner Volkshochschule

Dozenten von Reparaturen, Benzinzuteilungen usw. unabhängig und sichern den Lehrbetrieb umso besser". Selbst Werbung von Teilnehmenden wird eingeplant, sie soll mittels Anzeigen in der Zeitung oder im Kino erfolgen. Und schon bald sollen Außenstellen eingerichtet werden.

Der im Oktober 1947 erlassene Befehl Nr. 234 der SMAD zur „Steigerung der Arbeitsproduktivität und zur weiteren Verbesserung der materiellen Lage der Arbeiter und Angestellten in der Industrie und im Verkehrswesen" wird dann aber die inhaltliche Arbeit der Volkshochschule für die kommenden Jahre prägen – nicht nur für die Kreisvolkshochschule Borna und all jene im Land Sachsen neu gegründeten Kreisvolkshochschulen. Das politisch formulierte Ziel war die „Ausstattung der Werktätigen mit dem geistigen Rüstzeug zur Produktionssteigerung und zur Durchführung ihres Klassenkampfes". Schaut man auf die Trümmerlandschaften, auf die Kriegsschäden und die anstehenden Reparationszahlungen an die Siegermächte, dann ist die Ausrichtung auf eine vorwiegend berufliche Bildung gewiss nachvollziehbar. So entwickelte sich die Volkshochschule in der SBZ und der späteren DDR zu einer weitgehend staatlich gesteuerten Erwachsenenbildungseinrichtung, die auf das Nachholen von Schulabschlüssen für die „Arbeiter und Bauern" und die berufliche Weiterqualifizierung der „Werktätigen" ausgerichtet war.

RALPH EGLER

leitet die Volkshochschule Leipziger Land und begleitete schon so manche Neugründung und Umstrukturierung.

Die Volkshochschule Mainz nach der Währungsreform 1948

„Die außergewöhnlichen Schwierigkeiten nach der Währungsreform betreffen die Volkshochschule in einem ganz besonderen Ausmaß", schrieb Josef Rudolf, der damalige Direktor der Volkshochschule Mainz, in einem Rundbrief an die Mitarbeitenden am 27. Juli 1948. Die Volkshochschule befand sich nach ihren anfänglichen Erfolgen seit ihrer Gründung 1946 in einer existenziellen Krise. Nach der Währungsreform, die im Juni 1948 in Kraft trat, waren durch die Umstellung der Reichsmark auf die Deutsche Mark und der damit einhergehenden Herabsetzung des Nennwertes der Reichsmark, die eingenommenen Entgelte der Volkshochschule deutlich weniger wert als zum Zeitpunkt ihrer Einnahme. Somit fehlte nun das Geld, um die noch ausstehenden Honorare der Dozentinnen und Dozenten der noch laufenden 44 Arbeitsgruppen zu bezahlen.

Laut Rudolf betrugen die Schulden der Volkshochschule Mainz bei einem Vergütungssatz von zehn Reichsmark pro Doppelstunde insgesamt 2.695 Reichsmark. Hinzu kamen weitere unumgängliche Kosten, um die Arbeit der Volkshochschule fortzuführen, etwa laufende Ausgaben des Büros, Gehälter der hauptamtlichen Mitarbeitenden, Kosten für den Druck des Programms und Portokosten. Einnahmen würden erst wieder Ende August mit der neuen Einschreibeperiode generiert werden, so Rudolf. Die Volkshochschule war ohne Reserven in die Währungsreform gegangen, sodass sie keine Rücklagen hatte, um die Ausgaben zu decken. Die Lage der vhs Mainz war so aussichtslos, dass der Direktor in seinem Anschreiben an die idealistische Verbundenheit der Lehrkräfte mit der Volkshochschule appellierte und sie bat, doch nach Möglichkeit auf einen Teil des noch geschuldeten Honorars zu verzichten. Aufgrund des Geldmangels wurde die Sekretärin entlassen – und das Programm radikal reduziert. Während es 1947 noch 158 Veranstaltungen gab, brach die Zahl im Jahr 1948 um mehr als die Hälfte auf 71 ein. Angebote, die sich finanziell nicht deckten, wurden gestrichen. Dies betraf vor allem die politische Bildung, deren Notwendigkeit noch zwei Jahre zuvor deutlich hervorgehoben worden war. Zusätzlich verschärfte ein starker Besucherschwund den Geldmangel der Volkshochschule. Die Zahl der Teilnehmenden reduzierte sich drastisch: 1947 wurden 4.427 Hörerinnen und Hörer gezählt, 1948 nur noch 1.175. Die Einnahmen der Volkshochschule sanken somit dramatisch.

Für die Überwindung der durch die Währungsreform ausgelöste Krise der Mainzer Volkshochschule waren vornehmlich bestimmte Faktoren entscheidend, die die Situation der deutschen Volkshochschulen insgesamt bis heute prägen. Die Opferbereitschaft der Lehrenden, die Josef Rudolf angesprochen hatte, war so groß, dass viele von ihnen im Herbst und Winter 1948 ohne Honorar für die Volkshochschule tätig waren. Der Verzicht auf die Honorare trug dazu bei, die Notlage der Volkshochschule Mainz 1948 zu überwinden. Dieses außerordentliche Engagement der Lehrenden lässt sich bis in die Gegenwart beobachten. Dies umfasst unter anderem auch in manchen Bereichen den Verzicht auf eine adäquate Bezahlung, wovon die Volkshochschulen profitieren – und damit ein wichtiger quartärer Bildungsbereich in Deutschland. Einen weiteren wesentlichen Beitrag zur Überwindung der Misere leistete die Stadt Mainz. Westdeutsche Volkshochschulen erhielten in der Regel eine finanzielle kommunale Unterstützung, so auch in Mainz, die jedoch bis zu diesem Zeitpunkt relativ gering ausfiel.

1946 hatte die vhs 300 Reichsmark von der Stadt erhalten, was nur ein Prozent ihres 29.853 Reichsmark umfassenden Etats ausmachte. Am 16. Juli 1948 bewilligte der Finanzausschuss der Stadt Mainz jedoch aufgrund der Notlage einen Zuschuss von 2.000 D-Mark, im November nochmals 1.000 D-Mark. Dass, wie 1948 in Mainz, die Kommunen am ehesten ihre jeweilige Volkshochschule in einer finanziellen Notlage unterstützen, lässt sich generell und auch noch für die folgenden Jahrzehnte formulieren. Ein dritter Aspekt ist die Verstetigung höherer öffentlicher Zuschüsse, und somit die Mischung öffentlicher und privater Finanzierung, die auf die Lage der deutschen Volkshochschulen stabilisierend wirkt. Zu den öffentlichen Mitteln zählen seit der Nachkriegszeit auch Landeszuschüssen.

1948 beschloss das Land Rheinland-Pfalz, Volkshochschulen zu fördern. Im selben Jahr wurde der Landesverband der Volkshochschulen von Rheinland-Pfalz gegründet, der die einzelnen Einrichtungen begünstigte. Josef Rudolf fungierte als Verbandschef und sollte mit seiner im Vorwort des 7. Arbeitsplans 1948 geäußerten Vermutung recht behalten: „Bildungswille und Bildungsverantwortung werden die zeitgebundenen Schwierigkeiten meistern und die VHS als unabhängige Stätte der Menschenbildung weiter entwickeln."

JENNIFER JOHN

ist Volkshochschulmitarbeiterin und hat im Rahmen ihrer Promotion an der Universität Oldenburg zu Institutionengeschichte geforscht.

Das Grundgesetz wird Grundlage der Volkshochschularbeit

Am 23. Mai 1949 trat das Grundgesetz in Kraft. Gerade einmal neun Monate brauchte es, bis der Parlamentarische Rat einen Text erarbeitet hatte, der bis heute die Grundlage unseres Zusammenlebens in Deutschland darstellt. Das Grundgesetz ist eine beispiellose Erfolgsgeschichte. Es atmet den Geist von der unantastbaren Menschenwürde, von Freiheit, Demokratie und Rechtsstaatlichkeit. Das Grundgesetz bildet seit fast 70 Jahren das Fundament, auf dem wir in unserem Land jeden Tag aufs Neue aushandeln, wie wir einen fairen Interessenausgleich organisieren, der die Rechte jedes Einzelnen genauso wie das Gemeinwohl im Blick behält.

Die Werte unserer Verfassung prägen seit jeher auch das Selbstverständnis der Volkshochschulen. In zahlreichen vhs-Leitbildern bringen Volkshochschulen ihre Verbundenheit zum Grundgesetz ganz direkt zum Ausdruck, wenn sie auf die „im Grundgesetz festgelegten Werte" oder die „demokratischen Prinzipien des Grundgesetzes" verweisen. Es ist dieses Selbstverständnis, welches die Volkshochschulen bereits in die Beratungen des Parlamentarischen Rates eingebracht haben.

1948 schrieb der Vorstandsvorsitzende des Landesverbands der Volkshochschulen von NRW, Bert Donnepp, an den Präsidenten des Parlamentarischen Rates, Konrad Adenauer: „Die Volkshochschulen haben durch ihre Arbeit seit 1945 bewiesen, dass sie hervorragend an der Bildung des echten demokratischen Menschen und eines gesunden Gemeinwesens beteiligt sind. Sie haben diese für das Allgemeinwohl bedeutenden Arbeiten unter schwierigsten Bedingungen leisten müssen, ohne sich auf eine gesetzliche Grundlage stützen zu können. Eine für die werdende Demokratie fruchtbare Volks- und Erwachsenenbildung kann unter den gegenwärtigen Verhältnissen nur Bestand haben, wenn die Träger dieser Bildungsarbeit – die Volkshochschulen – eine gesetzliche Verankerung ihrer Arbeit erfahren."

Die Bitte um eine gesetzliche Verankerung wurde an den Ausschuss für Grundsatzfragen verwiesen. Dessen Vorsitzender beschied nach der Beratung äußerst knapp: „Die Eingabe [...] betrifft die Sicherung der Erwachsenenbildung in der Verfassung. Für die Bildungsfragen sind die Länder zuständig." Dieses deutliche Diktum mag für all jene wie eine Enttäuschung geklungen haben, die in den nicht einfachen Nachkriegsjahren die Volkshochschulen getragen haben, zumal ihnen in der Weimarer Reichsverfassung noch Verfassungsrang zukam. Umso wichtiger war es, dass die Erwachsenenbildung im Allgemeinen – und oftmals auch die Volkshochschule ganz explizit – in den Verfassungen der Länder genannt wurden (mit Ausnahme von Hessen und Niedersachsen). Damit blieben die Volkshochschulen als wichtigster Träger der Erwachsenenbildung anerkannt. Die Orientierung am Grundgesetz und seinen Werten blieb wesentlicher Bestandteil ihrer Arbeit.

Volkshochschulen sind bis heute die geeigneten Orte, an denen innerhalb des Rahmens der Verfassung über die Sicherung und das Verständnis der dort verankerten Werte gestritten werden kann. Ein gemeinsames Verständnis von Grundwerten muss stets aufs Neue ausgehandelt werden – Menschenwürde, Freiheit, Demokratie und Rechtsstaatlichkeit realisieren sich nicht im luftleeren Raum; ihre Bedeutung muss immer wieder im Konkreten ausgestaltet werden. Gerade hierbei kommt der

Erwachsenenbildung eine besondere Bedeutung zu. In diesem Sinne fördern Volkshochschulen nach wie vor eine offene Gesprächskultur und bieten Räume, in denen sich Menschen ganz unterschiedlicher Hintergründe mit den Werten des Grundgesetzes auseinandersetzen können. Gerade die vergangenen Jahre haben gezeigt, wie wichtig eine solche Auseinandersetzung insbesondere mit Blick auf die vielen Zuwanderer ist. Die Volkshochschulen leisten dabei einen unschätzbaren Beitrag für Integration und Zusammenhalt, die nur dann erfolgreich sein können, wenn das Grundgesetz den Bezugspunkt für das Miteinander in unserem Land bildet.

Sie seien, so der frühere Geschäftsführer des DVV, Helmuth Dolff, ein „unbestreitbar verbindendes, die Grundrechte integrierendes Element innerhalb unseres Bildungswesens". Unverzichtbar sei dabei, dass „überall dort, wo echte Volkshochschularbeit geleistet wird, der engagierte Einzelne im Gespräch mit möglicherweise Andersdenkenden [steht]; das Wesen der Volkshochschule garantiert ihm die Achtung des Andersdenkenden vor seiner persönlichen Überzeugung." Ein solcher Austausch der Meinungen, ein solches Ringen um ein gemeinsames Verständnis unserer Grundwerte, eine solche Auseinandersetzung über die Grundlagen unseres Zusammenlebens – all das findet in rund 900 Volkshochschulen im ganzen Land Tag für Tag statt. Unser Grundgesetz bildet dabei Fundament und Kompass gleichermaßen – es definiert die Spielregeln und stiftet Orientierung in einer immer unübersichtlicher werdenden Welt. Die Volkshochschulen sind gut beraten, sich diesen Schatz zu bewahren und hieraus auch in den künftigen Jahrzehnten Kraft und Offenheit zu schöpfen.

ANNEGRET KRAMP-KARRENBAUER

setzt sich als Präsidentin des DVV für eine Stärkung politischer Bildung insbesondere in Volkshochschulen ein.

Italienisch für Anfänger

Eine Italiensehnsucht ergreift große Teil der deutschen Bevölkerung in den 1950er Jahren. Viele träumen vom Urlaub im „Land der Zitronen", begeben sich im vollgepackten VW Käfer auf abenteuerliche Fahrten gen Süden. Dort genießen sie Spaghetti und italienischen Wein und bringen eine Sonnenbräune heim. Diese Entwicklung greift die Erwachsenenbildung schon früh auf: Ab dem 28. April 1950 bietet die Bremer Volkshochschule als eine der ersten Volkshochschulen den Kurs „Alltag, Beruf und Reise" für Italienfreunde an. Schließlich, so heißt es im Programm, verspreche eine Fahrt ins fremde Land nur wenig Gewinn, ohne Kenntnis der Sprache.

Die Italiensehnsucht in den 1950er und 60er Jahren war kein neues Phänomen. Italien war zu den Zeiten Goethes und danach das bevorzugte Reiseziel für das Bildungsbürgertum und ein Muss für jene, die in bürgerlichen Kreisen zur Oberschicht gehörten. Die Kulturstädte Florenz, Rom und Pisa waren Sehnsuchtsorte für Kunst und Kultur, daneben gab es Handels- und Kavaliersreisen, die jungen Männern der oberen Schichten wie etwa Alfried Krupp vorbehalten waren. Im 20. Jahrhundert war das Ziel der meisten Italienreisenden keine Rückbesinnung auf klassische Altertümer oder eine Huldigung der italienischen Architektur, sondern schlicht Erholung. Schon während der Zeit des Nationalsozialismus wurden Erholungsreisen für größere Gruppen angeboten, unter anderem nach Italien. Nach Kriegsende setzte sich der Urlaubstrend fort. Der Schlager „Die Capri-Fischer" wurde zum Welterfolg und stand für die Italiensehnsucht, die während der Zweiten Weltkrieges in verschiedenen Ländern aufgekommen war. In der Zeit des Wirtschaftswunders wurde er immer stärker, weil sich ab Ende der 1950er Jahre immer mehr Deutsche eine Reise ins Land ihrer Träume leisten konnten. Und zu jenen, die dies nicht konnten, kam das Italien-Erlebnis ins Wohnzimmer: in Form von Filmen wie „Italienreise – Liebe inbegriffen" oder Fernsehauftritten von Künstlern und Musikern wie etwa Caterina Valente.

Mit Italien verbanden die Deutschen Sonne, Strand und Meer sowie Kunst, Kultur und Dolce Vita. Einerseits war da Bewunderung – etwa für die italienische Mode, die Autos und den Fußball. Auf der anderen Seite lösten Alltagsleben, Essgewohnheiten und Familientradition – bis Ende der 1960er Jahre galt das Motiv „Mord aus Eifersucht" strafmindernd – teilweise Befremden aus. Der Italientourismus stand in einem Gegensatz zu den Vorurteilen, denen sich italienische Gastarbeiter gegenübersahen, die ab Ende 1955 nach Deutschland kamen. Viele Deutsche empfanden sie als rückständig, zu temperamentvoll, aufbrausend und „mit dem Messer schnell bei der Hand".

Mit Semesterschwerpunkten zu europäischen Ländern wie etwa Italien und mit unterschiedlichen Veranstaltungsangeboten fanden diese Themen Eingang in Volkshochschulprogramme. Dazu gehören politische Veranstaltungen, Diavorträge, Studienreisen, kulturgeschichtliche und historische Vorträge, italienische Kochabende und natürlich Sprachkurse. Beim Lernen einer Sprache spielen sowohl soziale als auch geschichtliche Zusammenhänge eine entscheidende Rolle. Die Bremer Volkshochschule hat zur Einführung in ihre Fremdsprachenkurse 1950 ausgeführt: „Die ständig enger werdende Verflechtung der Völker macht den Besitz fremdsprachlicher Kenntnisse immer notwendiger und interessanter."

BILD Auf dem Weg zum Sehnsuchtsort Italien

SPRACHENBILDUNG **1950**

Dieser Ansatz hat bis heute nichts an Aktualität verloren. Im Gegenteil: Sprachkenntnisse gelten als Schlüssel zur Integration und als Beitrag zu einem europäischen Verständnis.

Fremdsprachenkurse sind seit Bestehen der Volkshochschule ein Teil des Kernangebots und die jährliche Statistik zeigt bei einem Anteil von im Durchschnitt knapp 40 Prozent die Bedeutung auch für die Teilnehmenden. Im Zeitverlauf hat sich die Nachfrage nach Sprachen verändert und Italienisch-Kurse sind aktuell weniger im Angebot als in den 1970er und 1980er Jahren. Konjunktur hat Deutsch als Zweitsprache – bedingt durch die hohe Zuwanderung in den vergangenen Jahren.

Bis heute haben Volkshochschulen in den Sprachkursen und anderen Angeboten ihren Ansatz weiterentwickelt: Sprache, interkulturelles Lernen und historisch-politische Entwicklungen gehören dabei selbstverständlich zum Spektrum der Volkshochschulkurse. Beliebt sind heute Formate wie Wochenend-Workshops, lange Abende und Intensivkurse. Für das Sprachenlernen wichtig ist dabei der Unterricht durch Muttersprachlerinnen und Muttersprachler. Italienisch wird bei allen Veränderungen auch im Jahr 2019 an Volkshochschulen gelernt – und Italien bleibt politisch und historisch interessant.

MONIKA ENGEL

ist Leiterin der vhs Herten und forscht seit ihrem Studium zur deutsch-italienischen Bildungsgeschichte.

Freiheit und Einheit statt Eigensucht und Eigenbrödelei

Der Erste Deutsche Volksbildungstag nach dem Zweiten Weltkrieg war ein Meilenstein in der Bildungsgeschichte der jungen Bundesrepublik. Eingeladen von der Arbeitsgemeinschaft der Landesverbände deutscher Volkshochschulen, trafen sich im Herbst 1951 Erwachsenenbildner aus Westdeutschland in Frankfurt am Main und in Königstein, um sich über die künftigen Aufgaben der Volkshochschule zu verständigen. Trotz unterschiedlicher Standpunkte formulierten sie einen ersten Konsens, der die Grundlage der Volkshochschularbeit für die kommenden Jahre bilden sollte.

Dabei befanden sich die Volkshochschulen Anfang der 1950er Jahre in einer schwierigen Lage. Die Währungsreform hatte immense finanzielle Probleme mit sich gebracht. Auch das 1949 in Kraft getretene Grundgesetz ließ klare Aussagen zur Erwachsenenbildung vermissen. Allerdings gelang es der Volkshochschule, die eigene Position in der öffentlichen Wahrnehmung zu stärken. Die wichtigste Maßnahme hierbei waren überregionale Verbandstreffen, die später sogenannten Volkshochschultage. Zudem etablierte

man Arbeitskontakte zu Einrichtungen in westlichen Ländern. Letztlich konstituierte sich im Oktober 1949 die überregionale Arbeitsgemeinschaft. Ihre erste Arbeitstagung fand im Juni 1951 in der Heimvolkshochschule Jagdschloss Göhrde statt, geleitet von dem aus dem englischen Exil zurückberufenen Fritz Borinski. Diese und weitere Initiativen mündeten in der Gründung des Deutschen Volkshochschul-Verbands, der aus der Arbeitsgemeinschaft hervorging und sich im Juni 1953 in West-Berlin konstituierte.

Beim ersten Deutschen Volksbildungstag in Frankfurt am Main im Jahr 1951 indes beschäftigten sich die Teilnehmenden in fünf Arbeitskreisen mit übergeordneten, nach wie vor umstrittenen Fragen einer künftigen Erwachsenenbildung. Wie kann „Volksbildung" in Industrie- und Großstädten aussehen? Was kann ländliche Erwachsenenbildung leisten? Welche berufsbildenden Kurse soll die Volkshochschule anbieten? Und wie ist das Verhältnis von Politik und Erwachsenenbildung zu sehen? Eine der zentralen Schlussfolgerungen war, dass die Volkshochschule zur Erziehung eines politisch denkenden und verantwortlich handelnden Menschen beizutragen habe. Diese Aufgabe hatten die alliierten Siegermächte ab 1947 mit ihren *Reeducation*-Programmen als „grundlegende Richtlinien für die Erwachsenenbildung in Deutschland" festgelegt. Die von ihnen betriebene Entnazifizierung hatte

BILD Volkshochschulangebote laden zur Diskussion der Teilnehmenden ein

zuvor zur Ausschaltung belasteter Volkshochschulleiter geführt, wurde von einigen als „Säuberung" verstanden und führte so zu heftigen Kontroversen.

Mit dem Konzept des „mündigen Bürgers" (Borinski) fand man eine Kompromissformel: Politische Bildung solle darin bestehen, dem Erwachsenen dabei zu helfen, sich jenes Wissen anzueignen und jene charakterlichen Eigenschaften zu entwickeln, sodass er selbstständig über Fragen des öffentlichen Lebens nachdenken und politisch entscheiden könne. Immer wieder aber brachen bei dem Versuch, die NS-Vergangenheit aufzuarbeiten und zugleich eine pädagogisch und gesellschaftspolitisch tragfähige Konzeption für ein gemeinsames Handeln zu formulieren, die alten Grabenkämpfe wieder auf. Diese hatten schon die Weimarer Republik geprägt und setzten sich in den unmittelbaren Nachkriegsjahren noch einmal fort. Die Vertreter der verschiedenen Richtungen konnten sich weder auf die „Prerower-Formel" noch auf Übereinkünfte der zeitgleich in Bad Grund stattfindenden Tagung zur Arbeiterbildung einigen, die im Jahr 1931 – nach langen Debatten – Klarheit in die Reihen der Volkshochschulen gebracht hatte.

Diese Grabenkämpfe schienen 1951 endlich überwunden. Die Volkshochschule habe praktische Lebenshilfe zu leisten, dazu gehöre auch ein ausgewogenes Verhältnis von Allgemeinbildung und beruflicher Bildung. Sie habe sowohl zur Persönlichkeitsbildung, also zur Selbstständigkeit und Anteilnahme, beizutragen, wie sie einer blinden Wissenschaftsgläubigkeit gegenüber kritisch zu sein habe. Paul Wilpert, der damalige Vorsitzende der Arbeitsgemeinschaft, formulierte das oberste Ziel des Treffens in Frankfurt am Main so: „Solange vernünftige Menschen ohne Zwang aus freier Einsicht sich zusammenfinden und in Freiheit die der Zeit und den Umständen gemäße Einheit in der Vielfalt bejahen, ist die Bedrohung einer Uniformierung gebannt. Sie kann aber überall dort auch durch Waffen nicht auf die Dauer abgewehrt werden, wo Freiheit mit Eigensucht und Eigenbrödelei verwechselt wird und man es nicht vermag, aus freier Einsicht zu tun, was die Stunde an Einheit fordert."

Und dennoch verbarg sich hinter diesem emphatischen Neubeginn auch die Kontinuität konservativ geprägter kultureller Hegemonie. So ist es sicher kein Zufall, dass der eingeladene Theodor W. Adorno am 11. Oktober 1956 auf dem Zweiten Deutschen Volkshochschultag nicht zu Wort kommen durfte. Hingegen glaubte Volkshochschulpräsident Hellmut Becker noch 1981 auf dem siebten Volkshochschultag dazu auffordern zu müssen, endlich von alten Bildungsidealen Abschied zu nehmen und mit Adorno „Erwachsenenbildung, als Erziehung zur Kritik, auch der rücksichtlosesten Selbstkritik" zu verstehen.

JÖRG WOLLENBERG

war bis 2002 Professor für Weiterbildung an der Universität Bremen und arbeitete vor allem zur politischen Bildung.

Die vhs Marl plant einen Bürgersender

Bert Donnepp, von 1948 bis 1979 Leiter des Weiterbildungswerks der Stadt Marl „die Insel", hat früh erkannt, dass Medienkompetenz, Medienproduktion und Medienkonsum in das Arbeitsfeld pädagogischer Zusammenhänge gehören. Bereits in den 1950er Jahren stellte er fest, dass Menschen nur dann medienmündig werden, wenn sie um Produktionsprozesse wissen und Inhalte deuten können. Sein Wunsch, einen Bürgersender an der Marler Volkshochschule zu installieren, ließ sich trotz aller Bemühungen nicht realisieren.

Eine Zeitreise in die Vergangenheit: Marl, Oktober 1952. Bürgerfernsehen, Bürgerradio oder Offene Kanäle spielen in der Medienlandschaft keine Rolle. Gerade darüber denkt aber Bert Donnepp nach, denn er betrachtet die Medien grundsätzlich als Partner der Erwachsenenbildung. Er hat die Vision, dass Teilnehmende in vhs-Arbeitsgemeinschaften vielfältige parteineutrale Beiträge für einen Bürgerfunk „bauen". Also stellt er einen Antrag auf Genehmigung eines UKW-Senders für das Stadt- und Amtsgebiet Marl an den damaligen Bundesminister für Post- und Fernmeldewesen, Hans Schubert (CSU). Doch dieser antwortet lediglich, dass er nicht zuständig sei. Als Donnepp aber in der Gelsenkirchener Morgenpost vom 12. September 1953 liest, dass Studenten der Technischen Hochschule Braunschweig eine vorläufige Lizenz für den Betrieb eines privaten UKW-Senders erhalten haben, wendet er sich erneut an den Bundesminister. Er fragt, ob sich das Lizenzierungsverfahren geändert habe, und verweist auf einen Beschluss des vhs-Landesverbands, die Marler Volkshochschule bei der Erlangung einer Lizenz zu unterstützen. Und wieder fällt die Antwort knapp und ernüchternd aus: Der Minister schreibt, dass sich die Lizenzierung nicht geändert habe. Donnepp, Rundfunkreferent des Landes- und Bundesverbands der Volkshochschulen, lässt jedoch nicht locker. 1954 gelingt es ihm, einen Termin mit dem Ministerialdirektor Hans Preßler vom Bundesministerium für Post- und Fernmeldewesen zu organisieren.

Donnepp hält in einer Gesprächsnotiz fest, welche Position die Länder und das Bundeskanzleramt einnehmen. Während die Länder möglichst nur öffentlich-rechtlichen Rundfunk vertreten, will das Bundeskanzleramt kein Monopol, sondern die Vergabe „Kleiner Lizenzen". Taktisch geschickt, schlägt Bert Donnepp vor, eine Genossenschaft der Interessenten der „Kleinen Lizenzen" zu gründen, um eine Schlüsselposition gegenüber dem Bundespostministerium zu erhalten. Ziel ist es, zunächst in einigen Modellstädten wie Marl den Sendebetrieb zu erproben. Im Februar 1955 erfährt Donnepp, dass das Bundeskanzleramt aufgrund technischer Probleme die Vergabe „Kleiner Lizenzen" nicht weiterverfolgt. Im Juni 1956 wiederholt er den Antrag auf Erteilung einer Lizenz für einen Ortssender der Stadt Marl. Donnepp betont dabei, dass es nicht um eine Konkurrenz zu den öffentlich-rechtlichen Sendern gehe, sondern ausschließlich um „Laien-Arbeit".

Im Juli 1956 erscheint im Bonner Informationsbrief eine kurze Notiz über den bayerischen Arbeitsminister Walter Stain, der das Rundfunkgesetz abändern lassen will. Auch in Bayern kann ein zweiter Rundfunksender aufgebaut und das Monopol des bayerischen Rundfunks durchbrochen werden. Donnepp schreibt Stain daraufhin, informiert ihn über die Pläne der vhs Marl und bittet den Minister um Details seines Vorhabens. Dieser lässt am 11. Oktober 1956 seinen Staatssekretär antworten, „dass alle Bestrebungen in

MEDIENBILDUNG 1952

einem Stadium sind, das noch keine Äußerungen an nichtbayerische Interessenten ermöglicht." Trotz aller Bemühungen und Vorstöße von Donnepp erhielt die vhs in Marl nie einen eigenen UKW-Sender. Erst in den 1980er Jahren gab es dann auch in Marl einen Offenen Kanal, der heute über das Bürgerfernsehen fortgesetzt wird. Heute, im digitalen Zeitalter, können Menschen rund um die Uhr im Internet Audios hören oder Videos streamen. Der Bürgerfunk ist weitgehend marginalisiert. Donnepps Ansprüche an Medienkompetenz und Medienteilhabe bleiben gleichermaßen aktuell. Er hat seine Absichten als Direktor des Bildungswerks der Stadt Marl mit Vehemenz verfolgt. Erst 30 Jahre später sind diese medienpolitischen Ansätze schließlich aufgegriffen und realisiert worden.

UWE FRANK BAUCH, STEFANIE DOBBERKE, ROLF POLLBERG & DANIEL RUSTEMEYER

Das Marler Autorenteam beschäftigt sich in unterschiedlichen Funktionen mit der Regionalgeschichte des nördlichen Ruhrgebiets und der Volkshochschule.

„Wir haben gesehen, wie die Panzer aufgefahren sind …"

Am 17. Juni 1953 wird in West-Berlin der Deutsche Volkshochschul-Verband gegründet. Am selben Tag demonstrieren Tausende Menschen in Ost-Berlin gegen die Erhöhung der Arbeitsnormen auf der Straße. Panzer fahren auf. Am Ende sind 34 Demonstranten und Zuschauer tot. Später wird man von einem Aufstand sprechen und das Datum wird in der Bundesrepublik bis zur Wiedervereinigung ein nationaler Feiertag. Zeitgleich sitzen im Schöneberger Rathaus Delegierte der Landesverbände der Volkshochschulen zusammen und gründen einen bundesweiten Dachverband. Vier Jahre nach der Gründung der beiden deutschen Staaten wird auf der einen Seite der innerdeutschen Grenze gegen die Folgen dieser Teilung demonstriert, während zeitgleich die Vertreterinnen und Vertreter westdeutscher Volkshochschulen diese Teilung als Realität anerkennen, in dem sie einen (west-)deutschen Verband gründen. Dass diese Ereignisse in einem Datum zusammenfallen, mag ein historischer Zufall sein, zeigt aber die Verflechtung der Volkshochschularbeit in der Nachkriegszeit mit der Zeitgeschichte. Über diesen historischen Zufall führte Heidi Staschen, Mitarbeiterin der Hamburger Volkshochschule, 2003 mit einem der Zeitzeugen zum 50-jährigen Bestehen des DVV ein Interview. Ronald Wilson war als Referent für Erwachsenenbildungsfragen bei der Kulturabteilung der britischen Militärregierung in Berlin bei der Versammlung dabei.

HEIDI STASCHEN: Warum wurde der DVV gegründet?
RONALD WILSON: Ich gewann den Eindruck, die deutschen Volkshochschulvertreter wollten die Normalisierung sowohl im innerdeutschen als auch im außerdeutschen Bereich absichern durch die Schaffung eines juristisch rechtskräftigen Verbands, der als Sprecher für die Interessen der freien Erwachsenenbildung und insbesondere der deutschen Volkshochschulen agieren konnte.

STASCHEN: Wo standen die Besatzungsmächte in der Idee einer neuen deutschen Volksbildungstradition?
WILSON: Vom Standpunkt der britischen Besatzungsmacht war die Gründung des DVV der nächste und letzte logische Schritt in dem bereits 1945 begonnenen Prozess. Die westlichen Besatzungsmächte hatten von Anfang an die Entwicklung eines von unten aufgebauten Systems freier Erwachsenenbildungsinstitutionen und deren Zusammenschluss in Landesverbänden unterstützt und gefördert. Volkshochschulen in Deutschland sollten eine freie Erwachsenenbildung verkörpern und verankern.

STASCHEN: Wie war es an diesem politischen Tag, dem 17. Juni 1953? Wie war der Tag für Sie, wenn Sie sich zurückerinnern?
WILSON: Nach Abschluss der Gründungsversammlung in Schöneberg waren die Delegierten im Namen der drei westalliierten Hochkommissare eingeladen, an einem Empfang im British Centre am Kurfürstendamm teilzunehmen. Die Ereignisse in der Sowjetzone und im Sowjetsektor der Stadt waren dabei allgemeiner Gesprächsstoff. Und die Telefonleitungen im British Centre waren mehrere Stunden blockiert, als DVV-Delegierte ihre Familienangehörigen in den Westzonen zu erreichen versuchten, um ihnen zu versichern, dass sie sich noch auf freiem Fuß befänden.

STASCHEN: Was würden Sie sagen, wenn man beide Ereignisse verknüpft, gibt es einen Symbolwert für den DVV – gerade an so einem Tag gegründet worden zu sein?
WILSON: Der Symbolcharakter liegt im Nachhinein wohl darin, dass die Volkshochschulen in der Bundesrepublik einen entscheidenden Schritt zur Festigung einer freien Erwachsenenbildung unternommen hatten, während ihr Gegenstück im anderen Teil Deutschlands im Begriff war, ausführendes Organ eines zentral gelenkten staatlichen Bildungs- und Ausbildungsprogramms zu werden.

STASCHEN: Wie war damals das Image der Volkshochschulen? Hat man überhaupt, sagen wir mal, in München wahrgenommen, dass der DVV gegründet wurde?
WILSON: Zum Image der Volkshochschulen möchte ich noch darauf hinweisen, dass die zahlreichen Erwachsenenbildner aus westlichen Ländern, die in den 1950er Jahren Berlin im Rahmen der Austauschprogramme der westalliierten Kulturabteilungen besuchten, beeindruckt waren von dem Ausmaß und der Wirksamkeit West-Berliner Bezirksvolkshochschulen, trotz der damals enormen Schwierigkeiten des „normalen" täglichen Lebens in Berlin. Bis zum Bau der Mauer in Berlin 1961 wurden die Bezirks-VHS in West-Berlin immer wieder von den Bewohnern des Sowjetsektors und der angrenzenden Gegenden der Sowjetzone besucht. Sie machten einen Anteil von bis zu acht Prozent der Belegungen aus.

STASCHEN: Was möchten Sie dem DVV mit auf den Weg geben?
WILSON: Die Tatsachen, dass die Volkshochschulen in der Bundesrepublik Deutschland und ihre Landesverbände den DVV im Jahr 1953 gründeten und dass dieser DVV heute einen wichtigen Platz in der weltweiten Erwachsenenbildung einnimmt, müssen immer wieder vor Augen geführt werden. Ebenso wichtig ist es, dass der DVV seinen anfänglichen Sinn für Internationalität in einem sich rasch vereinigenden Europa behält.

HEIDI STASCHEN
hat als Mitarbeiterin der Hamburger vhs den ehemaligen Bildungsoffizier der britischen Besatzungstruppen Ronald Wilson interviewt.

Das Wunder von Bern – und was es mit Grundbildung zu tun hat

4. Juli 1954, Wankdorf-Stadion in Bern. Es regnet in Strömen. Die ungarische Fußball-Nationalmannschaft geht als klarer Favorit in dieses WM-Endspiel. Doch dann geschieht das, was als „Wunder von Bern" in die Geschichte eingegangen ist: Mit dem Tor von Helmut Rahn siegt die deutsche Nationalmannschaft – und löst in der jungen Bundesrepublik Deutschland einen kollektiven Freudentaumel aus. Mit Grundbildung hat dieses einschneidende Ereignis der deutschen Nachkriegsgeschichte („Wir sind wieder wer") erst mal wenig zu tun. Doch das sollte sich ändern.

60 Jahre nach dem „Wunder von Bern" ist Deutschland wegen der Weltmeisterschaft in Brasilien erneut im Fußballfieber. Der Deutsche Volkshochschul-Verband, die Aktion Mensch als Deutschlands größte private Förderorganisation im sozialen Bereich und der Verlag *Spaß am Lesen* nutzen die Sportbegeisterung, um ein anderes Ziel zu erreichen: nämlich über Literatur in einfacher Sprache möglichst vielen Menschen Freude an Kultur und die Chance auf Grundbildung zu ermöglichen. Grundlage der Kooperation ist das Buch „Das Wunder von Bern" von Marion Döbert, in dem die Autorin die Handlung des gleichnamigen Spielfilms von Sönke Wortmann aus dem Jahr 2003 in einfacher Sprache und in gekürzter Form erzählt. Der Weg der deutschen Nationalmannschaft zum unerwarteten WM-Sieg wird darin verwoben mit der Geschichte eines ins Ruhrgebiet heimgekehrten Kriegsgefangenen (dargestellt von Peter Lohmeyer) und dessen Bemühungen, sich im alten neuen Leben wieder zurechtzufinden. Das Buch, herausgegeben vom Verlag *Spaß am Lesen* und der Aktion Mensch, erscheint im Vorfeld der Brasilien-WM im April 2014 – und trifft den Nerv der Zeit.

Alle Volkshochschulen, an denen zum Zeitpunkt des Erscheinens Alphabetisierungskurse laufen – und das sind rund 300 –, erhalten kostenlose Klassensätze des Romans in Einfacher Sprache. Darüber hinaus entwickelt der DVV spezielle Lerneinheiten mit mehr als 40 Übungen, die sich um Themen aus dem Buch drehen. Die Lerneinheiten und „Das Wunder von Bern" als E-Book sind Teil von www.ich-will-lernen.de, dem offenen Lernportal für Alphabetisierung und Grundbildung des DVV. Lehrende können das Material auch als *Blended-Learning*-Instrument anwenden, sodass Präsenzveranstaltungen und E-Learning kombiniert werden. Lernende können es aber auch allein und anonym im Internet nutzen und erhalten dort automatisch ein Feedback.

Buch und Kooperation werden bei der Aktion Mensch in Bonn medienwirksam vorgestellt: Schauspieler Peter Lohmeyer begeistert mit einer Lesung das Publikum. Rainer Bonhof, Fußballweltmeister von 1974, diskutiert mit Vertretern von DVV, Aktion Mensch und der Nationalmannschaft für Fußballer mit geistiger Behinderung über den Spaß am Lesen und am Fußball. Einfache Sprache zeichnet sich durch einen logischen Aufbau, kurze Sätze und verständliche Wortwahl aus. Etwa 7,5 Millionen Menschen in Deutschland gelten als funktionale Analphabeten, weil sie nicht ausreichend Deutsch lesen und schreiben können – sei es aufgrund kognitiver Einschränkungen, weil sie es nach der Schule wieder verlernt haben, oder weil sie eine andere Muttersprache sprechen. Sie alle profitieren gleichermaßen von dieser Ausdrucksform. Bei der Umsetzung der Behindertenrechtskonvention der Vereinten Nationen spielen einfache und leichte Sprache eine entscheidende Rolle. Bisher beschränkte sich das bestehende Angebot

GRUNDBILDUNG 1954

jedoch in weiten Teilen auf Informationen von Behörden, Institutionen und Parteien. Mit „Das Wunder von Bern" und den dazugehörigen Online-Lerneinheiten leisten DVV, Aktion Mensch und der Verlag *Spaß am Lesen* dagegen einen wichtigen Beitrag für Inklusion und kulturelle Teilhabe. Das Angebot hilft, Verständnisbarrieren abzubauen, Alphabetisierung und Grundbildung zu erleichtern und die Inklusion im kulturellen Bereich zu befördern. Vor allen Dingen hat es Tausenden von Lesern und Lernenden viel Freude bereitet – und tut es noch heute.

Dass die deutsche Fußball-Nationalmannschaft im selben Jahr in Brasilien erneut die Weltmeisterschaft gewann, war vielleicht nicht die Folge, aber sicherlich das i-Tüpfelchen dieses gelungenen Kooperationsprojekts. Es hat einmal mehr gezeigt, wie wichtig es ist, dass Lernangebote sich auf die Erfahrungswelt der Lernenden beziehen. Dass dies mit dem Kooperationsprojekt in der Verbindung von Digital- und Printmaterialien gelungen ist, zeigt sie noch heute lebhafte Nutzung der Online-Übungen zum „Wunder von Bern".

CHRISTINA MARX

liegt Bildung am Herzen. Sie ist in leitender Funktion für die „Aktion Mensch tätig".

Deutsch für Ausländer

Kira Speranskij veranlasste, dass im April 1955 der allererste Kurs Deutsch für Ausländer – zehn Doppelstunden für zehn DM – an der vhs Wiesbaden stattfand. Was hier im Kleinen mit fünf Teilnehmerinnen und Teilnehmern begann, zeichnet heute die Volkshochschullandschaft aus. Die Volkshochschulen bieten mit Abstand die meisten Deutsch-, Integrations- und Orientierungskurse bundesweit an. Damit sind sie Forum, Hort und Katalysator der Sprachvermittlung und Völkerverständigung.

„Noch lange bevor der Ausländerkreis im oberen Stockwerk der Volkshochschule seinen Einzug hielt, fungierte die Wohnung meiner Eltern als Treff- und Angelpunkt für viele. Wie oft stand abends oder an den Wochenenden ein Grüppchen mit irgendwelchen Ideen und Vorschlägen vor unserer Wohnungstür – mal waren es Mitbringsel für ein gemeinsames Sonntagsfrühstück, zu Zeiten, als ‚Brunch' noch ein Fremdwort im deutschen Wortschatz war, oder eine Einladung für einen gemeinsamen Waldspaziergang bzw. im Herbst Fallobst sammeln, um anschließend in unserer Küche Apfelpfannkuchen zu backen und sie dann in fröhlicher Runde mit viel Zimt und Zucker zu verspeisen. Aber sie kamen auch mit ihren Sorgen und Nöten und fanden bei meinen Eltern immer ein offenes Ohr und einen guten Zuhörer. [...] Für mich ist das ein Teil unvergesslicher Kindheitserinnerungen. Wer hat schon das Glück in einem so großen Kreis von ‚älteren Brüdern und Schwestern' aus aller Herren Länder aufzuwachsen." So schildert die Tochter Maja Speranskij, Diplomdolmetscherin und Lehrerin für Deutsch und Russisch, ihre Erinnerungen an die ersten Ausländerkurse. Sie war damals sieben Jahre alt.

Kira Speranskij war im Jahr zuvor bei Eberhard Stephan, dem Direktor der Volkshochschule Wiesbaden, vorstellig geworden, um Deutsch-für-Ausländer-Kurse anzubieten. Sie erntete Skepsis. Als aber bereits der erste Kurs eine lebhafte Nachfrage erlebte, erfuhr sie aktive Unterstützung der vhs-Leitung. So konnte sie das Angebot ständig ausbauen, neue Lehrkräfte einstellen und immer neue Kurse für Anfänger und Fortgeschrittene anbieten. Aus diesen Kursen heraus entstand 1960 der Ausländerkreis Wiesbaden, der Teilnehmende aus vielen Ländern zusammenbrachte, darunter viele Studentinnen und Studenten, die in Mainz, Darmstadt und Frankfurt am Main die Universität besuchten oder Praktika absolvierten.

Kira Speranskij wusste selbst, was es heißt, fremd zu sein in einem Land, und wie wichtig es ist, die Landessprache möglichst schnell zu erlernen. 1916 nahe St. Petersburg geboren, war sie mit ihren Eltern auf der Flucht vor den Bolschewiki über Kiew, Odessa und Konstantinopel schließlich in Belgrad gelandet, wo sie das Abitur machte und ein Germanistik-Studium absolvierte. Anfang 1945 floh sie noch einmal vor der nahenden Front, bevor sie sich mit ihrer Familie nach einem Zwischenaufenthalt in München schließlich in Wiesbaden niederließ. In dem von ihr initiierten Ausländerkreis trafen sich zweimal pro Woche junge Ausländer und Deutsche zu Gesprächen, Vorträgen und geselligem Miteinander. Die vhs Wiesbaden warb im Programmheft 1962 um Unterstützung der Wiesbadener Bevölkerung: „Der schönste Erfolg tritt aber dann ein, wenn im Ausländerkreis Freundschaften geschlossen werden, wenn unsere ausländischen Gäste eingeladen werden in deutsche Familien … Dringend suchen wir Familien, die einmal zum Wochenende oder in den Abendstunden Praktikanten aus afrikanischen Ländern aufnehmen, die ganz besonders den Mangel an persönlichen Kontakten beklagen."

INTEGRATION 1955

> ٩٥٦ - ٣ - ٢٦ - شيئة
>
> في هذه المدرسة اول موعد للغة الألمانية
> في هذه المدرسة كانت جميلة جدا ودرسا
> ممتعا نابلا شكري وتحياتي القلبية.
>
> طلبة - الإنصاري - حلب سوريا
>
> In dieser Schule habe ich die Deutsche
> Sprache gelernt. Unser Lehrerin war
> sehr schön und sehr gut. Ich danke
> Ihr viel.   26. 3. 1956
>   A. Hilmi
>
> Adnan Hilmi - Alep
> Al-insari str. 32
>   Syrien
>
> se makreber segag alman bser. se
> yagager se dair noa dach.
>   26. 3. 1956   A. Hilmi

Wie sehr sie von ihren Schülerinnen und Schülern als Vermittlerin deutscher Sprache und Kultur geschätzt wurde, zeigt sich in zahlreichen Dokumenten. In einem in arabischer und deutscher Sprache vorliegenden Dankesschreiben von Adnan Hilmi aus der syrischen Stadt Aleppo vom 26. März 1956 heißt es: „In dieser Schule habe ich die deutsche Sprache gelernt. Unsere Lehrerin war sehr schön und sehr gut. Ich danke ihr viel." Die Erinnerungen der Schülerinnen und Schüler von Kira Speranskij zeigen, welche Bedeutung die Volkshochschulen bereits in den fünfziger Jahren für die Vermittlung deutscher Sprache und Kultur hatten. Bundesweit werden derzeit mehr als 33 Prozent aller Integrationskurse von Volkshochschulen durchgeführt. Mehr als 300.000 Teilnehmende besuchten von 2015 bis 2017 einen Integrationskurs an den rund 900 deutschen Volkshochschulen.

HARTMUT BOGER

war von 1989 bis 2016 Direktor der vhs Wiesbaden, hat deren Geschichte erforscht und im Buch „Bildung für alle! Kulturleben und Bildungsstreben in Wiesbaden seit 1800" veröffentlicht.

Neuordnung der Volkshochschule

1956 ist das Jahr der Umwälzungen in der Deutschland-, Kultur- und Bildungspolitik der DDR. Die Sowjetisierung im Land zeigt sich am Stalinschen Personenkult, der Proklamation eines später annullierten wirtschaftlichen Siebenjahrplans, der 1956 als zweiter Fünfjahrplan in Kraft tritt, der Kollektivierung der Landwirtschaft und auch in der Umbenennung der Volkshochschule in Abendoberschule für Erwachsene.

Die neu geschaffene, arbeitsteilig verflochtene Wirtschaft erfordert eine Erweiterung der fachlichen Qualifizierung, eine höhere Allgemeinbildung und die Verbindung von praktischer Berufserfahrung und theoretischem Wissen. Die bildungspolitischen Intentionen der Einheit von allgemeiner und beruflicher Bildung sowie von Theorie und Praxis spiegeln sich sowohl in der Wirtschafts- als auch in der Bildungsplanung wieder. Daher ist die strukturelle Neuordnung der Volkshochschulen eine strategische bildungspolitische Entscheidung. Der künftige Einsatz moderner Technik erfordert eine Forcierung der beruflichen Erwachsenenbildung, die eine hohe Allgemeinbildung voraussetzt. Um diese den Werktätigen im Sinne eines „zweiten Bildungsweges" zugänglich zu machen, braucht man eine Institution mit flexiblem Profil.

Die Volkshochschule wird als staatliche Einrichtung – sie kehrt formal zurück ins Ministerium für Volksbildung der DDR – Teil des allgemeinen Schulsystems und in Abendoberschule für Erwachsene umbenannt. Ihre vorrangige Aufgabe ist es, Männern und Frauen zu ermöglichen, Schulabschlüsse nachzuholen. Es gibt Vormittags- und Nachmittagskurse, damit auch Schichtarbeiter teilnehmen können. Arbeiter, Bauern und Angestellte können in der DDR ihre Schulbildung verbessern, universitäre Abschlüsse erwerben und so zum sozialistischen Establishment aufsteigen. 21 Prozent der Bevölkerung zählen 1960 dazu, 24 Prozent im Jahr 1990, wenn sie Loyalität beweisen und/oder sich durch SED-Mitgliedschaft zum Staat bekennen. Für die schulentlassene Bevölkerung ist die Volkshochschule die Institution, um die Mittlere Reife oder das Abitur für ein künftiges Studium nachholen zu können.

Mit ihrer Neuordnung 1956 wird die Volkshochschule gesellschaftlich aufgewertet – nach ihrem Schattendasein im Ministerium für Kultur. Die Offensive zum „Nachholen von Schulabschlüssen" wird propagandistisch inszeniert und im Westen als „Zweiter Bildungsweg" bekannt, was nicht verwundert, denn die Institution hat mit ihrem Namen auch ihre Identität verloren. Verstärkt bietet sie nun Lehrgänge zum Erwerb der Abschlüsse nach Klasse 8, 10 und 12, weil die Berufsausbildung auf der Mittleren Reife aufbaut und das Abitur für den Elitenwechsel erforderlich ist. Diese Schwerpunktsetzung endet Mitte der 1970er Jahre. Die Lehrgangszahlen sind rückläufig, auch weil die Um-Akademisierung der Eliten vollzogen ist.

Völlig übersehen wird, dass die Volkshochschule – nun Abendoberschule für Erwachsene – immer ihr traditionelles Bildungsangebot wie in der Weimarer Republik aufrechterhält. Dieses wird als „Einzellehrgänge ohne Abschluss" bezeichnet und geringgeschätzt, macht aber immerhin ein Drittel aller Kurse aus. Selbst wenn sie im Jahr 1956 verstärkt Schulabschlüsse anbietet, so gehören zum Programm der Volkshochschule – zwischen beruflicher Arbeiterbildung und klassischer Hochkultur changierend – immer Kurse in Stenografie/Maschineschreiben, Sprachen, Gesellschaftswissenschaften, Kunst/Kultur, Mathematik/Naturwissenschaften/Technik, Techniken des geistigen Arbeitens, Körperkultur/Sport, Betriebswirtschaft, berufsbezogene Fachlehrgänge und berufliche Qualifizierungslehrgänge. Ohne es 1956 zu beabsichtigen, erweist sich die Volkshochschule der DDR als flexibel arbeitendes Hilfssystem.

Die Weimarer Tradition der Volkshochschule ist in der DDR nie abgebrochen, selbst wenn Veröffentlichungen vor 1990 aus Ost und West den Anschein erwecken. Erst nach der Wende, nachdem alle Archive zugänglich sind, können Analysen der Programme die Kontinuität der Institution durch den Wandel des Programmangebots nachweisen. Beispielsweise sind Themen wie „Mykologie – Einführung in die Pilzkunde", „Botanik und Heilmittelkunde", „Süßwasserfische", „Das Kaninchen, seine Haltung und Pflege", „Obst- und Ziergehölze" „Trockenfloristik", „Ikebana", „Seidenmalerei", „Töpfern", „keramisches Gestalten", „Nähen", „Modelle entwerfen", „Schnitte zeichnen", „Herstellen von Vierfarbendrucken", „Modellbahnbau" angeboten worden. Im Osten diente die Volkshochschule zwar der Erfüllung der Wirtschaftspläne, der kulturellen Erneuerung Deutschlands und der Umschichtung der Eliten, sie fungierte zeitweise als zweiter Bildungsweg und war Notnagel in der Mangelwirtschaft, aber sie war und ist immer die Institution, die aus dem Stand heraus Bildungsbewegungen aufgrund gesellschaftlicher Bedarfe aufnehmen und transformieren kann.

KARIN OPELT

hat 20 Jahre zur Erwachsenenbildung geforscht und zur Volkshochschule in der SBZ/DDR habilitiert.

Gründung der Pädagogischen Arbeitsstelle des DVV

„Heute fällt es schwer, eine Vorstellung davon zu vermitteln, welche Widerstände damals bei der Einrichtung eines solchen Instituts überwunden werden mussten. Willy Strzelewicz hat all diese Schwierigkeiten gekannt." So berichtet Hans Tietgens Jahre später über die Mühen, die der Gründung der Pädagogischen Arbeitsstelle des Deutsche Volkshochschul-Verbands vorausgegangen waren. Doch am 3. Mai 1957 war es endlich soweit. Dank eines Beschlusses des Deutschen Bundestags erhält der DVV seine Arbeitsstelle. Noch im September 1956 gab es auf dem Zweiten Deutschen Volkshochschultag in Frankfurt am Main lange Diskussionen. Vielleicht aber war es gerade die große öffentliche Aufmerksamkeit für diese Veranstaltung, die den Bundestag bewegte, so rasch mit einem Beschluss zu reagieren, der die finanzielle Absicherung der Arbeitsstelle unterstützte.

Auf jenem Volkshochschultag von 1956 ging es zum einen um ein die Landesverbände übergreifendes Selbstverständnis der Volkshochschulbewegung, zum anderen um das inhaltliche Profil der Volkshochschule. Dies war nötig geworden, weil die Angebote zwar beständig ausgebaut worden waren, sich aber eine Spannung herausgebildet hatte: eine Spannung einerseits zwischen dem Bedarf an gut ausgebildeten Arbeitskräften – es war gerade einmal ein Jahrzehnt seit Ende des Kriegs vergangen, und es mangelte an Fachkräften, die das Erhardsche Wirtschaftswunder am Laufen halten würden – und andererseits den individuellen Bedürfnissen der Teilnehmenden nach Orientierung in einer Welt, die eine unbewältigte Vergangenheit verdrängte und sich gleichzeitig mit einem globalen Wettrüsten und der Wiederbewaffnung der beiden deutschen Staaten konfrontiert sah. Nicht zuletzt sollte der „Sputnik-Schock" im Herbst des Jahres 1957 darauf aufmerksam machen, dass die Bildung aller eine unverzichtbare Voraussetzung für die Entwicklung einer jeden Gesellschaft ist.

Unter diesen Bedingungen schien es kaum denkbar, die inhaltliche und letztlich auch die pädagogische Arbeit der Volkshochschulen ohne eine bundesweit agierende Arbeitsstelle des Verbands weiterzuentwickeln und die Erwachsenenbildung als vierte Säule des Bildungssystems zu etablieren. Eine solche Arbeitsstelle würde die Aktivitäten der Landesverbände koordinieren, die Volkshochschulen in ihrer Programmentwicklung beraten, eine Datenbasis zur Volkshochschullandschaft aufbauen und die Arbeit aller Beteiligten – insbesondere des lehrenden Personals – wissenschaftlich fundieren. So war der Beschluss des Bundestags nicht nur notwendige Konsequenz, sondern auch eine glückliche Fügung für die Erwachsenenbildung. Auch anderenorts hatte die Forderung nach einer Modernisierung des Bildungssystems dazu geführt, weitere Institute zu gründen, die eine empirische Forschung zum Bildungswesen sowie eine wissenschaftlich fundierte Politik- und Praxisberatung auf Dauer stellen sollten: so das Deutsche Institut für Internationale Pädagogische Forschung (bereits 1951), das Max-Planck-Institut für Bildungsforschung (1963) und das Institut für die Pädagogik der Naturwissenschaften (1966).

Die Pädagogische Arbeitsstelle nahm ihre Arbeit im November 1957 mit zunächst acht Mitarbeitern und unter der Leitung von Willy Strzelewicz in Frankfurt am Main auf. Funktion und Aufgaben waren bereits in den Diskussionen auf dem Zweiten Deutschen Volkshochschultag beschrieben. Im Gründungspapier des DVV hieß es damals: „Die Pädagogische Arbeitsstelle des Deutschen Volkshochschul-Verbands stellt

BILD Willy Strzelewicz in seinem Frankfurter Büro

VHS UND WISSENSCHAFT 1957

einen geistigen Sammelpunkt dar, der die Vielfalt der Volkshochschularbeit widerspiegelt. Zugleich vermittelt sie als allgemeines Informationszentrum eine Verbindung zwischen den Einrichtungen untereinander sowie zwischen wissenschaftlicher Forschung und Erwachsenenbildung. Für die wachsenden Anforderungen, vor die sich die Volkshochschulen gestellt sehen, liefert sie die Grundlagen und gibt für die praktische Arbeit Anregungen und Hilfen."

Die Arbeitsstelle wuchs über die Jahre personell, sie erweiterte ihre Angebote und bezog zunehmend die seit dieser Zeit an Pädagogischen Hochschulen und Universitäten Schritt für Schritt eingerichteten Professuren in ihre Vermittlungsarbeit ein. Erste eigene Forschungsprojekte waren eine konsequente Folge. Ebenso eigene Publikationsreihen und Infrastrukturen für eine historische und empirische Forschung, wie etwa ein Archiv und eine Bibliothek, die zum kulturellen Gedächtnis der Volkshochschulen und auch der Disziplin beitragen. Willi Strzelewicz wurde 1960 von Hans Tietgens abgelöst. Ekkehard Nuissl von Rein und Josef Schrader folgten über die Jahrzehnte. 1976 wird die Arbeitsstelle in die Forschungsförderung von Bund und Ländern aufgenommen – damals noch „Arbeitsgemeinschaft Blaue Liste" genannt – und im Jahr 1994 in Deutsches Institut für Erwachsenenbildung (DIE) umbenannt. Heute ist das DIE Mitglied der Leibniz-Gemeinschaft. Doch dies sind ganz andere Geschichten. Zu erinnern bleibt an den Geist des Aufbruchs in einer Zeit, die nach Orientierung suchte. Diese bietet das DIE auch heute – in manchem auf ganz andere und doch vergleichbare Weise.

KLAUS MEISEL

hat die Geschicke der PAS und des DIE über viele Jahre geprägt, von 2002 bis 2006 als einer der Direktoren.

Was man im Osten nicht sieht

„Mensch, Paule, wo kommste denn jetze her? Warste wieda drüben bei die Amis? Ick hab mir so Sorjen jemacht. Wejen die Muschkoten an die Zonengrenze. Man weeß ja nie, wen die gerade uffm Kieker ham."

„Ach, Muttern, lass ma jut sein. Ick pass schon auf. Und der Heiner och. Wir waren doch nur über die Oberbaumbrücke rüber, in' Kreuzberg, links unter die Hochbahn durch, ins Lido. Dit is eens von die Grenzkinos, die die extra für uns loofen lassen."

„Und wieso müssta in' Westn ins Kino? Bei uns um die Ecke jibt et doch ooch welche."

„Ja, aber dit kannste nich für voll nehmen, wat hier looft. Aber die Volkshochschule in Kreuzberg hat jetzt ne Filmreihe orjanisiert. Da zeigen se lauter so Filme, die die Bonzen hier verbieten lassen wolln. Und wenn die jetzt schon Filme verbieten, wo solln dit noch hinführen? Dit Tauwetter nach Stalins Tod ist wohl wieder vorbei. Erst räumn se sechsundfuffzig in Ungarn mit Panzern uff. Denn wettern se bei uns jejen Lukacs, Bloch und Mayer. Vorjet Jahr stellen se Harich und Janka vort Jericht. Und nu setzen die n Parteitribunal gegen Filmemacher ausm Osten auf, wo zehn Filme uffn Index kommen."

„Nich so laut, mein Junge. Ick mach ma dit Küchenfenster zu. Jetz erzähl ma, wat habta fürn Film jesehn?"

„Na, den neuen Film von Georg Klein und Wolfgang Kohlhaase. Wat die beiden drehn, dit spielt allet in Berlin. Dit ist doch unser Leben. Mit Jestalten wie Heiner und icke. Von wejen bürgerlich dekadent. Bin ick bürgerlich? Denn würd ick nich mit meene Mutta im Hinterhof inne Zweiraumwohnung hausen. Die Bonzen behauptn, den Filmen würd n Klassenstandpunkt fehlen. Na, wat denn noch? Die ham sojar n Film von dem alten Maetzig uffm Kieker. Da jeht et um ne junge Frau, deren Omma im KZ war. Am Ende fehlte wohl der antifaschistische Widerstandskämpfa. Son Schwachsinn …"

Küchentischgespräche am Sonntagabend. Irgendwo in Berlin-Friedrichshain. Davon mag es viele gegeben haben. Die nahegelegene Oberbaumbrücke über die Spree verbindet die Ostzone der Stadt mit dem Westteil. Noch ist die Zonengrenze offen für das alltägliche Hin und Her zwischen Ost und West, während die grüne Grenze längst mit Befestigungsanlagen gesichert und der Übertritt unmöglich geworden ist.

Der Jahresbericht der West-Berliner Volkshochschulen wird Ende des Jahres 20.000 „ostzonale" Teilnehmende vermelden, die die Filmmatineen mit „Filmen, die man im Osten nicht sieht", besuchten. Diese Besucher waren nur die Spitze eines Eisbergs von Grenzgängern, die täglich zwischen Ost und West pendelten, um in den knapp 30 Grenzkinos Filme aus dem Westen, insbesondere aus den USA und Frankreich, zu sehen, die in Ost-Berlins Kinos nicht liefen. So nutzten die Programmplaner für einen kurzen historischen Moment diese Kinos auch für den Transfer verbotener oder öffentlich kritisierter Filme aus der „Sowjetzone". Dabei propagierten manche dieser Filme weder einen westlichen Lebensstil noch verklärten sie das Leben im Westteil der Stadt oder in der Bundesrepublik. Einige wurden sogar für den offiziellen Vertrieb im Westen verboten, weil sie zu kritisch mit der „freien Welt" ins Gericht gingen. Allein das Verbot der Filme im Osten war hier Grund genug, Sonderveranstaltungen im Westen auf den Plan zu setzen.

BILD Szene aus dem DEFA-Film von 1958 „Berlin – Ecke Schönhauser"

Unterstützt wurde der Kulturtransfer zudem durch üppige finanzielle Förderung der Kinos durch den Berliner Senat, die sich im „Gesamtberliner Kulturprogramm" niederschlug. Auf Ansinnen der westlichen Alliierten, die weiterhin auf *Reeducation* setzten, ermöglichte es dieser kulturelle Marshall-Plan, den Ticketpreis für Ost-Zuschauer auf 25 Pfennig zu begrenzen, während ein normales Ticket eine Mark oder mehr kostete. So waren die Zuschauer aus der „Zone" doppelt motiviert. Und West-Berlins Kinobesitzer erfreuten sich gut gefüllter Säle. Die West-Berliner Volkshochschulen bemühten sich nach den Ereignissen von 1953 und 1956, ihren emanzipatorischen Bildungsauftrag zu erfüllen, indem sie das Politische über Literatur, Film und Kunst in die öffentliche Wahrnehmung holten. Der Erfolg dieser Initiativen ist auch an den Teilnehmerzahlen aus der Ostzone messbar. Lag der „Osthöreranteil" bei normalen Veranstaltungen bei knapp fünf Prozent, so gelang es mit den Filmmatineen, den Anteil zeitweise bis auf 90 Prozent zu steigern. Nur drei Jahre später wurde auch die Berliner Grenze dichtgemacht – mit Mauersteinen, Wachtürmen, Selbstschussanlagen und Hunden. Damit schlief zwar nicht der deutsch-deutsche Kulturtransfer ein, wohl aber das freie Hin und Her der Menschen. Erst in den Herbststürmen des Jahres 1989 würden sie, die Menschen, sich diese Freiheit wieder zurückholen.

THOMAS JUNG

lebt in Potsdam-Babelsberg, macht mit Leidenschaft Bücher und kennt fast alle Filme der UfA und DEFA aus eigener Anschauung.

Geburtsstunde der Falkensteiner Seminare

Willy Strzelewicz
Fiktiver Tagebucheintrag vom 14. September 1959

Noch zwei Wochen, dann beginnt endlich das erste Studentenseminar im Haus Ahlenberg bei Dortmund. Das Seminar von Frankfurt aus zu organisieren, ist ein bisschen mühsam, aber ich hoffe, daß wir zukünftig die Heimvolkshochschule Falkenstein im Taunus nutzen können, die bald eröffnet wird und ja praktisch vor der Haustür liegt. Nun bin ich seit zwei Jahren Leiter der Pädagogischen Arbeitsstelle, und seither beschäftigt mich die Frage, wie wir Volkshochschulen helfen können, die richtigen Mitarbeiter für steigende Hörerzahlen zu gewinnen. Die Erwachsenenbildung hat diese Frage bisher auffallend vernachlässigt. In den vergangenen Monaten habe ich viele Gespräche mit Mitarbeitern, Verbandsvertretern und Referenten geführt, um ein Konzept zu entwickeln.

Hilfreich war ein Gespräch mit Hans Tietgens, einem jungen Literaturwissenschaftler, früher im SDS, dann Mitarbeiter in einer Heimvolkshochschule in der Tradition der Arbeiterbewegung und jetzt Bundestutor des DVV für Jugendreferenten. Angesichts unserer Erfahrungen mit dem Nationalsozialismus waren wir einig darin, dass Volkshochschulen zur Demokratisierung der ganzen Gesellschaft beitragen müssen, nicht nur der politischen Verhältnisse. Mehr als ich aber hatte er auch die konkreten Aufgaben im Blick, die Mitarbeiter vor Ort erfüllen müssen, so in der Gestaltung eines hörergemäßen Unterrichts. Schwieriger waren die Gespräche mit den Praktikern. Als ich ihnen erste Überlegungen vorstellte, wurde sofort die Befürchtung geäußert, daß wir den Studenten emanzipationspädagogische Flausen in den Kopf setzen; das könne nicht gut gehen angesichts der organisatorischen Zwänge der alltäglichen Arbeit.

Letzteres scheint mir aber zu kurz zu greifen. Mitarbeiter an Volkshochschulen müssen Erwachsenenbildung in ihren sozialhistorischen Zusammenhängen verstehen. Andernfalls verlieren sie den Kontakt zu den Adressaten und ihrer Lebensführung, auch im Beruf. Es ist schon richtig: Es genügt nicht, sich zu fragen, was Bildung eigentlich ist. Aber deshalb dürfen wir uns doch nicht auf das Organisatorische beschränken! Vielmehr müssen wir wissen wollen, was Erwachsene unter Bildung verstehen und warum das so ist. Mit der Idee von Bildung waren immer aufklärerische und demokratische Traditionen verbunden, zumeist in jenen Schichten, die sie als Mittel des Aufstiegs nutzten. Gleichzeitig finden sich romantische und gegenaufklärerische Strömungen bei jenen, die damit ihre gesellschaftliche Machtlosigkeit und ihren Weltschmerz kompensieren. Häufig geht das einher mit der Verachtung von Politik, mit einem aristokratischen oder plebejischen Antisemitismus, mit Vorstellungen von einer idealisierten Volksgemeinschaft, die es niemals gab und nicht mehr geben kann. Beides kann man auch heute beobachten. Das alles müsste einmal gründlicher untersucht werden.

Der Seminarplan steht. Wir werden vier Wochen zusammen sein. Es gibt Referate zur Sozialgeschichte und Gesellschaftskunde der Erwachsenenbildung, zur industriellen Arbeitswelt und zu sozialer Schichtung, zur Familie und zum Generationenproblem. Dann folgen die politische Bildung und die

BILD Die Heimvolkshochschule Falkenstein im Taunus

Auseinandersetzung mit der nationalsozialistischen Zeit, der Umgang mit Vorurteilen, die politische Bildungsarbeit mit Frauen und Jugendlichen. Weitere prominente Referenten behandeln die Rechtsgrundlagen und Organisationsformen der Volkshochschularbeit, die Förderbedingungen, die Zusammenarbeit mit den Dozenten, die Arbeit in großstädtischen und ländlichen Regionen. Schließlich geht es um Pädagogische Psychologie und Didaktik, um Stoffgliederung und die zweckmäßige Verwendung von Lehr- und Hilfsmitteln.

In den letzten Monaten habe ich mehrere Professoren angeschrieben, die für eine demokratische Grundhaltung stehen und die für den Zusammenhang von Bildung und Gesellschaft sensibel sind. Ich habe sie gebeten, mir Studenten vorzuschlagen. Erst vor wenigen Wochen hat mir Wolfgang Abendroth überaus freundlich geantwortet. Ich kenne ihn seit meiner Promotion bei Max Horkheimer im Frankfurter Institut für Sozialforschung. Wir haben die Teilnehmenden anhand von Bewerbungsschreiben ausgewählt. Angemeldet haben sich 16 Personen, zwölf Männer und vier Frauen, meist Soziologen, Politikwissenschaftler, Pädagogen. Viele haben Erfahrungen in der Bildungsarbeit von Parteien oder Gewerkschaften oder kommen über den zweiten Bildungsweg. Das ist hilfreich, damit Volkshochschulen auch jene Schichten erreichen können, die ihr bisher fernstehen, z. B. die Industriearbeiterschaft.

Nach langem hin und her ist auch die Finanzierung gesichert. An die mühseligen Aushandlungen unserer Arbeitsstelle mit dem DVV und den Landesverbänden muss ich mich erst noch gewöhnen. Der Aufbau der universitären Erwachsenenbildung in Göttingen war da leichter. Aber vielleicht rührt meine Ungeduld auch daher, dass ich im schwedischen Exil erfahren habe, wie wichtig Erwachsenenbildung für eine demokratische Gesellschaft ist. Wenn es uns gelingt, Mitarbeiter für die Volkshochschule zu gewinnen, die sie als Schulen der Demokratie begreifen, dann hat sich dieses Experiment gelohnt.

JOSEF SCHRADER

forscht zum Personal der Erwachsenenbildung und sucht die Professionalisierungsstrategie des ersten Leiters der PAS zu verstehen.

Volkshochschule und Fernsehen

Tiefgreifende Wandel gesellschaftlicher Systeme begreifen wir erst aus historischer Perspektive. Für Zeitgenossen fühlt es sich eher wie ein evolutionärer Prozess an, wie ein schleichender Übergang, und nicht wie eine Umwälzung, eine Revolution. Am ersten Weihnachtsfeiertag des Jahres 1952 nahm der Nordwestdeutsche Rundfunk (NWDR, Vorläufer des NDR und WDR) von einem Bunker auf dem Hamburger Heiligengeistfeld den Sendebetrieb im Westen auf, drei Jahre später zog der Osten nach. 1960 war das Fernsehen in beiden Teilen Deutschlands immer noch nicht in allen Haushalten angekommen, aber an seiner zukünftigen Bedeutung zweifelte bereits niemand mehr. Im Westen zeigte sich das etwa an Adenauers Forderung zur Gründung eines „Zweiten Deutschen Fernsehens", das er als „politisches Führungsmittel" nutzen wollte.

Ganz anders debattierte die Erwachsenenbildung, die im Fernsehen einen „unwillkommenen Mitbewerber" um die Aufmerksamkeit der deutschen Bevölkerung sah: „Zerstört das Fernsehen die älteren Formen menschlicher Verständigung und wird es zu einer Konkurrenz der Volkshochschule?", fragte etwa Bert Donnepp, Leiter der Marler Volkshochschule „die insel" und Fernsehreferent des Deutschen Volkshochschul-Verbands (DVV), im „Handbuch für Erwachsenenbildung" (1970) mit Blick auf die Zeit. Natürlich lässt das kulturpessimistische Pathos dieser Frage heute vielleicht schmunzeln, aber man hört doch heraus: Das Gefühl war da, hier tut sich Großes.

Überraschen kann das nicht, hatte die „Konkurrenzbeobachtung" doch direkt nach dem Krieg begonnen. So schildert Donnepp in seinen „Notizen einer Zusammenarbeit" (ebenda), wie ersten Vorträgen im Volkshochschulkontext immer neue Formen der Auseinandersetzung mit dem zunächst kritisch beäugten Medium folgten. 1960 ergab sich für ihn die Gelegenheit, auf der Kulturministerkonferenz der Länder die Stiftung eines Fernsehpreises der deutschen Erwachsenenbildung vorzuschlagen, der sogleich breite Unterstützung erfuhr. Im selben Jahr erschien erstmals die Korrespondenz „Volkshochschule und Fernsehen" – beides Begleiterscheinungen einer (medialen) Kulturrevolution, die Deutschland nachhaltig erfasste. Sie mündete im März 1961 auf der Jahreshauptversammlung des DVV in dem Beschluss, einen Medienpreis auszuloben, der Jahr für Jahr vorbildliches Fernsehen auszeichnen sollte. Drei Jahre später wurde erstmals der Adolf-Grimme-Preis in Marl verliehen. Als Namensgeber fungierte der Generaldirektor des NWDR, der, so heißt es in der von Kai Burkhard verfassten Adolf-Grimme-Biografie (2007), bereits in seiner Antrittsrede im Jahr 1948 darauf hinwies: „Der Rundfunkteilnehmer kann erwarten, dass der Rundfunk den Willen zur Qualität besitzt […] Der Rundfunk darf deshalb, wenn er dieser seiner Sendung als Erzieher zum Qualitätsgefühl treu bleiben will, nicht der verführerischen Jagd nach Popularität verfallen."

Was für uns heute wie der Aufruf zur Programmgestaltung jenseits der Quote klingt, war für Adolf Grimme vor allem ein Verständnis von Medien als Bildungsinstrumenten, welche die Grundprinzipien des demokratischen Zusammenlebens vermitteln (sollten), ohne selbst Machtinstrument „parteipolitischer Gebilde" zu sein – ein ebenso modernes wie anspruchsvolles Verständnis der Bedeutung von Medien in der jungen deutschen Demokratie.

Diesem Credo Grimmes fühlt sich das Grimme-Institut auch heute noch verpflichtet, welches 1973 gegründet wurde und sich seitdem mit ganz unterschiedlichen Aktivitäten in den bundesdeutschen Mediendiskurs einbringt. So ist der Grimme-Preis zum renommiertesten deutschen Fernsehpreis avanciert, der Grimme Online Award ist seit 2000 die wichtigste Auszeichnung für Qualitätsangebote im Internet. Angebote zur Medienbildung und zur Qualifizierung professioneller Medienschaffender in der Akademie kommen hinzu. Seit 2014 bearbeitet das Grimme-Forschungskolleg das Themenfeld „Medien und Gesellschaft im digitalen Zeitalter" wissenschaftlich, all das fast 60 Jahre nach Donnepps Vorschlag zur Stiftung eines Fernsehpreises der deutschen Erwachsenenbildung und der Gründung der Korrespondenz „Volkshochschule und Fernsehen".

FRAUKE GERLACH

setzte sich als Vorsitzende der Medienkommission der Landesanstalt für Medien NRW und als Direktorin des Grimme-Instituts für die Verbindung von Bildung und Fernsehen ein.

Als die Teilnehmer ausblieben

Der Bau der Berliner Mauer am 13. August 1961 hat einen heftigen Rückgang von Teilnehmerzahlen in den Volkshochschulen im Osten Deutschlands zur Folge. Im Westen bleibt zunächst alles wie gehabt. Auf politischem Parkett aber wirken Akteure aus der Volkshochschullandschaft aktiv an der Neuinterpretation der deutschen Geschichte und damit an einer deutsch-deutschen Annäherung mit.

Im Protokoll einer Dienstversammlung der vhs Treptow-Köpenick am 25. September 1961 ist nachzulesen, dass die Bewerbungen zweier Absolventinnen ihrer schulbezogenen 10. Klasse vom Institut für Lehrerbildung, der staatlichen Ausbildungsstätte für Lehrerinnen und Lehrer der DDR, abgewiesen wurden, weil sie die „Sicherungsmaßnahmen" nicht akzeptiert hatten. Im Klartext: Die beiden jungen Frauen hatten den Bau der Berliner Mauer kritisiert. Dabei konnten sie sich auf niemand Geringeren berufen als auf Walter Ulbricht, den Staats- und Parteichef der DDR. Denn dieser versicherte noch am 15. Juni 1961: „Niemand hat die Absicht, eine Mauer zu errichten!" Eine große Lüge, denn zwei Monate später wurde die Berliner Mauer gebaut – auf Anordnung von Walter Ulbricht. Die DDR-Propaganda nannte sie einen „antifaschistischen Schutzwall" und begründete den Bau vor den Bürgerinnen und Bürgern auf einem Plakat so: „Diese Mauer ist auch für Sie errichtet. Als Schutzwall für jeden, dem der Frieden heilig ist."

Für die Volkshochschulen hatte der Mauerbau erhebliche Konsequenzen, schon allein weil es nicht mehr möglich war, von Ost- nach West-Berlin und umgekehrt zu fahren, um Volkshochschulveranstaltungen zu besuchen. Den Volkshochschulen der DDR blieben die Teilnehmerinnen und Teilnehmer auch aus einem anderen Grund fern: aus stillem Protest gegen den Mauerbau. Bei der von Berlin 200 Kilometer entfernten vhs Dresden sank die Anzahl der zustande gekommenen Kurse im Jahr 1962 auf 461 (1957 waren es noch 672 Kurse). Das war der absolute Tiefpunkt in allen Statistiken. In einem Bericht über die Geschichte der Volkshochschule von Treptow-Köpenick in Ost-Berlin heißt es: „Schüler, die in West-Berlin ein Gymnasium besucht hatten und ihre Schulen jetzt nicht mehr besuchen konnten, sollten vorläufig nicht in die Abiturklassen der VHS aufgenommen werden. ‚Sie sind namentlich zu notieren, bis eine zentrale Regelung in dieser Frage erfolgt', hieß es in einer der staatlichen Anweisungen dieser Zeit. Der Mauerbau, diese für alle Menschen so einschneidende Maßnahme, versetzte viele Menschen vorübergehend in einen Zustand der Resignation. Die Teilnehmerzahlen der Sprachkurse zum Beispiel gingen auf 42 Teilnehmende in 5 Sprachkursen zurück und erreichten damit den absoluten Tiefstand in der ganzen Berichtszeit nach dem Krieg. Deutliche Rückgänge gab es auch in den Bereichen Maschine/Steno sowie in den Gesamtlehrgängen der Klassen 8 und 10."

Und die Volkshochschulen im Westen? Die Programme zum Herbstsemester 1961 waren bereits gedruckt, es sind daher keine Veranstaltungen zu finden, die den Mauerbau zum Thema hatten. In den Programmen des Jahres 1962 gibt es Vorträge, die sich mit dem Leben und den Entwicklungen im Ostblock und unter dem Kommunismus auseinandersetzten, so beispielsweise in München und Neuss. Das gab es aber auch schon vor dem Mauerbau. Das Ereignis führte jedoch auch zu einem politischen Umdenken im Westen. So verfassten acht evangelische Wissenschaftler und Prominente 1961 eine an den Deutschen Bundestag adressierte Denkschrift, das „Tübinger Memorandum". Mitverfasser war Hellmut Becker, damals

1961
POLITISCHER WANDEL

Präsident des Deutschen Volkshochschul-Verbands. Die Autoren wandten sich gegen nukleare Aufrüstung und forderten eine Anerkennung der Oder-Neiße-Grenze. Sie sahen auch „das Selbstbestimmungsrecht der Deutschen in der DDR" als „unabdingbaren Grundbestand, jeder überhaupt denkbaren deutschen Politik". Fast 40 Jahre später wird das Memorandum in den renommierten Vierteljahresheften für Zeitgeschichte so bewertet: „Der Bau der Mauer in Berlin trieb in Westdeutschland den schwierigen und schmerzlichen Prozeß der Annäherung an die Realitäten unverkennbar voran."

Im Jahr nach dem Mauerbau mahnte Walter Fabian bei der Jahresversammlung des Landesverbands der Volkshochschulen Niedersachsens: „Man hört heute oft von führenden Politikern den Satz: ‚Jetzt wird uns die Rechnung für den verlorenen Krieg präsentiert.' Das stimmt ... aber wir dürfen nicht vergessen, dass der andere Teil unseres Volkes mit unserer stillschweigenden Duldung in all den Jahren diese Rechnung bezahlt, während bei uns das Wirtschaftswunder vorfinanziert wurde – und zweitens handelt es sich nicht um irgendeinen zufällig verlorenen Krieg, sondern um einen Krieg, der verbrecherisch begonnen und weitgehend verbrecherisch geführt wurde. Das dürfen wir nie vergessen."

KLAUS-PETER HUFER

hat als pädagogischer Mitarbeiter der Kreisvolkshochschule Viersen „Ost-West-Seminare" durchgeführt und war seit den 1980er Jahren mit einem Einreiseverbot in die DDR belegt.

Afrika(ner) in der Volkshochschule

Menschen aus unterschiedlichen Ländern des afrikanischen Kontinents haben ab 1962 das Bild der tief im Wald liegenden Heimvolkshochschule Jagdschloss Göhrde geprägt. Dort wurden sie mit Blick auf ihre Aufgaben in ihren Heimatländern als Erwachsenenbilder aus- und weitergebildet – in einem Programm, das der Deutsche Volkshochschul-Verband und die bundesdeutsche Entwicklungshilfe unterstützten. So wurde eine „Afrika-Bar" zum gut besuchten abendlichen Zentrum für die Teilnehmenden aller Kurse.

Zum Hintergrund: Im Jahr 1960 erlangten viele afrikanische Staaten ihre Unabhängigkeit. In dieser Zeit baten deutsche Botschaften in afrikanischen Ländern das Auswärtige Amt und den DVV um Hilfe bei der Grundbildung für Erwachsene sowie Dorf- und Gemeinwesenentwicklung. Auch galt es, das dazu benötigte Personal aus- und weiterzuzubilden. Spontan boten einzelne Volkshochschulen und auch die Heimvolkshochschule Göhrde Hospitations- und Praktikumsplätze an. Im Grunde handelte es sich damit für die Teilnehmenden um ein Sabbatjahr, um aus kultureller und geografischer Distanz zum Heimatland Konzepte für die Erwachsenenbildung zu entwickeln, die für den jeweiligen Kontext sinnvoll und machbar waren, und zugleich neue Kompetenzen zu erwerben. Zuvor, im September 1960, war deren Leiter Siegfried Gerth in Kamerun gewesen. Aufgrund seiner Kurse zu Gemeinwesenentwicklung, Genossenschaften und Methoden der Erwachsenenbildung lud ihn die dortige Regierung 1961 ein, einen „Kader-Lehrgang von 3 Monaten für 25 Mitarbeiter" in Jaunde, der Hauptstadt Kameruns, durchzuführen. Diese Erfahrungen wurden Grundlage der Denkschrift des DVV zur „Einrichtung eines Seminars für die Ausbildung von Erwachsenenbildnern aus Entwicklungsländern".

Im März 1962 erhielt DVV-Verbandsdirektor Helmuth Dolff eine „Bestandsaufnahme über die deutsche Bildungshilfe für Entwicklungsländer" aus dem Auswärtigen Amt, die diese Planungen begrüßte. Der DVV wählte die Heimvolkshochschule Göhrde als Ort für das Afrika-Seminar aus, die 1946 von der britischen Besatzungsmacht als Stätte der demokratischen *Reeducation* gegründet worden war und langjährige Erfahrungen mit einem Europa-Seminar hatte. Jährlich sollten zwischen 25 und 30 Praktiker daran teilnehmen. Der Bericht für die Jahre 1962 bis 1974 belegt ein vielschichtiges Programm für

BILD Erwachsenenbildner aus Afrika in der Heimvolkshochschule Göhrde

310 Teilnehmende aus 18 Ländern. Das Studienjahr war in Trimester aufgeteilt. Fächer waren Erwachsenenbildung, Soziologie, Wirtschaft und Politik. In Zusammenarbeit mit dem Goethe-Institut lernten die Teilnehmenden Deutsch für Unterricht und Alltag.

Ein Göhrde-Brief mit bildungs- und entwicklungspolitischen Informationen ging alle vier Monate an die früheren Teilnehmenden. Regierungsverantwortliche für Erwachsenenbildung aus den Partnerländern beteiligten sich an Auswertungs- und Planungskonferenzen in Göhrde und Bonn. Absolventen kamen als Dozenten an die Heimvolkshochschule Göhrde zurück. Einige machten später Karriere: André Lokisso bei der UNESCO und Hashim El Safi bei der Organisation für Afrikanische Einheit und der Arabischen Liga. 1972 überreichte Niedersachsens Kultusminister Peter von Oertzen die Abschlusszertifikate im Gästehaus der Landesregierung in Hannover. Die Presse titelte: „Dunkle Schönheiten in Kaisers Schloss" und „Mit Diplom zurück nach Afrika". Ein Absolvent aus Ghana kommentierte die erlebte Gastfreundschaft: „Der Kontakt beginnt frostig und endet gemütlich." Und dies hat auch mit der Bar zu tun, die zum Treffpunkt für die Teilnehmenden wurde. Anfangs hatte es in der Nähe der Heimvolkshochschule eine Kneipe gegeben. Als die geschlossen wurde, packte man gemeinsam an. So entstand aus verfallenden Nebengebäuden des Jagdschlosses die „Afrika-Bar" und wurde zum Kommunikationszentrum für deutsche und afrikanische Kursteilnehmende.

In der Festschrift zum 60-jährigen Bestehen der Heimvolkshochschule Göhrde wurde dem Afrika-Seminar ein eigenes Kapitel gewidmet. Darin heißt es: „Unvergesslich die häufigen Tanzfeste im Schloßsaal mit afrikanischer Musik, die nächtlichen Ramadan-Speisen mit den islamischen Kollegen, die Spielabende zusammen mit den deutschen und afrikanischen Teilnehmenden, die Ausstellungen über afrikanische Probleme und das große afrikanische Film-Festival." Ab Anfang der 1970er Jahre verlagerten sich die Aktivitäten des DVV immer mehr in die afrikanischen Länder. Gemeinsame Projekte wurden oftmals von Ex-Göhrdianern initiiert. Bis heute ist Afrika eine Schwerpunktregion für DVV International. Dort ist auch das globale Lernen verankert, das aus der entwicklungspolitischen Bildungsarbeit hervorgegangen ist und Afrika in den Arbeitsplänen vieler Volkshochschulen bereits Anfang 1960 thematisiert hatte: Bochum richtete eine „Afrikanische Woche" aus und Lauenburg den Vortrag mit Lichtbildern „So sehen wir Afrikaner Europa".

HERIBERT HINZEN & FOLKER THAMM

Heribert Hinzen hat sich über Jahrzehnte in der Entwicklungszusammenarbeit engagiert.
Folker Thamm war leitender Mitarbeiter, unter anderem an der Heimvolkshochschule Jagdschloss Göhrde.

Selbstverständnis als Bildungsinstitution

„Natürlich weiß jedermann ungefähr, was eine Volkshochschule ist, aber man weiß auch, was ein Gesangverein oder was die Heilsarmee ist; sehr konkrete Vorstellungen verbinden sich mit all dem bei den meisten Menschen nicht; auf jeden Fall erscheinen sie als Einrichtungen, die das Leben schmücken und bereichern oder unbekannte Notstände lindern, aber doch nicht für die bundesrepublikanische Gesellschaft in dem Sinn notwendig sind wie die Kirchen, die Streitkräfte, die Fußballplätze oder die Opernhäuser." Mit diesen Worten reagierte Hellmut Becker, damaliger Präsident des Deutschen Volkshochschul-Verbands, in der *Zeit* auf das Gutachten „Zur Situation und Aufgabe der deutschen Erwachsenenbildung". Das Gutachten war 1960 vom Deutschen Ausschuss für das Erziehungs- und Bildungswesen veröffentlicht worden. Mutig und originell sei die Diktion des Gutachtens gewesen, so Becker. Es war eine Zeit, da in der Bundesrepublik Mut und Originalität gefordert waren. Es war eine Bundesrepublik, in der alte Eliten manchenorts zu neuen Eliten geworden waren und erst mit den Frankfurter Auschwitzprozessen frischer Wind auch in deutsche Amtsstuben einzog.

Und in ebendiesem Jahr 1963 gab es frischen Wind auch für die Volkshochschulen. Mit dem Gutachten „Die Volkshochschule, ihre Stellung und Aufgabe im Bildungssystem" wurde erstmals seit der Grüdung des DVV versucht, vor dem Hintergrund gesellschaftlicher Herausforderungen im eigenen Land und zunehmender Spannungen auf internationalem Terrain das eigene Selbstverständnis als Bildungsinstitution zu klären. Denn was kann Erwachsenenbildung wirklich leisten? Man glaubte, die Erfahrung totalitärer Herrschaft hinter sich zu haben, und sah eine zweite deutsche Diktatur gleich nebenan entstehen. Man sprach von einem Kalten Krieg in Europa und sah die Fernsehbilder eines heißen Kriegs im fernen Vietnam. Man spürte die latente Bedrohung durch die atomare Aufrüstung auf beiden Seiten des Eisernen Vorhangs und gleichzeitig genoss man die Früchte des Marshall-Plans und des technologischen Fortschritts. Und doch bedurften „die Menschen der säkularisierten Welt, die nicht mehr von ständischen Gliederungen und ständischer Sitte gehalten sind, der fortlaufenden Orientierung, um sich in der modernen Welt behaupten zu können und um nicht beliebig manipulierbare Masse zu werden", so Hellmut Becker.

Die Stellungnahme des DVV von 1963 knüpfte an Werte und Traditionen der Erwachsenenbildung aus der Weimarer Zeit an. Sie entwarf ein Verständnis davon, was man unter Bildung fassen solle, ohne in idealistische, spätromantische oder kulturpessimistische Paradigmen zu verfallen. Und sie steckte das Spektrum von Themen ab, die an der Volkshochschule angeboten werden sollten – von der politischen Bildung bis zur Bildung des Geschmacks, von Benimm-Kursen bis zu berufsorientierten Kursen, von der Einführung in Geografie und Sprachen ferner Länder bis in die Kompositionen von Alban Berg. Entworfen wurde so die Vision eines „neuen Typus" Volkshochschule. Der Vielfalt der Interessen, der Meinungen und Lebensformen einer sich ausdifferenzierenden Gesellschaft würde die Volkshochschule nur dann gerecht werden, wenn sie sich nicht nur der Pluralität der Ansichten und Ansätze, der Angebote und Methoden, sondern auch der Integration verpflichtete. Denn die Pluralisierung der Gesellschaft macht eine integrierende Arbeit der Einrichtungen notwendig, wenn die Gesellschaft nicht auseinanderfallen will. Hierfür sollte die Volkshochschule der geeignete Ort sein. Ihre Offenheit war ihr demokratischer Auftrag. Das hieß

BILD DVV-Vorsitzender Hellmut Becker, rechts, im Gespräch mit Theodor W. Adorno, Mitte

auch, für alle gesellschaftlichen Gruppen und Schichten offen zu sein und so selbst zum Modell einer demokratischen Gesellschaft zu werden. Dies würde sich auch in den internen Abläufen und Strukturen abbilden – angefangen bei der Mitsprache der kommunalen Politik bei der Programmausrichtung bis zum Einsetzen von „Hörerräten" und „Lehrervertretungen".

Aber auch die Diskrepanz zwischen den Aufgaben dieses neuen Typus Volkshochschule und der Unzulänglichkeit der zur Verfügung stehenden personellen, räumlichen und finanziellen Mittel wurde angesprochen und in eine Forderung an Bund, Länder und Gemeinden übersetzt, die Volkshochschulen besser und nachhaltig zu fördern. Zudem wurden Forderungen nach staatlicher Anerkennung der Abschlüsse und nach Weiterbildungsgesetzen festgehalten. Diese Forderungen sollten die politischen Diskussionen auf Jahrzehnte mitprägen. Einige davon sind mittlerweile eingelöst – auch dank jener Stellungnahmen und den sich daraus ableitenden öffentlichen Debatten um das Selbstverständnis der Institution Volkshochschule. Und auch heute müssen die Volkshochschulen eine individualisierte Gesellschaft im Blick haben und Angeboten machen, die auf die Integration aller Menschen setzt.

KLAUS MEISEL

leitet seit 2006 die Münchner Volkshochschule und entwickelt Strategien nicht nur für die bayerische Volkshochschullandschaft.

Die deutsche Bildungskatastrophe

Zuerst erinnere ich mich als Zeitzeuge an die Musik, die alternativen Ansätze der eher braven Beatles und der aufmüpfigen Rolling Stones, die aber beide zugleich für eine Anglisierung des Alltagslebens der Jugend standen. Und persönlich an ein dichtes Jahr, schulisch auf der Zielgeraden, gewählt zum Vorsitzenden des Heilbronner Stadtschülerrates und engagiert als Herausgeber einer großen Jugendzeitschrift.

Von einer „Bildungskatastrophe", wie sie der Bildungsforscher Georg Picht ab Januar 1964 in der evangelischen Wochenzeitung *Christ und Welt* anprangerte, merkten wir Schüler eigentlich wenig. Nur allmählich kam uns das ferne Rauschen der Bildungspolitik näher. Westdeutschland liege international am Ende der Schulstatistik, hieß es, zu wenig Abiturienten, zu wenig Studenten, zu wenig Lehrer. Eine ungerechte Verteilung der Bildungschancen (mit dem Topos des benachteiligten katholischen Bauernmädchens), zu frühe Leistungsgruppen, zu wenig öffentliche Ausgaben für die Bildung. Picht beschwor mit seiner wortgewaltigen Philippika das Ende des Wirtschaftswunders. Erstmals regte der Blick ins Ausland Bildungsreformen im eigenen Land an. Aber es ging um mehr als Kritik am Bildungssystem: Es zeichnete sich ein globaler Wettbewerb um Märkte, Waren und – wie man heute sagen würde – Kompetenzen ab. Wir in der Schule lernten: Deutschland als rohstoffarmes Land brauche vor allem Bildung. Der Begriff „Bildungskatastrophe" kennzeichnete daher Sorgen um die ökonomische Zukunftsfähigkeit des Landes, die laut Picht ganz wesentlich vom Bildungsstand der Bevölkerung abhänge. Doch nicht nur dies. Zur sozialen Abhängigkeit der Bildungschancen in Deutschland formulierte Picht: „Unser sozialpolitisches Bewusstsein ist womöglich noch rückständiger als unser Bildungssystem."

Die öffentlichen Stellungnahmen von Picht und anderen Forschern, die sich unter anderem auf internationale Vergleiche stützten, führten zu einem – höchst seltenen – Schulterschluss zwischen Bildungs- und Beschäftigungssystem. Es sind die unterschiedlichen Begriffe, die diesen Schulterschluss verdeutlichen. So wurde einerseits vom „Ausschöpfen der Bildungsreserven", andererseits von „Chancengleichheit" gesprochen, zum einen von „Transparenz" der Bildungsverläufe, zum anderen von „Passung von Arbeitsmarkt und Qualifikationsstruktur". Und es hatte Wirkung: Gremien wie die Bund-Länder-Kommission für Bildungsplanung und Forschungsförderung wurden ins Leben gerufen, Konzepte wie der Strukturplan für das deutsche Bildungswesen angegangen, Reform- und Modellvorhaben gestartet. Der Transparenz, Grundlage politischer Steuerung, zuliebe wurden Einrichtungen geschaffen oder ausgebaut, die Daten zum Bildungssystem liefern sollten, etwa das Hochschulinformations-System. Letztlich ist dies die Geburtsstunde der empirischen Bildungsforschung.

Erwachsenenbildung und ihre Einrichtungen, insbesondere die Volkshochschulen, spielten keine Rolle im Schreckensszenario von Picht. Noch konzentrierte sich die Aufmerksamkeit auf die Bildung der Kinder und Jugendlichen. Erst in den kommenden Jahren wurde immer klarer, dass das in der Jugend Gelernte nicht für ein ganzes Leben ausreicht, weder im Beruf noch im Alltag, und Erwachsenenbildung fand Eingang in bildungspolitische Dokumente. Es waren nicht zuletzt die geschaffenen Institutionen und Gremien, welche die Bedeutung des Lernens über die ganze Lebensspanne erkannten. Die „realistische Wende" der Erwachsenenbildung begann, ihre Inanspruchnahme als Weiterbildung

PROGRAMMATIK 1964

und vierte Säule des Bildungssystems. In den Konzeptionen der Jahre 1970 und 1973 deklariert als „quartärer Bildungsbereich", wurden ab diesen die ersten universitären Studiengänge Erwachsenenbildung sowie erste Weiterbildungsgesetze auf Landesebene geschaffen. Ein Ausbauplan der Volkshochschulen von 1975 sah diese als „Erwachsenenschulen" allüberall.

Der Schulterschluss von Bildung und Beschäftigung mit seinem Reformdruck dauerte aber nur knapp zehn Jahre an. In der ersten Hälfte der siebziger Jahre fand er sein Ende, und mit ihm auch einige der Gremien und Institutionen. Die „Bildungskatastrophe" schien an ihren größten Baustellen behoben worden zu sein. Leider sind jedoch kritische Punkte von Picht bis heute nicht wesentlich verbessert: Bildungsplanung, Steuerung, Finanzierung. Die „zweite Bildungskatastrophe" – die im internationalen Vergleich bestürzenden PISA-Ergebnisse von 2001 – war eigentlich absehbar. Die öffentlichen Bildungsausgaben Deutschlands liegen auch heute noch zum Teil deutlich unter dem Durchschnitt der OECD.

EKKEHARD NUISSL

war bis 2012 wissenschaftlicher Direktor des DIE und verankerte das Institut in der außeruniversitären Forschungsförderung und im öffentlichen Bewusstsein.

Technische Innovationen im Angebot

In der Nachkriegszeit begann der Beruf der Sekretärin sich durchzusetzen. Persönliche Assistenten von Firmenlenkern waren in den 1950er und 1960er Jahren zumeist weiblich, und ich war eine von ihnen. Nach der Schulentlassung stand ich gar nicht vor der Frage, was ich werden wollte. Mein Vater entschied, ich solle ins Büro gehen. Also besuchte ich 1965 einen Schreibmaschinenkurs an der Volkshochschule und lernte mit anderen jungen Frauen, 260 Anschläge pro Minute zu tippen. Wir saßen an modernen Maschinen mit speziellen Karbonbändern, dank derer die getippten Zeichen gleichmäßig und scharf aussahen. Darüber hinaus hatte diese Art von Schreibmaschinen eine Korrekturtaste – damals eine Innovation. Ein falsch gedrückter Buchstabe konnte dank eines einspurigen Korrekturbandes mit weißer Farbe „übermalt" werden.

Volkshochschulen stellen sich seit jeher auf gesellschaftliche Veränderungen ein, reagieren auf den Wandel in der Lebens- und Arbeitswelt der Menschen. Dies betrifft nicht nur die Ausgestaltung der Programmangebote, sondern auch das Inventar. Die Weiterentwicklung der Schreibmaschine, dank der man falsch Getipptes „löschen" konnte, bildete da einen Baustein. Bis Ende der 1980er Jahre wurden die Funktionen der Schreibmaschinen verbessert – immer mit Blick auf Effizienz und Benutzerfreundlichkeit. Und die Teilnehmenden in Schreibmaschinenkursen arbeiteten häufig an sehr ausgereiften Modellen, die fast schon einem Textverarbeitungssystem ähnelten, über einen Bildschirm sowie Speichermedien (Disketten) verfügten und ein ausgezeichnetes Schriftbild, sogar mit verschiedenen Schrifttypen, erzeugten. Die Schreibmaschinen waren zu diesem Zeitpunkt hinsichtlich Nutzen, Handhabung, Kosten und Effizienz technologisch auf dem höchsten Stand. In den Folgejahren gab es nur noch geringfügige Verbesserungen.

BILD   Stenografie- und Schreibmaschinenkurse an der Volkshochschule

Auch andere Entwicklungen nahmen Volkshochschulen auf: Im Oktober 1959 stellte die Firma IBM den ersten käuflich erwerbbaren Computer vor: den Transistorrechner IBM 1401. Im Drucken von Texten waren Computer damals den Schreibmaschinen unterlegen, doch es zeichnete sich ein Aufblühen der elektronischen Datenverarbeitung ab – und in der Folge ein Niedergang der Schreibmaschinen. In diesem Zusammenhang stellt der Computer eine disruptive Technologie dar. Eine solche Technologie zeichnet sich dadurch aus, dass sie eine neuartige, fortschrittliche Lösung für ein bestimmtes Anwendungsgebiet mit quasi zerstörerischem Charakter liefert. Das Anwendungsgebiet des Computers war damals nicht in erster Linie die Textverarbeitung, es lag primär im Bereich der Tabellenkalkulation, dem Ausführen jeglicher Rechenoperationen sowie der massenhaften Speicherung von Daten. Jedoch bot der Computer in Kombination mit besseren Druckern bald auch sehr gute Ergebnisse im Bereich der Textverarbeitung, was dramatische Auswirkungen auf den Markt der Schreibmaschinen hatte. „Zerstörerisch" bedeutet in diesem Zusammenhang, dass der Einfluss des Computers so dramatisch war, dass relativ schnell ein regelrechter Einbruch der Verkaufszahlen von Schreibmaschinen zu verzeichnen war. Das Interesse am Computer war auch an Volkshochschulen groß. Die Überschrift „Was ist ein Computer?" trug ein Kurs, der ab Januar 1968 an der vhs Hamburg angeboten wurde und unter anderem die Funktionsweise von Rechnern behandelte.

Im August 1981 präsentierte IBM den ersten Personal Computer, der einen halben Zentner wog. Im selben Jahr startete die Volkshochschule Haar im oberbayerischen Landkreis München mit ersten Computerkursen an Schulungsgeräten. Ab Oktober 1989 stand beispielsweise Tabellenkalkulation mit dem Computer auf dem Programm der Volkshochschule Hof, auch wurde der Erwerb eines Computer-Passes für kaufmännische Anwendungen angeboten. Im Jahr 2003 wurde die Schreibmaschine aus dem Verbraucherindex gestrichen und gilt somit als fast vollkommen verdrängt. So gibt es auch an Volkshochschulen schon lange keine Schreibmaschinenkurse mehr; sie wurden von Computerkursen abgelöst. Heute sind Tablet- und Smartphone-Kurse eine Selbstverständlichkeit. Volkshochschulen vermitteln auch Wissen zum 3D-Druck sowie zu Anwendungsprogrammen wie InDesign, Photoshop und AutoCAD. Und in Fotografiekursen lernen Teilnehmende den Umgang mit der Digitalkamera, die das analoge Pendant längst abgelöst hat.

So bleiben die Volkshochschulen am Puls der Zeit – und das in unterschiedlichen Bereichen: Gesellschaft, Politik, Technik. Diese Flexibilität ist charakteristisch für ihre Arbeit, die sich seit ihren Anfängen an den Bedürfnissen der Lernenden orientiert.

REBECCA BULANDER & BERNHARD KÖLMEL

Rebecca Bulander vom Institut für Angewandte Forschung an der Hochschule Pforzheim und Bernhard Kölmel vom Institut für Smart Systems and Services (IoS³) sind an technischen Innovationen interessiert.

Das Funkkolleg
ebnet den Weg an die Uni

Am 5. Mai 1966 startete der Hessische Rundfunk (HR) um 17.15 Uhr sein neues Bildungsangebot, das Funkkolleg. Es sollte vorrangig Lehrende im Fach Gesellschaftslehre aus- und weiterbilden, aber auch Hörerinnen und Hörern ohne Abitur einen Zugang zur Universität ermöglichen. „Funk-Kolleg zum Verständnis der modernen Gesellschaft" hieß das Projekt, das auf drei Jahre angelegt war und vom HR sowie der Universität Frankfurt getragen wurde.

Ein frühes Vorbild war die „Frankfurter Volks-Funkhochschule", die ab Dezember 1924 ausgestrahlt wurde und damit Berliner und Hamburger Beispielen folgte. Eine gelungene Verbindung zwischen Rundfunk, Universität und Volkshochschulen ergab sich durch Gerd Kadelbach, Leiter der HR-Hauptabteilung Bildung und Erziehung. Er wurde 1958 zum stellvertretenden Vorsitzenden des Hessischen Landesverbands für Erwachsenenbildung, dem Vorläufer des Hessischen Volkshochschulverbands (HVV), gewählt. Kadelbach pflegte enge Kontakte zur Frankfurter Universität. Deren Rektor, der Soziologe Walter Rüegg, hielt nichts vom „Elfenbeinturm", sondern betonte – ohne Berührungsängste gegenüber den Massenmedien – die öffentliche Verantwortung der Universitäten. Der Hessische Kultusminister Ernst Schütte Arbeiter und Bergmannssohn aus dem Ruhrgebiet, hatte sich über den Dritten Bildungsweg seinen Zugang zur Universität erkämpft. Deshalb hatte er ein Funkkolleg im Sinn, das möglichst vielen einen Weg in die Hochschulen ermöglichen sollte.

Im Jahr des Starts des Funkkollegs zeigte eine soziologische Untersuchung, dass 75 Prozent der aktiven Teilnehmenden eine begleitende Arbeitsgemeinschaft am Wohnort wünschten. Dafür kamen vor allem die Volkshochschulen infrage. Mehr als die Hälfte der Teilnehmenden am Funkkolleg waren bereits Hörende der Volkshochschule. 1966 wurden neun, 1968 schon 16 begleitende Studienzirkel eingerichtet. Ein Kontaktbüro diente der Studienberatung, dem Vorläufer des späteren Funkkolleg-Zentralbüros. 1967 veröffentlichte Kadelbach Funkkollegtexte in einem Fischer-Taschenbuch und kündigte weitere Bände an. Sie hatten großen Erfolg. Studenten verfolgten insbesondere das Funkkolleg „Soziologie" (1968), das schließlich durch ein Go-in von Frankfurter Studenten in Kadelbachs HR-Büro geadelt wurde. Rüegg stellte sich daraufhin den Studenten zur Diskussion. 1969 startete die Funkkolleg-Quadriga, in der bis 1974 SDR, SWF, SR und HR (weitere Rundfunkanstalten folgten) sowie das Deutsche Institut für Fernstudien zusammenarbeiteten. Die Pädagogische Arbeitsstelle des DVV und die Landesverbände der Volkshochschule kamen hinzu. Neben schon etablierten Begleitkursen stellten Volkshochschulen Räume und Personal für die Klausuren zur Verfügung, die im Multiple-Choice-Verfahren an vielen Orten gleichzeitig durchgeführt wurden. Die Volkshochschulen gewannen mit jedem Funkkolleg neue Hörerinnen und Hörer und erweiterten ihr wissenschaftliches Angebot.

Die Sendungen erreichten ein Millionenpublikum. Die erfolgreichsten Funkkollegs waren „Beratung in der Erziehung" (50.560 Hörerinnen und Hörer), „Kunst" (41.412) und „Pädagogische Psychologie" (40.653). Ein bekanntes Beispiel von vielen erfolgreichen Funkkolleg-Biografien ist der einfache Postbeamte, der es über den Dritten Bildungsweg bis zum Leiter einer großstädtischen Volkshochschule brachte.

Beendet wurde das Projekt im Jahr 1998 aufgrund von Veränderungen in der Medienlandschaft, einem anderen Nutzungsverhalten der Hörerinnen und Hörer sowie ökonomischen Zwängen. Vehemente Fürsprache, unter anderem durch die Volkshochschulpräsidentin Rita Süssmuth, war nicht erfolgreich. Nach der Auflösung des länderübergreifenden Medienverbundes entwickelten der HR, der HVV, das Kultusministerium und die Technische Universität Darmstadt wiederum ein hessisches Funkkolleg mit Zertifikat. Die Sendungen sind als Podcast abrufbar. Es gibt ein Begleitbuch und eine Website mit vielen Zusatzmaterialien. An Volkshochschulen finden Vorträge und Seminare statt. Wer sein Wissen testen möchte, kann dort eine Prüfung ablegen und ein Zertifikat erhalten. Dank Mediathek und Homepage ist das Funkkolleg bundesweit senderunabhängig verfügbar.

BERNHARD S.T. WOLF

war während seiner Tätigkeit für den Hessischen Volkshochschulverband Beauftragter für das Funkkolleg.

Volkshochschule hinter Gittern

„Drei Ganoven-Gruppen von je 20 Mann" sollten, so die originale Wortwahl des *Spiegel* in seiner Ausgabe 14 des Jahres 1967, im Hamburger „Zuchthaus Fuhlsbüttel" „einmal wöchentlich ihre allgemeine Bildung und ihren Bürgersinn aufbessern". Warum? Was steckte dahinter? Der damalige Hamburger Volkhochschuldirektor Hermann Vogts war ein Pionier seiner Zeit, dessen Mission es war, trotz aller Unkenrufe „mit Dieben und Mördern zu pauken". Inhaltlich sollte es dabei um „alles, was anfällt" gehen, zum Beispiel um politische Bildung. Auf der Agenda stand etwa die Diskussion um das „Verbot der Kommunistischen Partei oder auch der Wert der Pressefreiheit".

Ob daraus in der Praxis der JVA etwas wurde, ist nicht dokumentiert. Belegt ist hingegen, dass in den 1960er Jahren das Thema Bildung im Justizvollzug zunehmend in den pädagogischen Fokus geriet. Das historische Dokument aus dem *Spiegel* offenbart den widersprüchlichen Zeitgeist: Auf der einen Seite gab es eine Haltung in Politik und Verwaltung, die Strafgefangene als gesellschaftliche Außenseiter behandelt sehen wollte und jegliche Form von Bildungsintegration als Teil des Strafkonzepts ablehnte. Im Unterschied dazu etablierte sich eine „Resozialisierungs-Pädagogik", deren Ziel es war, Strafgefangene während ihrer Haft zu fördern und auf eine positive gesellschaftliche Teilhabe nach der Entlassung vorzubereiten. Diese Entwicklung ist im Kontext einer wachsenden fachlichen Kritik an einer autoritären Pädagogik zu sehen, die zum Beispiel in der Heimerziehungsarbeit der 1960er Jahre noch praktiziert wurde.

Bereits Ende 1958 wurde im hessischen Butzbach ein fachliches Netzwerk gegründet, der Bundesarbeitskreis der Lehrerinnen und Lehrer im Justizvollzug. Dieser Verein steht bis heute für zahlreiche Fortbildungs- und Vernetzungsaktivitäten für Professionelle in der JVA-Pädagogik. Der Schwerpunkt der Arbeit liegt auf den jährlichen Fachtagungen, bei denen sich Vertreterinnen und Vertreter aus Ministerien, Wissenschaft und Praxis zu Schwerpunktthemen austauschen. Mitgedacht wurde von Anfang an das Arbeitsfeld der Erwachsenenbildung, das bereits im Jahr 1964 auf der Fachtagung in Kassel diskutiert wurde. In der Folge kooperierten bundesweit zahlreiche Volkshochschulen mit Justizvollzugsanstalten. In Hessen wurde im Jahr 1973 die Landesarbeitsgemeinschaft Justiz gegründet, ein Verbund aus Volkshochschulen, Justizvollzugsanstalten und dem Gefangenenbildungswerk Fritz Bauer, der fortan mit Unterstützung des Kultus- und des Justizministeriums eine gemeinsame Programmatik für die Erwachsenenbildung im Justizvollzug erarbeitete. Koordiniert wurde und wird das Netzwerk vom Hessischen Volkshochschulverband.

Die Resonanz der Insassen verdeutlicht, dass die klassischen Angebote der Erwachsenenbildung in der Haftsituation stark nachgefragt sind. Insbesondere im Rahmen der musisch-kulturellen Bildung können sich Straffällige mit der eigenen Persönlichkeit und der individuellen Lebenssituation auseinandersetzen. Und auch die Angebote in den Bereichen Gesundheit, Sprachen, EDV/Beruf und Gesellschaft sind attraktive Veranstaltungen im JVA-Alltag. Aufgrund der sich verändernden Bildungsbiografien der Häftlinge kommen in den vergangenen Jahren verstärkt Grundbildungsangebote hinzu. Populär bei Lehrenden und Lernenden ist heute die Internet-Plattform ELIS (E-Learning im

BILD Inschrift an der Gefängnismauer der Vollzugsanstalt Geldern

Strafvollzug). Hierbei handelt es sich um eine spezifische, auf die Sicherheitsbedarfe der JVA zugeschnittene Lernlösung, über die auch das Grundbildungsportal www.ich-will-lernen.de des DVV erfolgreich eingebunden ist.

Dass Volkshochschularbeit in den Justizvollzugsanstalten Früchte trägt, ist unbestritten und sicher auch eine Konsequenz zeitgemäßer erwachsenenpädagogischer Konzepte. Die Heterogenität der Lernenden, die zu den „normalen" Herausforderungen des Volkshochschul-Alltags zählt, ist in den Justizvollzugsanstalten besonders ausgeprägt. Lernende in den JVAs bringen äußerst unterschiedliche Lernerfahrungen und -voraussetzungen mit. Viele Häftlinge haben die allgemeinbildenden Schulen abgebrochen und finden in den lernerorientierten Ansätzen neue Zugänge zum Wissenserwerb und zur Persönlichkeitsentwicklung. Offensichtlich sind die Bildungsangebote der Volkshochschulen im Justizvollzug Bausteine einer erfolgreichen (Re-)Integration. Dabei ist zu beobachten: Insassen mit einer höheren Ausgangsqualifikation und mit einer kürzeren kriminellen Vergangenheit profitieren überproportional von den Bildungsangeboten. Mehr noch: Die Lernangebote tragen zur Identitätsfindung bei und unterstützen Empathie und soziale Fähigkeiten.

CHRISTOPH KÖCK

koordiniert für den Hessischen Volkshochschulverband die Zusammenarbeit mit der LAG Erwachsenenbildung im Justizvollzug.

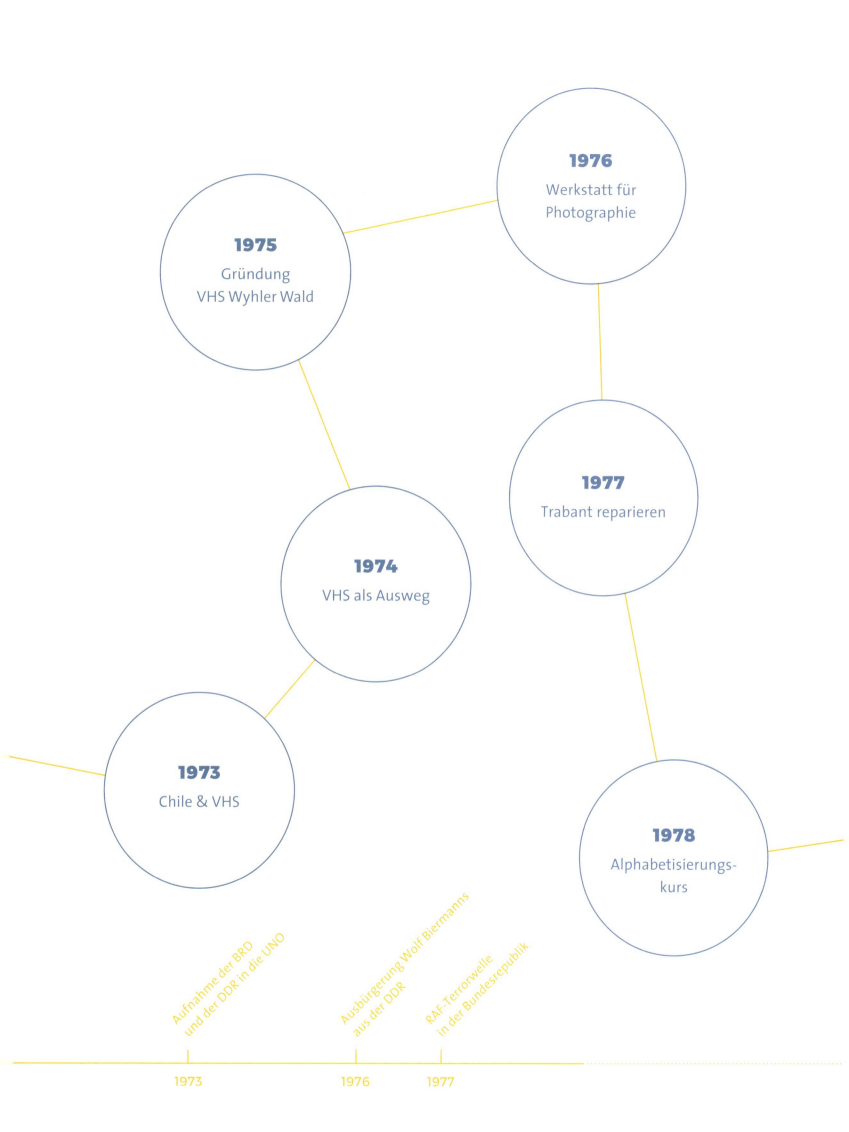

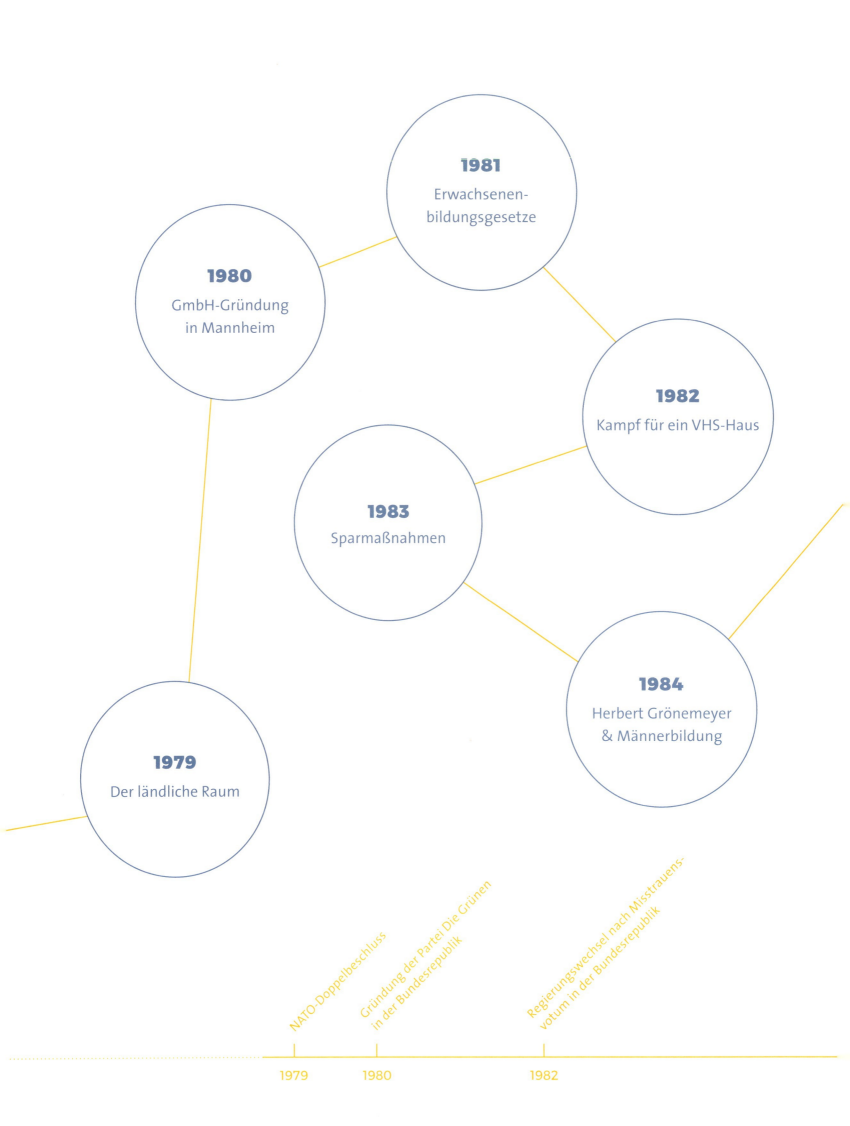

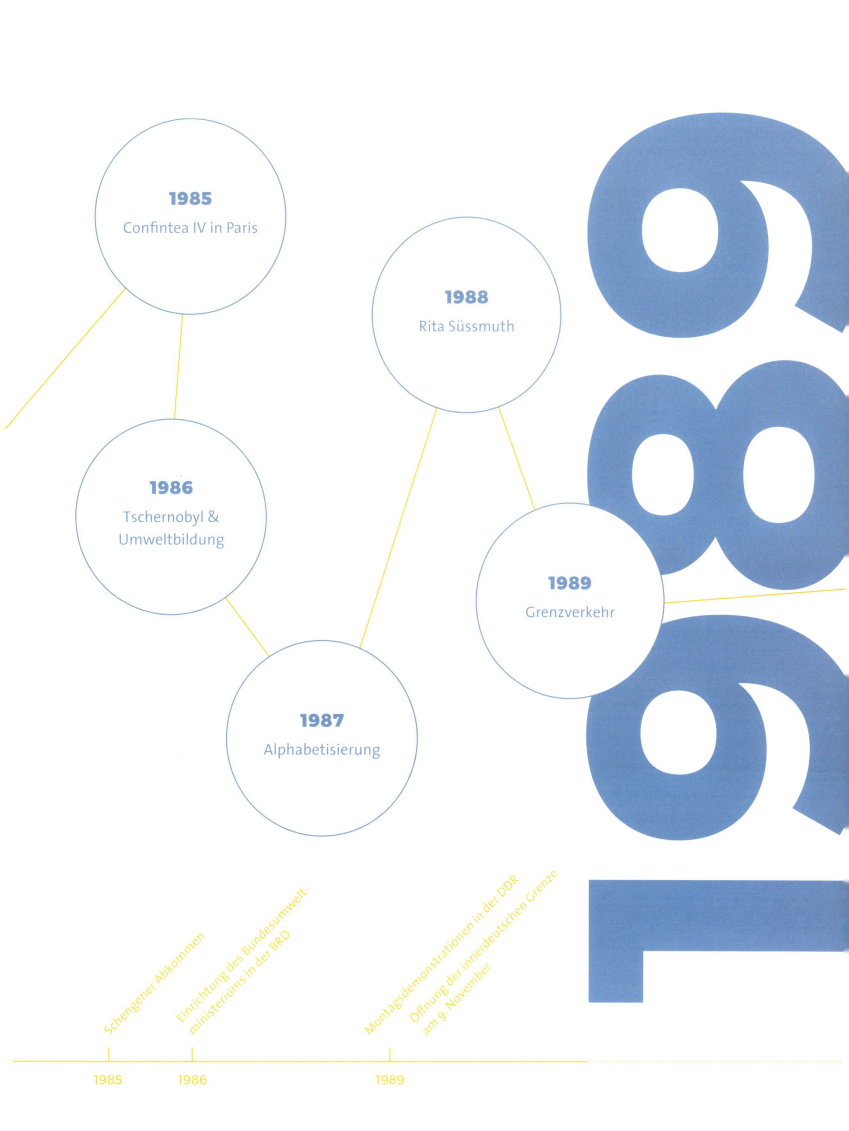

Studentenbewegung und Erwachsenenbildung

„Achtundsechzig" steht stellvertretend für eine Generation und einen radikalen Jugendprotest gegen den Vietnamkrieg, gegen die Notstandsgesetze, gegen die Springer-Presse, gegen die „bürgerliche Kleinfamilie", gegen das Schah-Regime im Iran und gegen die Intervention der Sowjetunion beim „Prager Frühling". Ziel war dabei auch immer die Aufdeckung von Widersprüchen im bürgerlichen Alltag im Horizont eines marxistischen Verständnisses von Arbeit und Kapital. Ihre Vorbilder waren Revolutionäre wie Ho Chi Minh, Che Guevara und Intellektuelle der Frankfurter Schule wie Herbert Marcuse oder Theodor W. Adorno.

Volkshochschulen reagierten auf diesen gesellschaftlichen Flow differenziert. Es gab Einrichtungen, die diesen Zeitgeist aufgriffen und in den gesellschaftskritischen Diskurs einstiegen, und andere, die sich wegduckten. Das damalige Selbstverständnis der Volkshochschule bringt eine Podiumsveranstaltung an der vhs Dortmund im Jahr 1973 mit der Dialektik von Kompensation und Emanzipation zum Ausdruck: Walter Emmerich, der stellvertretende Leiter der vhs Dortmund, schreibt in dem Tagungsband, der 1974 in der von der Pädagogischen Arbeitsstelle des DVV herausgegebenen Reihe „Theorie und Praxis der Erwachsenenbildung" erschien: „Die Volkshochschulen müssen sich an Menschen wenden, die sich bis auf wenige Ausnahmen in einer proletarischen Situation befinden, an Menschen, die darauf angewiesen sind, vom Verkauf ihrer Arbeitskraft zu leben". Nicht mehr eine berufliche Bildung ist die Aufgabe der Volkshochschule, sondern die proletarische Arbeiterbildung.

Auch wenn diese Ausrichtung eine Wunschvorstellung blieb, deutet sich damit eine neue Funktionalität der Volkshochschule an, die sich bis heute erhalten hat. Es geht um Zielgruppenarbeit und eine partizipatorische Didaktik. Die alten reformpädagogischen Paradigmen von Emanzipation, Mündigkeit, Aufklärung und Lebensweltorientierung als strategische Bildungsziele wurden erneuert und auf „spätkapitalistische Verhältnisse", wie es damals hieß, übertragen. Die Volkshochschule öffnete sich stärker für Zielgruppen und entwickelte Formate für Teilhabe und Dialog. Mit dem Leitbild „Das Private ist politisch" entstand ein neues Verständnis von Frauenbildung an Volkshochschulen. Diese nahmen ab Ende der 1960er Jahre zunehmend zivilgesellschaftliche Bedarfe und Bedürfnisse in den Blick.

„Achtundsechzig" ist heute zu einem Narrativ geworden, das ganz unterschiedliche Hoffnungen und Ängste bedient. Besonders deutlich wird dies beim Thema Bildung und Erziehung, mit dem sofort der Begriff des „Antiautoritären" verbunden wird: Im Elementarbereich kam es 1968 zur Gründung von antiautoritären Kinderläden. Der Pädagoge Alexander Sutherland Neill landete mit seinem Buch „Theorie und Praxis der antiautoritären Erziehung" einen Weltbestseller und Studenten gingen gegen die „Ordinarienherrlichkeit" mit dem Kampfruf „Unter den Talaren – Muff von 1.000 Jahren" auf die Barrikaden. In der Erwachsenenbildung blieb es dagegen vergleichsweise ruhig: keine streikenden Volkshochschulpädagogen, keine besetzten Volkshochschulen, keine antiautoritäre Volkshochschule. In diesem Bildungs-Setting von Betroffenheit, Parteilichkeit, Politisierung und Teilhabe entwickelte sich aber auch eine neue gruppenpsychologische Orientierung in der Erwachsenenbildung und

Volkshochschularbeit. Der Psychoanalytiker und Sozialpsychologie Tobias Brocher konzipierte einen gruppendynamischen Didaktik-Ansatz, den er 1967 mit dem Titel „Gruppendynamik und Erwachsenenbildung" beim DVV veröffentlichte und der bis heute zur Basisliteratur für die Gruppenpädagogik gehört.

Das Erbe der „Achtundsechziger" hat sich sehr schnell (wieder) von einer marxistisch-antikapitalistischen Rhetorik getrennt. Geblieben ist eine Volkhochschultradition, die Erwachsenenbildung im Horizont gesellschaftskritischer Teilhabe und gruppendynamischer Prozesse versteht. Zielgruppenarbeit, emanzipatorische Bildungsansprüche und eine neue Subjektorientierung in der Erwachsenenbildung prägen die Volkshochschularbeit seitdem in besonderem Maße. Die Aufhebung der Trennung von Privatheit und Politik fand in der Folge der 1968er Jahre auch Eingang in die Bildungsarbeit: „Töpfern wie die Pueblo-Indianer" oder „Heilkräuter für den Alltag" erfüllen nicht nur ein individuelles Freizeitbedürfnis, sondern werden auch zur Auseinandersetzung mit aktuellen gesellschaftlichen Verhältnissen. Ganz in der Tradition von Immanuel Kants Pädagogik-Vorlesungen von 1776/77 lautet die pädagogische Grundfrage seitdem (wieder): „Wie kultiviere ich die Freiheit bei dem Zwange?"

ULRICH KLEMM

erforscht als Professor die Auswirkungen gesellschaftlicher Entwicklungen auf die Erwachsenenbildung und nutzt dies für die Geschäftsführung des Sächsischen Landesverbands.

Internationalisierung wird Institution

Seit bald 50 Jahren setzt sich DVV International für Lebenslanges Lernen ein und unterstützt weltweit den Auf- und Ausbau von Strukturen der Jugend- und Erwachsenenbildung. Gegründet wurde dieses Institut für Internationale Zusammenarbeit im Jahr 1969 – als Fachstelle für Erwachsenenbildung in Entwicklungsländern.

Helmuth Dolff kam aus dem Büchereiwesen Niedersachsens, wurde 1956 Geschäftsführer des DVV und im Jahre 1969 kommissarisch der erste Leiter der Fachstelle. Er leistete in diesen Anfangsjahren einen wichtigen Beitrag in der Entwicklung der internationalen Arbeit des DVV und der Volkshochschulen in Deutschland. Nach 1945 entstanden in Europa grenzüberschreitend Städtepartnerschaften. Diese ermöglichten in der Nachkriegszeit Chancen zur Völkerverständigung von Bürger zu Bürger. Die Volkshochschulen strebten nach internationalen Kontakten – und fanden diese. Sie waren bei wichtigen internationalen Kongressen vertreten, bei denen Teilnehmende über die Zukunft der Erwachsenenbildung sprachen. 1957 trat der DVV dem Europäischen Büro für Erwachsenenbildung (EAEA) bei, der sich als Fachverband auch für interkulturellen Austausch und interkulturelle Zusammenarbeit stark machte. In den 1960er Jahren kamen entwicklungspolitische Dimensionen hinzu, denn die Entkolonialisierung in Afrika, Asien und Lateinamerika führte nahtlos zur sogenannten Entwicklungshilfe, die den Bildungsaspekt einschloss. Grundbildung und Alphabetisierung für Erwachsene war gefragt. So waren Volkshochschule und DVV – zunächst vor allem in afrikanischen Ländern – gefordert, um durch gezielte Kooperationsmaßnahmen den massiven Grundbildungsdefiziten entgegenzuwirken.

Schon 1964 vertrat Dolff, inzwischen Schatzmeister der EAEA, den DVV auf der Gründungsversammlung des Asiatisch-Südpazifischen Büros für Erwachsenenbildung in Australien. Der DVV wurde ein geachteter Partner der UNESCO, Sonderorganisation der Vereinten Nationen für Bildung, Soziales und Kultur, deren Weltkonferenzen zur Erwachsenenbildung Dolff als Mitglied der deutschen Delegationen in Montreal und Tokio mitgestaltete. Das im DVV etablierte Auslandsreferat konnte schon bald die vielfältigen Aufgaben nicht mehr bewältigen. Gesucht wurde nach einer institutionellen und finanziellen Absicherung, die weit über die Mitgliedsbeiträge hinausging. Zudem fanden die mit diesem internationalen Engagement verbundenen häufigen Reisen in den Gremien des DVV nicht nur Anerkennung, denn sie führten zu längeren Phasen der Abwesenheit. Sätze wie „Der Verbandsdirektor eröffnet wohl wieder eine Volkshochschule in Montevideo" und „Nach Diktat verreist" machten die Runde.

Derweil intensivierten Dolff und viele Kollegen und Kolleginnen aus den Volkshochschulen und den Landesverbänden die Aktivitäten zur bildungspolitischen Beratung und zur Aus- und Fortbildung in Äthiopien, Somalia, Sudan, Costa Rica und Kolumbien. Gespräche wurden mit dem Bundesministerium für wirtschaftliche Zusammenarbeit und Entwicklung (BMZ) geführt, um die Weiterbildung in Entwicklungsländern zu fördern. 1969 ermöglichte das BMZ schließlich die Einrichtung einer entsprechenden Fachstelle für Erwachsenenbildung in Entwicklungsländern des DVV. Der systematische weitere Ausbau war eingeleitet. Kontinuität und Innovation sind Schlüsselbegriffe in der Arbeit des Instituts für Internationale Zusammenarbeit, wie die Fachstelle seit 1993 heißt. Es hat erfolgreich die neuen Möglichkeiten

zu Austausch und Beratung mit staatlichen, zivilgesellschaftlichen und universitären Partnern genutzt, die durch den Fall der Mauer für Mittel-, Ost- und Südosteuropa entstanden waren. Polen, Ungarn, Rumänien und Russland wurden für mehr als eine Dekade wichtige Projektländer. Die Ereignisse des 11. Septembers 2001 veränderten die Welt und auch die internationale Zusammenarbeit des DVV erneut. DVV International beschäftigt heute etwa 200 Personen in seinem Zentralbüro in Bonn sowie den Regional- und Nationalbüros. Der Verband ist in 32 Ländern rund um den Globus aktiv und ein gefragter Partner, wenn es darum geht, durch Lebenslanges Lernen Entwicklung und Gerechtigkeit zu fördern und den Menschen mehr Teilhabe zu ermöglichen.

Man braucht nicht lange zu rechnen: 2019 wird, was als Fachstelle für Erwachsenenbildung in Entwicklungsländern begann und heute DVV International ist, 50 Jahre alt. Inzwischen profitieren auch die deutschen Volkshochschulen vom im Ausland erworbenen Know-how – ein nicht zu unterschätzender Mehrwert in Zeiten zunehmender Internationalisierung und gesellschaftlicher Heterogenität.

HERIBERT HINZEN & CHRISTOPH JOST

Heribert Hinzen ist ehemaliger und Christoph Jost aktueller Leiter des Instituts für Internationale Zusammenarbeit des DVV (DVV International).

Paolo Freire – Erwachsenenbildung und politisches Bewusstsein

Im Unterschied zu reichen Ländern im globalen Norden gibt es in armen Ländern des globalen Südens keine Volkshochschulen im europäischen Sinne. Vielmehr geht es bei Adult Education Centres fast ausschließlich um Alphabetisierung von Erwachsenen. Die „Pädagogik der Unterdrückten" von Paulo Freire (1921–1997), im Jahr 1968 auf Portugiesisch erschienen und 1970 ins Englische übersetzt, war für diese Zielgruppe bestimmt und prägt bis heute die Arbeit von Volksbildnern.

Als Indien 1947 unabhängig wurde, waren mehr als 80 Prozent der Bevölkerung des Lesens und Schreibens nicht mächtig. In den 1950er Jahren begann Indien ein groß angelegtes Alphabetisierungsprogramm für Erwachsene. Dabei wurde auf Methoden zurückgegriffen, die sich in bisheriger Praxis der Lehrkräfte bewährt hatten und ein wenig für den Alltag erweitert wurden. Die Neu-Alphabetisierten sollten Zeitungsüberschriften, Ziele der Busse, Rechnungen und anderes lesen können. Nach drei Monaten zogen die Lehrenden zum nächsten Dorf. Nach anderthalb Jahren kehrten sie zurück in das erste Dorf und stellten fest, dass die Menschen das meiste vergessen hatten. Etwa zehn Jahre später begann Paulo Freire mit seiner Alphabetisierungsarbeit in den Dörfern und Favelas in Brasilien und Chile. Während seiner Tätigkeit beim Ökumenischen Rat der Kirchen in Genf ab 1970 war Ulrich Becker fünf Jahre Freires Vorgesetzter. Becker gründete nach seiner Rückkehr zusammen mit Horst Siebert, Gertrud Achinger und Asit Datta den Lernbereich Interkulturelles Lernen und Entwicklungspädagogik (INTERPÄD) an der Universität Hannover.

Freires Arbeit in Südamerika ermöglichte ihm eine umfassende internationale Bühne, die auf verschiedene Befreiungs- und Bildungsbewegungen der nachkolonialen Zeit ausstrahlte und auch in den Volkshochschulen in Deutschland intensiv zur Kenntnis genommen wurde. Dazu trug vor allem die Rezeption seines 1971 in deutscher Sprache übersetzten Buchs „Pädagogik der Unterdrückten" bei. Darin entfaltete er eine graswurzelorientierte Bildungsarbeit, die sich an der politischen Lebenswirklichkeit der Menschen orientiert. Die von ihm angestrebte *Conscientização* (Bewusstseinsbildung) ist nur als problemdefinierende Methode denkbar. Geschichte ist demnach ein menschengemachter und veränderbarer Prozess. Die Lebenswelt ist das thematische Universum für Bildungsarbeit. Deshalb lebte Freire eine Zeit lang mit den Adressaten zusammen, um ihre Lebens- und Arbeitswelt kennenzulernen und damit den Bildungsbedarf einschätzen zu können.

Bildung richtet sich an alle und ermöglicht eine „Befreiung aus der Kultur des Schweigens", die die Mehrzahl der Nicht-Alphabetisierten charakterisiert. Menschen können sich nur selbst befreien und können nicht befreit werden. Um sie darin zu unterstützen, braucht es dialogisches Lernen auf Augenhöhe. Gemeint ist eine Bildungsarbeit, die ein domestizierendes „Bankiers-Verständnis" von Bildung überwindet. Dieses Verständnis von Pädagogik als Begegnung wurde von den Volkshochschulen in den 1970er Jahren aufgegriffen und fand Eingang in die zu diesem Zeitpunkt beginnende Zielgruppenorientierung, die im Horizont politischer Bildung neu definiert wurde. Es war auch die Zeit, in der sich Selbsthilfegruppen in den Volkshochschulen organisierten und erstmals das Thema der funktionalen Analphabeten in die Öffentlichkeit getragen wurde. Freires Ansatz einer befreienden Bildungsarbeit führte nicht nur zur

1970 DIDAKTIK

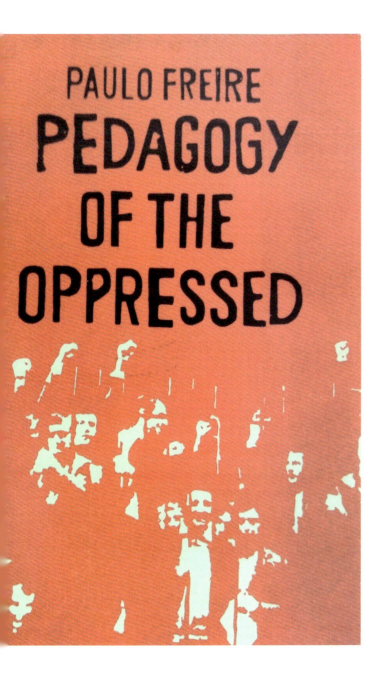

Sensibilisierung der Volkshochschule für das Thema „Dritte Welt", sondern gab auch methodisch-didaktische Impulse. Analphabetismus in Industriestaaten muss als eine Form der kulturellen Entfremdung verstanden werden und Zielgruppenarbeit ist politisch. Lernen muss also immer teilnehmerorientiert sein und ist kein Top-down-Prozess.

Diese Überlegungen haben sich auch an Volkshochschulen weit verbreitet und Freire gilt als einer ihrer international bedeutenden Mentoren des 20. Jahrhunderts. Natürlich sind die Bedingungen unterschiedlich, unter denen Bildungsarbeit im globalen Norden und globalen Süden stattfindet. Gleichzeitig ist aber auch einsichtig, dass Alphabetisierung nur in einem lebensweltlichen Kontext gelingen kann. Entscheidend scheint zu sein, dass Bildungsarbeit ohne die Förderung selbstbestimmten politischen Bewusstseins zum Scheitern verurteilt ist. Und: Kompetenz ohne selbstbestimmte Performanz hat mit erfolgversprechenden Bildungsbemühungen nichts zu tun. In diesem Sinne wirkte Freire in den 1970er Jahren auf die strategische und methodisch-didaktische Ausrichtung der Zielgruppenarbeit an den Volkshochschulen. Dies ist ein umfassender Handlungsauftrag für politische Erwachsenenbildung heute.

ASIT DATTA & GREGOR LANG-WOJTASIK

Asit Datta hat die Arbeitsgruppe Interkulturelles Lernen und Entwicklungspädagogik an der Leibniz-Universität Hannover mit gegründet, Gregor Lang-Wojtasik war dort Mitarbeiter.

Der Bildungsurlaub nimmt Gestalt an

„Also, ich finde, der Bursche hat schon ganz gediegene Bildungsansätze; dem könnte man schon eine Weiterbildungschance geben."

Das Bild lässt keine Fragen offen: ein protziger Schreibtisch, zwei Bosse, dahinter eine Wandtafel mit dem Spruch „Der Herr im Haus bin ich". Davor ein Arbeitnehmer auf Knien, den Hut verlegen in der Hand. Das Ganze eine *Spiegel*-Karikatur aus dem Jahr 1971. Die Bildunterschrift lautet: „Der Bursche hat schon ganz gediegene Bildungsansätze, dem könnte man schon eine Weiterbildungschance geben!" Dazu veröffentlichte das Nachrichtenmagazin einen Artikel zum Bildungsurlaub. Damals war das ein brandaktuelles Thema. Die Arbeitgeberseite lehnte das so rigoros ab, dass der IG-Metaller und spätere Minister Hans Matthöfer dahinter „Klasseninstinkte" vermutete. „Die wollen die Leute dumm halten", so Matthöfer im *Spiegel*. Und: „Wenn die was von Bildungsurlaub hören, geht ihnen der Hintern auf Grundeis."

Doch der Zug der Zeit war zu Beginn der 1970er Jahre in der Weiterbildung längst in Richtung Reform abgefahren. Er ließ sich auch von den Bedenken und Einwänden der Wirtschaft nicht mehr aufhalten. Dies umso weniger, als sich die Kultusministerkonferenz im Jahr 1971 in ihrer zweiten Empfehlung zur Erwachsenenbildung vorgenommen hatte, die Weiterbildung zur „Vierten Säule" des Bildungssystems auszubauen. In rascher Folge wurden nunmehr in einer Reihe von westdeutschen Ländern Weiterbildungsgesetze verabschiedet und wiederum in deren Folge vielerorts Bildungsurlaubsgesetze. Gerahmt wurde die rechtliche Implementierung durch wissenschaftliche Begleitstudien, etwa das in den 1970er Jahren durchgeführte Projekt Bildungsurlaubs-Versuchs- und -Entwicklungsprogramm (BUVEP), das die besonderen Lehr-Lern-Bedingungen in Bildungsurlaubsveranstaltungen untersuchte. „Fünf Tage, die den Kopf verändern": eine Woche bezahlte Freistellung von der Arbeit, um sich zu weiterzubilden; beruflich, sprachlich oder auch politisch. Das verstand man von nun an unter Bildungsurlaub, der in den meisten Ländern auch für Auszubildende galt und bis heute gilt. Nach der deutsch-deutschen Vereinigung zogen die ostdeutschen Bundesländer gesetzlich nach. Nur Bayern und Sachsen haben bis heute keine entsprechenden Bildungsurlaubsregelungen.

FINANZIERUNG 1971

Von Anfang an war die Bildungsvereinigung „Arbeit und Leben" eine zentrale Protagonistin des Bildungsurlaubsgedankens in der Bundesrepublik. Bald nach Kriegsende, zunächst auf Länder-, dann auf Bundesebene als selbstständige Tochter von DGB und DVV gegründet, machte sie schon früh vielfältige Angebote für die betriebliche Auszeit zur Weiterbildung. Die Vereinigung hat damit Tradition und Profil des Bildungsurlaubs in Deutschland maßgebend mitgeprägt. „Schritt halten können, weiterbilden", „Den Horizont erweitern, mitreden", „Andere Sichtweisen, zu neuen Zielen aufbrechen": Das sind einige Slogans einer Plakataktion, die Ende der 1990er Jahre von Volkshochschule, DGB-Bildungswerk und „Arbeit und Leben" zur Förderung des Bildungsurlaubs umgesetzt wurde.

Hier zeigt sich, dass es dabei stets auch um persönliche Weiterentwicklung ging und geht. „Mitdenken sichert Standorte": Damit machten die Plakate darauf aufmerksam, wie sehr sich die Weiterbildung der Arbeitnehmerinnen und Arbeitnehmer auch für ihre Unternehmen auszahlen konnte und kann. Mit „Solidarisch und ökologisch leben" wird andererseits klargestellt, dass sich die Beschäftigten im Rahmen ihres Bildungsurlaubs durchaus für Inhalte interessieren dürfen, die über Betriebsgrenzen hinausgehen und auf die Gesellschaft und eine demokratische Kultur der Partizipation gerichtet sind. Um noch einmal das Jahr 1971 in Erinnerung zu rufen: Die seinerzeitigen Befürchtungen der Arbeitgeberseite, der Bildungsurlaub würde für die Wirtschaft Kosten in Milliardenhöhe mit sich bringen, haben sich nicht bewahrheitet. Andererseits hat sich auch manche Hoffnung der Gewerkschaftsseite auf massenweise Realisierung des Bildungsurlaubsanspruchs nicht erfüllt. Aber den Bildungsurlaub gibt es nach wie vor, und er wird genutzt, wenn auch nicht in dem Umfang, wie es der Gesetzgeber in immerhin 14 Bundesländern vorsieht. Genaue Zahlen liegen nicht vor. Untersuchungen in einzelnen Bundesländern zufolge dürfte die Quote bei einem bis zwei Prozent liegen. „Arbeit und Leben" gibt – ebenso wie das auch die Volkshochschulen und das DGB-Bildungswerk tun – jährlich einer halben Millionen Beschäftigten die Gelegenheit, ihren Horizont mit dem Bildungsurlaub zu erweitern und ihren Willen zur demokratischen Beteiligung innerhalb und außerhalb des Betriebs zu stärken.

Volksbildung und Bildung von Arbeitnehmerinnen und Arbeitnehmern – diese Verbindung hat seit den 1920er Jahren zu einer Stärkung der Teilhabe an allgemeiner Weiterbildung geführt. Aus diesen alten Stärken lassen sich auch heute neue Chancen gewinnen.

ELKE HANNACK
stellvertretende Vorsitzende des DGB und an der Schnittstelle zur Erwachsenenbildung tätig, tritt für das Recht auf Bildungsurlaub ein.

Berufsverbote auch an den Volkshochschulen

„Ein Bewerber, der verfassungsfeindliche Aktivitäten entwickelt, wird nicht in den öffentlichen Dienst eingestellt." So lautet der Kernsatz eines Erlasses, mit dem sich am 3. Februar 1972 die Bundesländer und der Bundeskanzler Willy Brandt darauf einigten, wie die Verfassungstreue von Angehörigen des öffentlichen Dienstes gewährleistet sein sollte. Zudem sei eine „Entfernung" jener Beamten, Angestellten und Arbeiter aus dem öffentlichen Dienst anzustreben, die etwas Verfassungsfeindliches taten oder einer verfassungsfeindlichen Organisation angehörten.

Der Beschluss von 1972 prägte das politische Klima der Bundesrepublik entscheidend. Seitdem ging das Wort „Berufsverbote" in den allgemeinen Sprachgebrauch ein, und zwar europaweit. „Auch in den Volkshochschulen (...) setzen die Vertreter politisch konservativer Richtung Einschüchterung und Zensur, Berufsverbote und Drohungen als Druckmittel ein, um ihre bildungspolitische Linie, das große ‚Reform-Roll-Back', durchzusetzen", heißt es in einer Dokumentation der Gewerkschaft Erziehung und Wissenschaft aus dem Jahr 1976. Darin werden Repressalien gegen Mitarbeiterinnen und Mitarbeiter der Volkshochschule vorgestellt, die ihren Ursprung im sogenannten Radikalenerlass hatten. Beschrieben wurde die „Zensur an den Volkshochschulen", und zwar Bergstraße, Bergisch-Gladbach, Berlin, Hanau, Köln, Norden. Im damaligen aufgeheizten politischen Klima standen also auch die Programme der Volkshochschulen unter Beobachtung.

In Erinnerung an den Erlass vor 45 Jahren zog der Deutschlandfunk im Januar 2017 Bilanz: „1,4 Millionen Menschen wurden überprüft, 1.100 von ihnen wurde der Eintritt in den Öffentlichen Dienst verwehrt." Das Feindbild war der „linke Lehrer", waren diejenigen, die „den Marsch durch die Institutionen" anstrebten – oder von denen man es annahm. Ins Visier der Gesinnungsprüfer gerieten dabei auch die Volkshochschulen und ihr Personal. Spektakulär war der Fall der Volkshochschulleiterin des hessischen Wetteraukreises, Barbara Degen-Zelasny. Sie war Mitglied in der DKP, weshalb die CDU-Kreistagsfraktion ihre Entlassung forderte. Der SPD-Landrat gab dem Druck nach und betrieb mit fadenscheinigen Gründen die fristlose Kündigung des Personalratsmitglieds Degen-Zelasny, in dem ihr unentschuldigtes Fehlen im Dienst und die Duldung politisch motivierter Gewerkschaftsplakate in den Diensträumen vorgeworfen wurden. Doch der Personalrat stimmte der Kündigung nicht zu, auch Verwaltungs- und Arbeitsgericht wiesen die Klage des Kreisausschusses ab und erklärten die Kündigung für unwirksam. Unterstützt wurde die Volkshochschulmitarbeiterin von tausenden Bürgerinnen und Bürgern des Wetteraukreises, von Kolleginnen und Kollegen sowie von Gewerkschafterinnen und Gewerkschaftlern.

Dass aber auch die SPD-Mitgliedschaft nicht vor einer Kündigung schützte, zeigt das Beispiel von Hans-Jörg Frymark, dem pädagogischen Mitarbeiter der hessischen Kreis-vhs Bergstraße. Die Thesen des Juso-Kreisverbands zur Erwachsenenbildung, deren Vorsitzender er war, missfielen seinen Vorgesetzten im Landratsamt. In zwei Arbeitsgerichtsprozessen wurde die Kündigung Frymarks zwar für unwirksam erklärt, aber eine dann nachgeschobene Kündigung wegen Mittelkürzungen seitens des Landes brachte ihn schließlich um seinen Arbeitsplatz. Er wurde SPD-Stadtrat im Badischen und promovierte an der Verwaltungsuniversität Speyer mit einer Dissertation zum Thema „Wirkungen institutioneller Bedingungen im Planungs- und Entscheidungsprozeß kommunaler Volkshochschulen". Damit belegte er den Kern des Problems empirisch. Die kommunale Verfasstheit der Volkshochulen ermöglicht bürokratisch lancierte, aber politisch motivierte Eingriffe in die Bildungsarbeit, bis hin zur blanken Zensur. Dafür gibt es etliche Beispiele: In den Volkshochschulen Aachen, Bergisch-Gladbach, Bielefeld, Dortmund, Frankfurt, Köln, Norden und vielen anderen wurden geplante Veranstaltungen von den Verwaltungsvorgesetzten unter Billigung der parteipolitischen Mehrheiten in den politischen Gremien gestrichen oder sollten es zumindest werden.

Aber die Volkshochschulen verteidigten auch ihre liberale Tradition und die damit verbundenen Prinzipien: Toleranz, Kontroversität, Offenheit und Freiheit in den Meinungsäußerungen und der Meinungsbildung. Der vom Berufsverbot betroffene und deshalb mittellose Lehrer Rolf Günther konnte einen Teil seiner Existenz durch die vhs Hannover sichern. Rückblickend auf diese schwierige Zeit hält er fest: „Sie hat mir besonders geholfen, da ich dort Kurse geben durfte, zum Beispiel Rhetorik für Senioren oder Englisch im Knast." Die Volkshochschulen haben allen Grund, ihre Tradition auch heute, Jahrzehnte nach dem Radikalenerlass, zu verteidigen. Wieder gibt es Parteien, die Veranstaltungen der Volkshochschule wegzensieren wollen – so geschehen in Buxtehude, Neuwied, Dresden und anderen Städten. Mit Verweis auf ihnen unliebsame Vorträge oder Seminare fordern AfD-Ratsmitglieder eine „ideologie- und demagogiefreie Volkshochschule" – und das mit Worten und Begründungen, die selbst ideologisch und demagogisch sind. Erwachsenenbildung aber orientiert sich an den Prinzipien der Aufklärung und ist so das Gegenteil von Ideologie und Demagogie.

KLAUS-PETER HUFER

sah sich als hauptamtlicher Volkshochschulmitarbeiter selbst mit einer – später als ungerechtfertigt beurteilten – fristlosen Kündigung konfrontiert.

Deutschunterricht für chilenische Flüchtlinge

Am 11. September 1973 putschte in Chile das Militär. Der sozialistische Präsident Salvador Allende nahm sich das Leben. Ende 1973 kamen die ersten politischen Emigranten in die DDR und in die Bundesrepublik. Bis zu 2.000 wurden in der DDR aufgenommen. Viele Chilenen lebten im Neubauviertel Lobeda in Jena. Vor kurzem traf ich einen ehemaligen Teilnehmer, der 1989 sein Abitur an der Volkshochschule Jena abgelegt hatte. Er konnte sich noch gut daran erinnern, wie er sich mit chilenischen Mitschülern auf dem Weg zur Schule über das Thema Revolution unterhalten hatte. Und dabei waren die Kinder gerade mal im Grundschulalter. Nicht nur der Salvador-Allende-Platz in unmittelbarer Nähe des Wohnblocks, in dem die Emigranten untergebracht waren, erinnert noch heute an sie. Im Stadtarchiv Jena befinden sich zahlreiche Unterlagen über das Leben der Chilenen bis zur Wendezeit. Darunter finden sich Berichte, die von Mitarbeitern des Rates der Stadt und des Rates des Bezirks sowie des Innenministeriums der DDR verfasst wurden, die monatlich über die Betreuung und die Beobachtung der Chilenen zu berichten hatten.

An der Volkshochschule Jena begann für sie im Februar 1974 der Unterricht mit 12 bis 15 Wochenstunden. Im Herbst 1974 folgte die zweite Phase der Eingliederung in das gesellschaftliche Leben der DDR. Zwar waren 95 Prozent der Emigranten Angehörige der Intelligenz, allerdings mussten fast alle zuerst in der Produktion arbeiten. Es zeigte sich, dass der Deutschunterricht intensiver und differenzierter sein musste, um jedem Emigranten eine seiner Vorbildung entsprechende berufliche Perspektive geben zu können. Ein dreimonatiger Intensivlehrgang begann im Januar 1975. Die damalige Leiterin der vhs Jena, Ruth Kerber, erstellte dazu ein umfangreiches Konzept. Die Teilnehmenden wurden in fünf Leistungsgruppen aufgeteilt, mit jeweils acht Unterrichtsstunden an fünf Tagen in der Woche, Unterrichtsbeginn war um 7 Uhr. Zwei Lehrkräfte betreuten jeweils eine Gruppe. Die Betriebsberufsschule des VEB Carl Zeiss erhielt die Aufforderung, zwei Lehrkräfte abzustellen, um den Unterricht abdecken zu können. Ziel war es, den Intensivkurs möglichst mit der Sprachkundigenprüfung 1a abzuschließen und somit eine elementare Sprachverwendung nachzuweisen.

1973
INTEGRATION

Die pädagogisch-methodische Begleitung des Kurses erfolgte durch Fachzirkel, Fachgruppenbesprechungen, über Kontakte zum Institut für Sprachintensivausbildung in Brandenburg/Plaue und zur Fachschule für Außenwirtschaft in Berlin. Außerdem wurde die Friedrich-Schiller-Universität Jena um fachliche und personelle Unterstützung gebeten, da es dort den Bereich Auslandsgermanistik gab. Der Unterricht zielte mehr auf allgemeinsprachliche Inhalte und die Verbesserung der Sprechfertigkeiten ab.

Als Unterrichtsmaterial diente das Lehrbuch „Deutsch intensiv" des Herder-Instituts Leipzig, das heute zu den angesehensten Einrichtungen in den deutschsprachigen Ländern im Bereich der Forschung und der Lehre von Deutsch als Fremdsprache gehört. Zudem arbeiteten Kursleitende mit Arbeitsblättern, die sie mithilfe der Schreibmaschine selbst vervielfältigt hatten. Stoffkomplexe waren unter anderem „Schule", „Kaufhaus", „Gaststätte", „Gesundheitswesen", „Post", „Verkehr", „Theater", „Film", „meine Familie", „meine Heimat". Die praktische Erprobung des Gelernten fand in gemeinsamen Besuchen mit Erklärungen in Kaufhallen, bei Kochübungen und Exkursionen statt.

Durch die gemeinsamen Aktivitäten wuchs die Gruppe zusammen und es entwickelten sich langjährige Kontakte zwischen den Chilenen und ihren Lehrern. Nach Ende des Intensivkurses führte man den Unterricht noch etwa neun Monate mit mindestens neun Stunden pro Woche weiter. Im August 1975 wohnten in Jena 54 chilenische Emigranten. Dazu kamen noch Kinder. Interessant war aber auch: Von der DDR-Regierung wurden den Chilenen Neubauwohnungen, Kredite für Möbelanschaffungen und Urlaubsplätze zur Verfügung gestellt. Laut den Archivunterlagen verließen knapp 25 Prozent der 1.178 Emigranten die DDR, davon fast die Hälfte in sogenannte nicht-sozialistische Länder. Viele gingen nach Schweden. Als Gründe nannten sie einen höheren Lebensstandard und eine bessere berufliche Qualifizierung.

Am 28. September 1977 erhielt die Volkshochschule Jena-Stadt den Namen des chilenischen Dichters Pablo Neruda – als Würdigung „für das politisch verantwortungsbewusste Handeln im Geiste des proletarischen Internationalismus". Zwei der nach Jena gekommenen Chileninnen unterrichteten auch nach der deutsch-deutschen Vereinigung noch mehrere Jahre als Kursleiterinnen Spanisch an der vhs Jena. Die Arbeit im Bereich Deutsch für Ausländer, so wie sie die chilenischen Emigranten erlebt haben, wurde in den 1980er Jahren fortgesetzt, etwa bei der Ausbildung libyscher, kubanischer oder vietnamesischer Fachkräfte. Bis heute gibt es in Jena solche besonderen Angebote, etwa für ausländische Studierende an den Jenaer Hochschulen.

GUDRUN LUCK
leitet die vhs Jena und unterrichtete in den 1980er Jahren als Dozentin „Deutsch für Ausländer".

Letzte Möglichkeit Volkshochschule

Wäre die Volkshochschule nicht gewesen, hätte Bernd Markus, bis 2017 Oberarzt für Unfallchirurgie an einer städtischen Klinik, nicht studieren können. Weil er nicht dem Bild entsprach, das die Sozialistische Einheitspartei Deutschlands (SED) von einem jungen DDR-Bürger hatte. Über die Hintergründe und über den Abiturlehrgang an der Volkshochschule Leipzig, den er von 1974 bis 1976 besuchte, spricht Markus mit Rolf Sprink.

ROLF SPRINK: Ich habe es einmal addiert: Von 1946 bis zum Ende der DDR haben an der Leipziger vhs rund 1,4 Millionen Erwachsene ihre Schulabschlüsse nachgeholt. Du auch. Wie ist es dazu gekommen?
BERND MARKUS: Weil man mich von Staats wegen nicht zum Studium zulassen wollte. Wegen meiner religiösen Entscheidung, den aktiven Dienst mit der Waffe zu verweigern, wurde ich von der EOS (Erweiterte Oberschule) relegiert. Die EOS bescheinigte mir mangelnde klare politische Vorstellungen. Der Rausschmiss passierte, als ich schon in der ersten Abiturprüfung war.
SPRINK: Die Beurteilung in deinem Zeugnis am Ende der 8. Klasse zeigt, dass du schon früher „aufgefallen" warst.
MARKUS: Ja. Als einer der Bestschüler wurde mir darin meine Nichtmitgliedschaft in der FDJ (Freie Deutsche Jugend) vorgeworfen. Der Klassenleiter erwartete von mir, „zwischen der intellektuellen und der politisch-moralischen Seite (meines) Wesens eine positive Einheit herzustellen." Dann folgt: „Leider verband er mit seiner Spitzenstellung kein Schrittmachertum für das Klassenkollektiv." Solche Beurteilungen haben den Werdegang der Schüler vorherbestimmt.
SPRINK: Es waren ja die Jahre, in denen die SED mit diktatorischen Methoden die „sozialistische Menschengemeinschaft" installieren wollte. Schnell konnte man der „staatsfeindlichen Hetze" bezichtigt werden. Mein Bruder landete zwei Jahre und drei Monate im Stasiknast, weil er in der Studiengruppe aus Kunzes „Die wunderbaren Jahre" vorgelesen hatte, und flog kurz vor dem Diplom von der Hochschule. Wie du von der EOS. Aber du wolltest unbedingt Medizin studieren, dazu brauchtest du das Abitur.
MARKUS: Ich verdanke einer erfolgreichen Beschwerde meines Vaters beim DDR-Staatsrat, dass ich das Abitur in einem zweiten Anlauf ablegen konnte. Inzwischen hatte ich in einem kirchlichen Haus in Leipzig eine Krankenpflegeausbildung aufgenommen, war verheiratet, wir hatten schon ein Kind. Da entschied ich mich, neben der Arbeit mit ihren Drei-Schicht-Diensten noch mal zwei Jahre die Schulbank zu drücken. In der vhs Leipzig. Beides zusammen war sehr anstrengend.

BILD Gebäude der vhs Leipzig

1974 — ZWEITER BILDUNGSWEG

SPRINK: Die Löhrstraße, wo die Leipziger Volkshochschule ihre Hauptgebäude hat, gilt in der Stadt geradezu als Synonym für einen wichtigen Erwachsenen-Lernort. Was sind deine Erinnerungen?

MARKUS: Neben den Belastungen habe ich dort auch erlebt, dass Lernen mit Erfolg Freude bereitet, dass Lust und Liebe die Schwingen zu „großen" Taten sind. Ich konnte ein sehr gutes Abitur ablegen und erhielt sehr gute Beurteilungen. Besonders in Erinnerung geblieben ist mir der Mathematiklehrer Koch. Er hat Lust an diesem Fach vermittelt.

SPRINK: Andererseits kennzeichnete auch die vhs in Leipzig ein peinliches und schlimmes Politbrimborium. Im Chemieunterricht, so steht es in einem Lehrgangsbericht der späten 1980er Jahre, sollte die „Einheit von Wirtschafts- und Sozialpolitik an Hand chemischer Sachverhalte" nachgewiesen werden.

MARKUS: Sicher funktionierte auch an der Volkshochschule das System der Bespitzelung. Mir war klar, dass man Andersdenkende ausgrenzte, ideologisch diffamierte und nicht einklagbar vom Studium ausschloss. Wer in Staatsbürgerkunde unterrichtete, weiß ich nicht mehr. Aber inzwischen war ich mit „Schmierseife" eingerieben.

SPRINK: Was meinst du damit?

MARKUS: Man heuchelte Konformität … Im Gedächtnis geblieben ist mir auch ein Vieraugengespräch, gleich nach der Ablehnung zum Studium, mit der stellvertretenden Direktorin, Frau Röder. Sinngemäß sagte sie mir: Wir Lehrer wollen alle, dass Sie studieren. Sie müssen aber im FDGB (Einheitsgewerkschaftsorganisation Freier Deutscher Gewerkschaftsbund) und in der FDJ sein, sonst werden Sie wieder abgelehnt.

SPRINK: Wie ging es weiter?

MARKUS: Nach dem Abitur habe ich den Grundwehrdienst doch angetreten. Das verzeihe ich mir. Aber so konnte ich mich zum Studium bewerben – und bin angenommen worden. Ich war im Grundwehrdienst als Sanitäter eingesetzt. In meinem Arbeitsleben musste ich mich politisch nicht mehr verbiegen. Die DDR bleibt für mich ein Unrechtsstaat, unvereinbar mit meinem Gerechtigkeitssinn.

SPRINK: Welchen Platz in deinem Leben nimmt im Nachhinein die Volkshochschule ein?

MARKUS: Sie war die letzte Möglichkeit, dass ich meinen Berufswunsch erfüllen und Arzt werden konnte.

BERND MARKUS & ROLF SPRINK

kennen sich und die Leipziger Volkshochschule seit vielen Jahren. Markus hat dort seinen Schulabschluss nachgeholt, Sprink die Einrichtung geleitet.

Widerstand im Wyhler Wald

Tief im Wyhler Wald,
da steht e´ Freundschaftshaus,
so groß und rund.
Drinnen isch e´ Volkshochschul
Für unser Volksgewuhl,
im schönen, schönen Wyhler Wald.

Der Referent hält einen 45-minütigen Vortrag über die „Enteignung der Gesundheit". Als er endet, steht eine Landwirtin auf und berichtet ihrerseits. Es schließt sich eine lebhafte Diskussion unter den rund 90 Teilnehmenden an – ohne steuernde Moderation oder Rednerliste. Nach rund zwei Stunden löst sich die Versammlung auf – einige gehen, andere sitzen bei einem Glas Kaiserstühler Wein zusammen und reden: über das Thema des Abends, über ihren Widerstand gegen das Atomkraftwerk oder die Arbeit am nächsten Tag. Und wenn am Dienstag der Wissenschaftler aus Freiburg über physikalische und chemische Prozesse bei der Kernspaltung informiert und der Winzer aus dem Kaiserstuhl ihm zuhört, so berichtet der Winzer am Donnerstag über die Probleme der Rebumlegung und der Physiker lernt sehr viel dabei.

Das war im Frühsommer 1975 meine erste Begegnung mit der vhs Wyhler Wald. Eine typische Szene im hölzernen Freundschaftshaus auf dem besetzten Bauplatz. Hier sollte kein Atomkraftwerk gebaut werden – und nach rund 15 Jahren politischer und juristischer Auseinandersetzung wurde auch keines gebaut. Der Wyhler Wald blieb, was er war: ein Wald. Nach Besetzung durch die Kaiserstühler Bevölkerung, polizeilicher Räumung und Wiederbesetzung im Frühjahr 1975 errichteten die Besetzer ein hölzernes Freundschaftshaus als Zeichen des Widerstands, Unterkunft und Informations- und Kommunikationszentrum. Engagierte Mitglieder der badisch-elsässischen Bürgerinitiativen gründeten die Volkshochschule Wyhler Wald. Die erste Veranstaltung trug den naheliegenden Titel „Wie funktioniert ein Atomkraftwerk?". Weitere Themen drehten sich um den Umweltschutz und Aspekte des Widerstands von Bürgerbewegungen. Aber auch kulturelle Angebote – Reiseberichte, Liederabende, Theateraufführungen und Feste – standen auf dem Programm.

Nach acht Monaten Besetzung wurde der Platz im November 1975 verlassen. Die Landesregierung hatte Verhandlungen mit den badisch-elsässischen Bürgerinitiativen zugestimmt und für die Dauer der Gespräche einen Baustopp akzeptiert. Damit verlor die vhs Wyhler Wald ihre räumliche Heimat. Wie politisch bedeutsam sie geworden war, zeigte die unabdingbare Forderung der Landesregierung, dass die Volkshochschule im Freundschaftshaus aufhören müsse. Aber die Hoffnung, sie damit loszuwerden, trog. Die vhs Wyhler Wald arbeitete weiter und dehnte ihren Aktionsradius aus. Kurse fanden in den Orten des Kaiserstuhls, in Freiburg, im Markgräfler Land und gelegentlich im Hochschwarzwald statt. Ihr Charakter und die Angebotsstruktur blieben gleich – die Resonanz in der Bevölkerung ebenso. Und dies über zwölf Jahre hinweg.

In der ganzen Zeit referierten, spielten, sangen alle ehrenamtlich. Anfallende Kosten wurden durch Spenden oder die Einnahmen bei Festen gedeckt. Die Vorbereitungsgruppe repräsentierte die Struktur

der badisch-elsässischen Bürgerinitiativen: Menschen aus dem Kaiserstuhl, aus Freiburg und dem Markgräfler Land, Winzer, Studenten, Beamte, Landwirte, Wissenschaftler – keine ausgebildeten Pädagogen. Die vhs Wyhler Wald war, ohne dass dies ihr Ausgangspunkt oder Selbstverständnis gewesen wäre, eine Bildungseinrichtung. Sie vermittelte Informationen, Einsichten in Zusammenhänge, Haltungen. Dabei hatte sie keine Bildungsziele, keine Lehrpläne, keine Didaktik. Sie war gerade auch nach dem Auszug aus dem Freundschaftshaus als Identifikationsort, Informations- und Kommunikationszentrum der Bürgerinitiativen und als Kulturzentrum das kontinuierliche Lebenszeichen der Bewegung gegen das AKW Wyhl – auch und gerade in den langen Pausen zwischen Gerichtsentscheiden und politischen Verhandlungen.

Im Rückblick war die vhs Wyhler Wald Inbegriff des Lernens im Widerstand im Sinne selbstorganisierter, inhaltlich parteilicher Bildungsarbeit, entstanden im Kontext einer konkreten politischen Bewegung. Sie wurde zum Vorbild vieler vergleichbarer Initiativen unterschiedlichster Bürgerbewegungen in Gorleben, Wackersdorf, Brokdorf oder Frankfurt, wo Menschen gegen die Startbahn West des Flughafens protestierten. Sie verstand sich nicht als gezieltes Gegenmodell und war dennoch ein Stachel im Fleische etablierter Volkshochschularbeit: selbstorganisiert, ohne Pädagogen und didaktische Planung. Alle Beteiligten: potenziell mal Dozenten, mal Hörer. Die Themen: spontan, situations- und zielbezogen. Gemeinsam wurde gelernt, gekämpft und gefeiert – eben eine „Volkshochschul fürs Volksgewuhl".

WOLFGANG BEER

hat in seinem Buch „Lernen im Widerstand" die Geschichte der vhs Wyhler Wald beschrieben.

Photographiewerkstatt als Lernen aller von allen

Der Arbeitsplan der Volkshochschule Kreuzberg für das Herbstsemester 1976 enthält eine Neuerung: Neben einigen der üblichen Fotokurse wird unter dem Namen „Werkstatt für Fotografie" ein Programm angeboten, das neben Grund- und Aufbaukursen sogenannte Hauptkurse, einen Foto-Frühschoppen und Gastvorlesungen umfasst. Ziel aller Kurse soll sein, die Teilnehmenden zu selbstständiger kreativer Arbeit anzuleiten. Die nicht genannten Macher wollen – so die Vorrede – „keinen sturen Lernbetrieb, sondern ein Klima schaffen, in dem das Fotografieren eben so viel Spaß macht wie die gemeinsame Diskussion über die Fotografie und das Lernen aller von allen". Dazu passt, dass die Werkstatt neben einer großzügigen technischen Ausstattung über eine Galerie für ständige Ausstellungen und einen „Kommunikationsraum zum Klönen und Lesen" verfügt. Der Andrang ist groß: Für die Grundkurse müssen Wartelisten ausgelegt werden, und die Dozenten entscheiden aufgrund von vorgelegten Arbeiten, wen sie aufnehmen wollen.

Das Konzept, wo Technik und Gestaltung, praktisches Tun und Diskussion, Theorie und Praxis, Produktion und Rezeption miteinander verbunden werden, entspricht dem großstädtischen Lebensgefühl der Zeit nach der Studentenbewegung, wo in Wohngemeinschaften Studenten und Nicht-Akademiker miteinander leben, wo Kollektive gegründet werden, wo die Selbstverwirklichung ebenso wichtig ist wie der politische Protest. Eine entscheidende Rolle bei der Gründung kommt Michael Schmidt zu, der schon vorher viele Kurse gegeben hat und in seinen eigenen Arbeiten stark vom zivilisationskritischen US-amerikanischen *New Topographic Movement* beeinflusst ist. Deren Vertreter beschäftigen sich in Abhebung von der klassischen Landschaftsfotografie vor allem damit, Eingriffe des Menschen in die Umgebung fotografisch zu dokumentieren.

Einen Eindruck von der Atmosphäre in der Werkstatt vermag eine Aufnahme zu geben, auf der Schmidt (sitzend, in der Mitte) zusammen mit Kursteilnehmenden über Fotos diskutiert. Die Szene erinnert an ein Brainstorming in einer Werbeagentur, aber auch an eine Arbeitsgruppe von Studenten oder an eine Diskussion in der Küche einer Wohngemeinschaft. Ehemalige Teilnehmende berichten später von dem harten Ton, der oft geherrscht und an Therapiegruppen erinnert habe. Es sind aber auch einige Personen zu sehen, die sich von diesem Milieu durch Alter und formelle Kleidung abheben. Die Gruppe verweist so auf den Anspruch der Werkstatt und der Volkshochschule, Kurse für alle anzubieten, also auch für Ältere oder für Teilnehmende, denen es (zunächst oder nur) um Urlaubs-Dias geht. Thema der Ausstellung sind übrigens Bilder von Fotoreportern der Zeitschrift *Stern*, die hier kritisch analysiert werden.

Die Kurse finden auch nach dem Weggang von Schmidt großen Zulauf; es werden zahlreiche Ausstellungen organisiert und Kataloge veröffentlicht. Diese präsentieren Arbeiten von Teilnehmenden und Kursleitenden, aber auch von renommierten Künstlern aus dem In- und Ausland wie Josef Sudek oder Diane Arbus. Schließlich werden auch Workshops durchgeführt: von Theoretikern wie Klaus Honnef oder Praktikern wie Robert Frank. Die Werkstatt, die sich nicht zuletzt als „Fotoschule ohne Aufnahmebedingungen" versteht, bringt bekannte Fotografen wie Ulrich Görlich, Wilmar Koenig, Thomas Leuner oder Wolfgang Eilmes hervor.

BILD   Michael Schmidt diskutiert Bilder des *Stern* mit Teilnehmenden der Werkstatt für Photographie

1976
KULTURELLE BILDUNG

Nach zehn Jahren außergewöhnlich erfolgreicher Arbeit wird die Werkstatt wegen ausbleibender finanzieller Unterstützung der Volkshochschule geschlossen. Als eine Fortsetzung kann das heutige Photocentrum der Gilberto-Bosques-Volkshochschule Friedrichshain-Kreuzberg gelten.

Die künstlerische Bedeutung der „Werkstatt für Photographie" (das ursprüngliche „f" wurde bald durch „ph" ersetzt) ist, wie entsprechende Ausstellungen und Publikationen zeigen, mittlerweile unstrittig. Weniger Aufmerksamkeit hat die institutionelle und didaktische Seite der Werkstatt auf sich gezogen. Wie sich also im Detail das Ausbalancieren zwischen künstlerischer Autonomie und solider Aus- oder Fortbildung sowie zwischen charismatischer Leitung und dem Gebot des Lernens aller von allen über den Zeitraum von zehn Jahren gestaltet hat, wird jenseits von Anekdoten kaum zu rekonstruieren sein.

SIGRID NOLDA

kennt die kulturelle Erwachsenenbildung als Forscherin und als Praktikerin, unter anderem als Fotografin.

Trabi reparieren im Kursraum

„Versuch noch mal zu starten!" Ächzend schob sich Rudi unter dem aufgebockten Trabant hervor. Die Arbeit an den Autos machte seinem Rücken langsam immer mehr zu schaffen und er spürte seine 72 Jahre in den Knochen. Allerdings gab es keine Alternative. Rudi hatte die Hoffnung mittlerweile aufgegeben, dass sich die wirtschaftliche Lage demnächst verbessern könnte, denn sollte der Grundlagenvertrag, über den gerade alle diskutierten, wirklich zustande kommen, dann würde die Wiedervereinigung noch lange auf sich warten lassen – da war sich Rudi sicher. Lutz drehte den Schlüssel, aber der Trabbi stotterte nur vor sich hin. „Mehr Gas!", rief Rudi. Und tatsächlich – der Trabbi kam mit einem tiefen Brummen in Gang. Ein zufriedenes Grinsen breitete sich auf Rudis Gesicht aus. Er liebte es das kleine Detail zu entdecken, das alles wieder in Gang bringen konnte. Schon als Kind hatte er seine Spielsachen auseinandergebaut und später wieder zusammengeschraubt, um herauszufinden, was sie antrieb. Seine Ausbildung zum Kfz-Schlosser erlaubte ihm dann auch als Erwachsener, seiner Leidenschaft weiter nachzugehen.

„Komm raus und sieh es dir selbst noch mal an", forderte Rudi Lutz auf. Voller Tatendrang hüpfte der 28-Jährige aus dem Wagen und schob sich mit dem Rollbrett zügig unter das Auto.

In den vergangenen Wochen hatte Rudi Lutz Schritt für Schritt durch die Reparatur des Trabbis geführt. Dabei hatte er dem jungen Bankangestellten so viel wie möglich über das Reparieren beizubringen versucht, damit er sich in Zukunft auch selbst behelfen konnte, sollte das Fahrzeug wieder murren. Lutz war einer von vielen Teilnehmern in Rudis Lehrgang „Trabant reparieren", der diese Woche zu Ende ging. Der junge Mann zeigte eine Freude für den Wagen, für das Selbermachen und für Technik, die Rudi an sich selbst erinnerten.

Es war der erste Lehrgang, den Rudi an der Volkshochschule leitete, und er hatte lange gezweifelt, ob er ein Erfolg werden würde. Aber die Teilnehmer machten den Kurs zu einer von Rudis intensivsten und spannendsten Erfahrungen seines ganzen Lebens. Obwohl sie aus ganz unterschiedlichen Gründen etwas über die Reparatur lernen wollten – manche, um Geld zu sparen, andere, um ihre Reparatur-Fähigkeiten zu verbessern –, verband sie doch eines: das Gefühl von Freiheit und Selbstbestimmtheit, das ihnen das Auto schenkte. Wenn Rudi im Sommer das Fenster seines Trabbis herunterkurbelte und sich bei einer Überlandfahrt den Wind um die Nase wehen ließ, dann fühlte er sich frei, auch wenn die allgegenwärtige Grenze eigentlich eine andere Geschichte erzählte. Während des Kurses hatte Rudi wahrscheinlich selbst mehr gelernt als alle Teilnehmer zusammen. Er hatte gemerkt, welche Freude es ihm machte, sein Wissen weiterzugeben und mit anderen eine Leidenschaft zu teilen. Auch wenn er das Gefühl hatte, dass auf ihn nicht mehr viele Sommerausfahrten warteten, hoffte er, dass sich seine Kursteilnehmer mit ihren Trabbis, nicht zuletzt auch durch ihr neues Wissen, noch viel von der Welt erfahren würden …

Kurse wie Rudis Volkshochschullehrgang „Trabant reparieren" begannen in den 1950er Jahren und erlebten in den 1970er Jahren einen Boom. Die Begeisterung für Technik und Automobilität wurde aber auch erstmals im Kontext von Umweltproblematiken betrachtet. Als Strategie wurden deshalb Bewahren und

1977 HILFE ZUR SELBSTHILFE

Erhalten in den Mittelpunkt gerückt, im Vertrauen darauf, dass die Natur nicht weiter durch den Menschen zerstört werden dürfe und die Technik ihren Platz darin finden müsse. Diese Idee schlägt sich auch in heutigen Repair-Cafés nieder, als deren Vorläufer die Volkshochschul-Reparatur-Kurse gelten können. Wie Rudi geht es den Organisatoren dieser Reparatur-Cafés darum, Wissen zu vermitteln, Nachhaltigkeit zu leben und im gemeinsamen Austausch Freude am Reparieren zu finden. Mehr als 600 deutsche Initiativen gibt es mittlerweile. Viele dieser Reparatur-Cafés finden in Räumen von Volkshochschulen statt oder werden gemeinsam mit ihnen organisiert. Die Kultur des Reparierens, die dort gelebt wird, soll den Teilnehmenden Freiheit und Selbstbestimmung im Umgang mit Gebrauchsgütern ermöglichen und versteht sich als gemeinschaftlich organisierte Hilfe zur Selbsthilfe.

Darüber hinaus sind Volkshochschulen schon immer Orte, an den Erfahrungswissen weitergegeben wird un das nicht nur in Lehrgängen oder Kursen. Das zeigt sich nicht nur bei Reparatur-Cafés sondern auch in der kulturellen oder hauswirtschaftlichen Bildung. Im Zentrum stehen sehr oft kompetente Personen, die wie Rudi hoch motiviert sind, ihr Wissen mit anderen zu teilen.

JULIANE VOORGANG

ist Verlagslektorin und liebt es, nicht nur Sätze, sondern auch Dinge zu reparieren. Genau deshalb organisiert sie ein Repair-Cafe.

Wiederentdeckung der Alphabetisierung in Deutschland

Im November 1978 sendet Radio Bremen Hansawelle einen Hinweis auf neue Kurse an der Bremer Volkshochschule für deutsche Erwachsene, die nicht ausreichend lesen und schreiben können. Die Resonanz ist groß: Es melden sich auf Anhieb 20 Deutsche und ebenso viele Sinti und Roma. Später wird an der Bremer Volkshochschule ein Konzept für die Alphabetisierung entwickelt, das in der Politik auf Bundesebene als Bremer Modell diskutiert wird und das andere Volkshochschulen im Laufe der 1980er Jahre übernehmen. Bis zu diesem kleinen Hinweis im Radio ist man in Deutschland 1978 weit davon entfernt, Alphabetisierung als Aufgabe der Volkshochschulen anzusehen. Das Problem der Schrift scheint zu fernen Ländern oder Zugewanderten zu gehören – oder zu denen, die man wegsperrt. Hinter Gittern beginnt die deutsche Erwachsenenalphabetisierung: Die beiden Bremer Volkshochschulen kooperieren mit dem Strafvollzug, denn andere Alphabetisierungskurse gibt es noch nicht. Das empört einen Anrufer: „Ich muss doch jetzt nicht erst straffällig werden, damit ich lesen und schreiben lernen kann!"

Der Strafvollzug kannte „Gefängnisschulen und Anstaltslehrer" schon lange. Allerdings war man bis Mitte der 1970er Jahre nicht der Ansicht, hier pädagogisch gefragt zu sein: Inhaftierte Lernende wurden als „minderbegabte Analphabeten mit abnormer Persönlichkeitsstruktur" betrachtet, die besser nicht weiter unterrichtet werden sollten, um nicht noch „raffiniertere Verbrecher" heranzubilden. Es gibt also weder innerhalb noch außerhalb der Anstaltsmauern erwachsenengerechte Kurse. Den Bremer Volkshochschulen gelingt es in den Folgejahren des Hinweises im Radio, bis zur Sendung „Panorama" im ARD durchzudringen. Volkshochschule, UNESCO und Wissenschaft senden 1980 eine Botschaft, die bis dahin ungehört blieb: Es gibt auch in Deutschland Alphabetisierungsbedarf.

Die Begleitmusik jener denkwürdigen „Panorama"-Sendung besteht aus schnellem Schreibmaschinentippen. Gezeigt wird nach der Ankündigung zum Thema Analphabetismus – überraschenderweise – zunächst der jugendlich wirkende Ernesto Cardenal, nicaraguanischer Schriftsteller und Priester, der in der Frankfurter Paulskirche den Friedenspreis des deutschen Buchhandels erhält. Seine Rede handelt von Befreiung und Dichtung, und sie streift die Alphabetisierungskampagne in seinem Heimatland, auf die er erkennbar stolz ist: „[Die jugendlichen Alphabetisierungslehrkräfte] lebten bei den Bauern, aßen wie sie, tranken wie sie und arbeiteten mit ihnen so lange, bis alle diese entlegenen Gebiete zu vom Analphabetismus befreiten Territorien erklärt werden konnten."

Die Kamera schwenkt über das Publikum, die Sprecherstimme konstatiert, das Auditorium habe sicher keine Vorstellung davon, dass Analphabetismus auch in Deutschland vorkommen könne. Dramaturgisch geschickt folgt der Wechsel nach Bremen zum Kongress „Für ein Recht auf Lesen – Analphabetismus unter deutschsprachigen Jugendlichen und Erwachsenen". Das ARD zeigt in ausführlichen Interviews mit Wissenschaft, Praxis und Teilnehmenden: Alphabetisierung und Grundbildung sind in Deutschland angekommen.

Immer mehr Volkshochschulen in der damaligen Bundesrepublik Deutschland entschließen sich, Kurse zum Erwerb der Schriftsprache für Erwachsene einzurichten. Es folgen Tagungen, erste Studien und Vernetzungen, auch mit dem europäischen Ausland, die Gründung des Bundesverbands

BILD Bis heute oft nur Thema der Entwicklungszusammenarbeit: Alphabetisierungsprojekt von DVV International

Alphabetisierung, Kampagnen, Modellprojekte, Auszeichnungen von Botschafterinnen und Botschaftern, Forschungsförderlinien und nicht zuletzt – auf Betreiben der DVV-Präsidentin Rita Süssmuth – eine Dekade für Alphabetisierung und Grundbildung von 2016 bis 2026.

Im Jahr 2028, kurz nach Ende der laufenden Alphabetisierungsdekade, wäre dann das 50-jährige Bestehen der Alphabetisierung für Erwachsene in Deutschland zu begehen.

ANKE GROTLÜSCHEN & MONIKA WAGENER-DRECOLL

Anke Grotlüschen forscht an der Universität Hamburg zur Alphabetisierung. Monika Wagener-Drecoll war für Grundbildung an der Bremer Volkshochschule zuständig.

Flächendeckende Präsenz im ländlichen Raum

Von 1970 bis 1990 wurden in den meisten Bundesländern Gebietsreformen durchgeführt. Hessen etwa beendete am 1. August 1979 die über zehn Jahre andauernde kommunale Gebietsreform mit der Neugliederung des Lahn-Kreises. Die Zahl der Gemeinden war von 2.642 auf 421 reduziert worden. In Schleswig-Holstein beschränkten sich Gebietsreformen auf kleinere Veränderungen, sodass es bis heute mehr als 1.000 selbstständige Städte und Gemeinden gibt – mit aktuell knapp 150 Volkshochschulen. Im Landkreis Dithmarschen beschritten die Volkshochschulen Ende der 1970er Jahre ihren eigenen Weg zur interkommunalen Zusammenarbeit: freiwillig, organisch und nachhaltig.

Die Gründung einer Volkshochschule in Büsum im Kreis Norderdithmarschen – initiiert durch den örtlichen Pastor Nikolaus Christiansen, dem späteren Bundesvorsitzenden des DVV, und genehmigt durch die britische Besatzungsmacht am 6. Februar 1946 – war durch einen für die Volkshochschulbewegung eher ungewöhnlichen Umstand begünstigt gewesen: In Büsum war ein großes Gefangenenlager für Offiziere der Wehrmacht untergebracht, in dem sich zügig ein selbstorganisiertes Bildungsprogramm entwickelte. Hier entstand eine Oberschule für kriegsgefangene Soldaten. Kurz darauf, im August 1946, wurde der Verein Volkshochschulen in Norderdithmarschen aus der Taufe gehoben. 1971 wurde er im Zuge der Kreisfusion zwischen Norder- und Süderdithmarschen zum Verein Volkshochschule in Dithmarschen. Der Verein initiierte und begleitete in den Folgejahren die Gründungen von Volkshochschulen in der Region.

Dies ging mit dem Ziel einher, näher zu den Menschen zu kommen und nicht an der eigenen Gemeindegrenze stehen zu bleiben. Wolfgang Hosse, der hauptamtliche Leiter der vhs Meldorf, wird in dem Presseartikel zum neuen Programm für das Herbstsemester 1979/80 mit der Aussage zitiert, dass „man verstärkt auf den Wohnort der Teilnehmer Rücksicht nehmen" und Angebote in den anliegenden Gemeinden platzieren wolle. Bedeutend wird dieser wenig spektakuläre Satz im Lichte der zu diesem Zeitpunkt kleinteiligen, eigenständigen Volkshochschulstruktur in Dithmarschen mit vielen neben- und ehrenamtlich geleiteten Volkshochschulen und drei – allerdings erst seit wenigen Jahren – hauptamtlich besetzten Leitungen.

Der Verein der Volkshochschulen in Dithmarschen war neutraler Moderator und Ideengeber für die Erhaltung von Volkshochschulstandorten, deren Struktur im Raum sich organisch weiterentwickelte: Nicht die Zentrale bestimmte Richtung und Tempo der Entwicklung, sondern immer die Volkshochschulen vor Ort. War deren Eigenständigkeit gefährdet, wurden Lösungen erarbeitet, etwa die organisatorische Übernahme durch eine Nachbarvolkshochschule oder durch den Verein selbst. Wichtig war immer das bleibende Bekenntnis der Kommune zu ihrer Volkshochschularbeit. Der Dithmarscher Weg führte nicht zu einer Kreisvolkshochschule, sondern zu Zusammenschlüssen aus der Kraft der eigenständigen örtlichen Volkshochschulen, begleitet durch den gemeinsam getragenen Verein. Diese doppelte Kraftentwicklung trug gleichzeitig dazu bei, dass sich die Volkshochschulen als bedeutender Partner der Kommunen in den Bereichen Bildung und Kultur positionierten. Kulturhäuser, Bibliotheken, Museen sowie Offene Ganztagsschulen gingen in die Trägerschaft der Volkshochschulen und unterstrichen die große Nähe und Wertschätzung der Kommunen für ihre Volkshochschulen.

STRUKTURWANDEL 1979

Heute können sich die Leistungen sehen lassen. Schaut man auf eine Landkarte der Standorte von Volkshochschulen, so erkennt man eine Doppelstruktur: hier eigenständige Volkshochschulen und dort Standorte, die von ihr betrieben werden und die flächendeckende Verteilung sichern. Wie leistungsfähig solch eine Struktur ist, lässt sich an Rang zwei in der Weiterbildungsdichte in Schleswig-Holstein ablesen – das entspricht dem Grad der Versorgung mit Weiterbildungsangeboten, gemessen an der Bevölkerungszahl in den Kreisen und kreisfreien Städten. Als Partner und Dienstleister für die kommunale Familie ist die Volkshochschule nicht mehr von der Landkarte im Bereich Bildung und Kultur wegzudenken. Sie hat damit auch dem im Grundgesetz verankerten Ziels verschrieben, die „Gleichwertigkeit der Lebensverhältnisse" zu garantieren. Wenn es darum geht, den Menschen gleiche Bildungsmöglichkeiten einzuräumen, unabhängig davon, ob sich ihr Wohnort in der Großstadt oder im ländlichen Raum befindet, so geht es darum, diejenigen Akteure kontinuierlich zu fördern, die Bildungsangebote entwickeln und umsetzen. Die Volkshochschulen sind mit ihrer flächendeckenden Präsenz, mit ihrer regionalen Verortung und ihrem überregionalen Zusammenhalt dafür prädestiniert wie keine andere Einrichtung.

MARTIN GIETZELT

erlebt die Koordinierung der Volkshochschularbeit im ländlichen Raum Schleswig-Holsteins als tägliche Herausforderung.

Volkshochschule als GmbH

Im Jahre 1980 ging ein Raunen durch die bundesrepublikanische Volkshochschul-Szene: Die Mannheimer Abendakademie und Volkshochschule (MAA und vhs) wurde von einem eingetragenen Verein (e.V.) in eine Gesellschaft mit beschränkter Haftung (GmbH) umgewandelt. War dies der Anfang einer Entwicklung von Volkshochschulen zu gewinnorientierten Einrichtungen? Der damalige Leiter wies im Kollegenkreis zwar regelmäßig darauf hin, dass im Gesellschaftsvertrag der GmbH die Gemeinnützigkeit der Einrichtung festgelegt sei, aber kritische Gemüter wandten ein, dass man Satzungen ja auch ohne großen Aufwand ändern könne.

Die Umwandlung der Einrichtung in eine GmbH hatte eine längere Vorgeschichte. Im Jahre 1977 brachte die CDU-Fraktion im Mannheimer Gemeinderat einen Antrag ein, die Verwaltung solle Vorschläge zur Überführung der MAA und vhs in eine andere Rechtsform unterbreiten. Die bisher praktizierte Vereinsform trenne die Verantwortung der Geschäftsführung und die der politischen Mandatsträger nicht klar, hieß es. Außerdem sei die notwendige kommunale Aufsicht nicht in ausreichendem Maße gegeben. Gegenüber der Kommunalisierung und dem Vereinsstatus setzte sich im Gemeinderat das Organisationsmodell der gemeinnützigen GmbH durch. Der Gesellschaftsvertrag wurde am 26. Juni 1979 im Gemeinderat angenommen und zum 1. Januar 1980 in Kraft gesetzt. Damit war eine neue Rechtsform zwischen Volkshochschule und Kommune geschaffen, von der jedoch keine erkennbaren Änderungen der Angebots- und Teilnehmendenstruktur ausging.

Eine Begründung im Mannheimer Gemeinderat, den Verein in eine GmbH umzuwandeln, bezog sich auf die Größe der Einrichtung und ihres Finanzvolumens. Dieses Kriterium spielte bei den später erfolgten Umwandlungen in eine GmbH jedoch keine große Rolle. Die vhs Stuttgart weist eine ähnliche Gesamtleistung mit Veranstaltungen, Belegungen und Unterrichtsstunden auf wie die MAA und vhs, arbeitet aber weiterhin mit dem Rechtsstatus des e.V., ebenso die vhs Karlsruhe, die in einer Stadt mit ähnlicher Einwohnerzahl wie Mannheim angesiedelt ist. Die Vereinssatzungen der Volkshochschulen Stuttgart und Karlsruhe sichern der Stadt entweder durch einen Aufsichtsrat oder die Festlegung der Mitgliedschaft des Vereins eine dominierende Stellung. Zwar arbeitet auch die größte Volkshochschule der Bundesrepublik in München als eine GmbH. Dies gilt jedoch ebenso für die Kreisvolkshochschule Norden in Ostfriesland mit einem Einzugsgebiet von „nur" rund 90.000 Einwohnern. Anscheinend spielen kommunalpolitische Konstellationen und Interessen eine bedeutendere Rolle als die Größe der Einrichtung.

Die gemeinnützige GmbH ist inzwischen als ergänzende Rechtsform neben der Kommunalisierung und dem Vereinsstatus etabliert, hat sich aber in größerem Umfang nicht durchgesetzt. In Baden-Württemberg wurden 1994 die Volkshochschulen Pforzheim-Enzkreis und Reutlingen sowie 2005 die vhs Heilbronn in eine GmbH umgewandelt. Im Bundesgebiet wiesen 2018 insgesamt 42 von 899 Einrichtungen oder 4,6 Prozent den Rechtsstatus einer gemeinnützigen GmbH auf. Die Volkshochschulen blieben von der Nachkriegszeit bis heute direkt oder indirekt von der kommunalen Selbstverwaltung getragen.

BILD   Gebäude der Mannheimer Abendakademie und Volkshochschule in den 1980er Jahren

ORGANISATIONSFORM 1980

In den vergangenen 30 Jahren lag der Anteil der Volkshochschulen in Trägerschaft der Kommunen, der Landkreise und der Zweckverbände bei etwas unter oder etwas über 60 Prozent. Der Anteil der Volkshochschulen mit dem Rechtsstatus eines e. V. ging in diesen 30 Jahren von knapp 40 auf gut 30 Prozent zurück. Auch bei dieser Organisationsform spielen die jeweilige Kommune oder der jeweilige Landkreis in der Regel die dominierende Rolle. Dies zeigt sich beispielsweise in der Besetzung der Gremien mit Kommunalpolitikern und darin, dass die Satzung der Vereinsvolkshochschule der Kommune oder dem Landkreis weitgehende Einwirkungsmöglichkeiten auf die Entscheidungen der Organe des Trägervereins garantiert. Auch bei der gemeinnützigen GmbH nehmen die Kommunen eine dominierende Stellung ein. So sicherte sich die Stadt Mannheim bei der Umwandlung ihrer MAA und vhs im Jahr 1980 rund 70 Prozent der Gesellschafteranteile und ist durch ihre Repräsentanten im Verwaltungsrat personell stark vertreten. Entscheidender als der Rechtsstatus der jeweiligen Volkshochschule scheint das kommunalpolitische Klima dafür zu sein, welche Entwicklungsmöglichkeiten und welchen Grad von Autonomie eine Volkshochschule in der Kommune genießt. Die Einrichtung ist mit ihrem GmbH-Status jedenfalls voll einverstanden.

DETLEF KUHLENKAMP

war bis 2007 Professor für Weiterbildung an der Universität Bremen und insbesondere am Recht der Weiterbildung interessiert.

Ein Weiterbildungsgesetz hat Folgen

„VHS ist kein Hobby, sondern eine Notwendigkeit", titelte der Leverkusener Anzeiger im September 1980. Im dazugehörigen Bericht ging es um eine kommunalpolitische Diskussionsveranstaltung zur Zukunft der Volkshochschule in der Stadt. Die Zeitung zitierte die Forderung eines Kommunalpolitikers, der auf die bildungspolitische Bedeutung des Lebenslangen Lernens, die Verantwortung der Kommune und die Rolle der Volkshochschule als kommunale Weiterbildungseinrichtung hingewiesen hatte. Diese Debatte hatte eine Vorgeschichte. Nachdem die Weiterbildung 1970 mit dem Strukturplan des deutschen Bildungsrates und 1973 mit dem Bildungsgesamtplan der Bund-Länder-Kommission als „integraler Bestandteil des Bildungssystems" anerkannt worden war, setzten die Bundesländer diese Bekenntnisse in Gesetze um. Zu den wichtigsten Elementen des nordrhein-westfälischen Weiterbildungsgesetzes, das insbesondere der Professionalisierung den notwendigen Schub verlieh, gehörte die Festschreibung der Weiterbildung als „Pflichtaufgabe" und somit als Bestandteil kommunaler Daseinsvorsorge sowie die Hauptberuflichkeit der Leitung und des pädagogischen Personals. Zudem waren darin die Festschreibung eines Mindestangebots, gemessen an der Einwohnerzahl der jeweiligen Kommune, mit verbindlichen Programmschwerpunkten und ein Mitwirkungsrecht der Lehrenden und der Teilnehmenden bei der Gestaltung des Angebots enthalten.

Dieses „Erste Gesetz zur Ordnung und Förderung der Weiterbildung", das 1975 in Kraft trat, hatte weitgehende Folgen für den Ausbau der Volkshochschulen in NRW, wie am Beispiel der vhs Leverkusen deutlich wird. Zwischen 1973 und 1981 wurde die Anzahl der Fachbereichsleiterstellen von zweieinhalb auf sechs Stellen erhöht und das Programmangebot wurde verdreifacht. In den 1970er Jahren hatten dort die weitgehend von nebenberuflichen Dozenten geleiteten Kurse in den Fachbereichen Fremdsprachen, Gesundheit, Kultur und Kreativität sowie politische Bildung das Programm geprägt. Nachdem eine Diplompädagogin, eine Sprachwissenschaftlerin, ein Journalist, ein Politologe und ein Künstler eingestellt wurden, veränderte sich das kommunale Weiterbildungsangebot quantitativ und qualitativ grundlegend.

Die Professionalisierung trug ihre Früchte: Das Fremdsprachenangebot verdoppelte sich innerhalb von zwei Studienjahren. Deutsch als Fremdsprache gehörte in der Industriestadt mit einem hohen Ausländeranteil nun zum Standartprogramm. Mit der Entwicklung von Zertifikatssystemen wurde das Angebot attraktiver und verbindlicher. Die Weiterbildungsberatung entwickelte sich als weiteres Aufgabenfeld. Die vhs Leverkusen begann angesichts der hohen Zahl der Jugendlichen ohne Schulabschluss, ein differenziertes System mit Kursen zum Nachholen von Schulabschlüssen vorzuhalten. Ein Hauptamtlicher pädagogischer Mitarbeiter übernahm diese Aufgabe, gemeinsam mit Weiterbildungslehrern und Dozenten, die auf Honorarbasis verpflichtet wurden. Die berufliche Weiterbildung, die in den 1970er Jahren noch keine maßgebliche Rolle an der Volkshochschule spielte, wurde nun systematisch ausgebaut und in den 1980er Jahren einem angegliederten Berufsbildungswerk übertragen. Die Berufsschulen und die Kammern spielten dabei eine Schlüsselrolle.

Die politische Bildung wurde durch neue Formate wie Ausstellungen, Studienreisen, Publikationen, politische Liederabende und Kabarettveranstaltungen sowie Diskussionen mit Persönlichkeiten aus

BILD Aufschwung macht Spaß: der Leverkusener Volkshochschulleiter bei einem Tag der offenen Tür

1981 GESTZGEBUNG

Wissenschaft, Politik und Journalismus vielseitiger und attraktiver. Auch die neuen Fachbereichsleiterinnen und -leiter für Kunst, Kultur und Kreativität bereicherten das Programm mit Lesungen, Ausstellungen, Studienreisen und Seminaren, die ohne diese Professionalität nicht möglich gewesen wären. Das Kommunale Kino bot bereits zu dieser Zeit eine qualitative Alternative zum kommerziellen Kinoangebot. Natürlich war die Weiterbildung der Weiterbildner ein selbstverständlicher Bestandteil des Programms.

All diese Entwicklungen gehen konform mit den Entwicklungen an den Volkhochschulen in Nordrhein-Westfahlen und jenen in der gesamten Bundesrepublik. 1975 bis 1985 war ein Jahrzehnt der dynamischen Entwicklung und der Professionalisierung der Volkshochschulen in der Republik. Die Weiterbildungspolitik wurde – neben der Schul-, Hochschul- und der Berufsbildung – als neues Feld erkannt, ist aber bis heute nicht gleichberechtigt. Immerhin findet man im aktuellen Koalitionsvertrag der Großen Koalition mehrfach konkrete Hinweise auf die Rolle der Volkshochschulen als Weiterbildungseinrichtungen …

ERNST KÜCHLER

war der Volkshochschule an verschiedenen Stationen seines Berufslebens verbunden und berichtet von seiner Zeit als Leiter der vhs Leverkusen.

„Häuserkampf" – vom Ringen um ein eigenes Gebäude

Am Anfang stand ein gebrochenes Versprechen. Der vhs Wedding von Berlin wurde im Frühjahr 1982 ein eigenes Haus zugesprochen, das sie schließlich doch nicht allein nutzen durfte. Ein mehr als zehnjähriges Ringen mit der Bezirksverwaltung begann, in das Ursula Diehl und Eduard Jan Ditschek auf Seiten der Volkshochschule eigene Vorerfahrungen einbrachten.

Er, noch Student, war auf der Suche nach einem Russischkurs und fand die vhs schließlich auf einem großen Schulgelände, aber nicht im Hauptgebäude, sondern in einem kleinen Häuschen am Rande, das einst als Wohnung des Hausmeisters gedient hatte. Das weithin sichtbare Schild mit der Aufschrift „Volkshochschule" führte in die Irre. Unterricht war hier nicht. Der Russischkurs fand in einem der bezirklichen Gymnasien statt. Dort gab es keine Beschilderung, keine Wegeleitung, kein freundliches Wort des Willkommens. Als Teilnehmender musste man in dem weiträumigen Schulgelände auf gut Glück nach der angegebenen Raumnummer suchen.

Sie war schon seit vielen Jahren Dozentin an ebendieser Volkshochschule und seit 1979 Programmbereichsleiterin für Fremdsprachen. Wie oft hatte sie sich darüber geärgert, dass ihre eigenen Kurse in Schulgebäuden untergebracht waren, die oft genug auch noch weit voneinander entfernt lagen. Sie empfand eine solche Raumplanung als Zumutung, für sich als Dozentin und für die Teilnehmenden. Aber als Programmbereichsleiterin merkte sie, dass von Planung keine Rede sein konnte. Die Volkshochschule war Bittstellerin bei den Schulen, die Kurse gnädig aufnehmen oder die Zusammenarbeit von heute auf morgen aufkündigen konnten. 1982 wurde sie Leiterin, er Dozent, bald darauf Programmbereichsleiter und ihr Stellvertreter. Die Erfahrungen der beiden waren unterschiedlich, aber in einem waren sie sich einig: Ohne Volkshochschulhaus keine entwicklungsfähige Erwachsenenbildung! Ein schmales Bändchen der Pädagogischen Arbeitsstelle des DVV zum Thema „Volkshochschul-Häuser" bestärkte sie. Da stand es schwarz auf weiß: „Die räumlichen Voraussetzungen der VHS-Arbeit [haben] eine pädagogische Relevanz".

Gleich nach Amtsantritt Anfang 1982 begann die neue Leiterin mit der Überzeugungsarbeit bei den politisch Verantwortlichen, und sie hatte Erfolg. Ein altes Schulgebäude im traditionsreichen Stil der märkischen Backsteingotik stand angeblich bereit. Nach den Sommerferien war der Umzug der Verwaltung geplant. Schnell wurden Vorstellungen entwickelt, wie das Haus

BILD Künstler aus dem Wedding solidarisieren sich in einer Plakataktion mit der „vhs ohne Haus"

bespielt werden sollte. Nicht nur die Verwaltung, auch Lehrende und sogar Teilnehmende identifizierten sich mit dem Hausprojekt. Aus Klassenzimmern sollten erwachsenengerecht gestaltete Seminarräume werden, Fachräume für künstlerisches Gestalten und Gesundheitsprophylaxe wurden konzipiert. Doch die Euphorie hielt nicht lange an. Die Leiterin fuhr beschwingt in Urlaub, und als sie zurückkam, war „ihr" Haus „besetzt". Die Zweigstelle einer Hauptschule war eingezogen. Für die Volkshochschule blieben im Erdgeschoss fünf Verwaltungsräume.

Hausbesetzungen waren im damaligen Berlin an der Tagesordnung. Dass aber die Schulverwaltung zu solchen Mitteln griff, war neu. Die Hausbesitzer gerierten sich als Hausbesetzer. Diese Machtdemonstration konnte von Seiten der vhs nicht unbeantwortet bleiben. Sie nahm den „Kampf" auf. Es galt, den Anspruch auf ein eigenes Haus aufrechtzuerhalten und ihn mit möglichst kreativen Aktionen zu bekräftigen. Für das Umzugsfest der Verwaltung wurde ein Plakat entworfen, das einen doppelten Besitzanspruch formulierte: Künstlerinnen und Künstler besetzen das Schulgebäude, um es zusammen mit der Volkshochschule als kreativen Lernort zu reklamieren. Das visuelle Statement hing lange für alle Besucher gut sichtbar an der Tür zur Leitung. Im Rahmen einer Ausstellung der an der Volkshochschule aktiven Künstlerinnen und Künstler wurde es 1984 auch ins Rathaus getragen. Parallel griff ein Designer die Idee auf, und ab 1985 prangte auf dem Cover des Programms der Umriss des für die Erwachsenenbildung beanspruchten Schulgebäudes. Die Aktionen, begleitet von unzähligen diskursiven Einsätzen der Leitung, verfehlten ihre Wirkung nicht. 1989 erhielt die Volkshochschule erneut das Versprechen auf ein eigenes Haus.

Beinahe hätte der Fall der Berliner Mauer die Pläne ein zweites Mal zunichtegemacht. Doch dieses Mal standen die politisch Verantwortlichen zu ihrem Wort. Im Sommer 1993 bezog die vhs Wedding endlich ihr eigenes Gebäude. Nach der Berliner Bezirksreform von 2001 verfügt die vhs Berlin Mitte als Erbin sogar über zwei eigene Häuser mit mehr als 60 Unterrichtsräumen, in denen etwa 70 Prozent des Programms Platz finden. Der „Kampf" hat sich also gelohnt.

URSULA DIEHL & EDUARD JAN DITSCHEK

wollten sich trotz leidvoller Erfahrungen mit der Kommunalpolitik nicht damit abfinden, dass „ihr" Wedding über kein Volkshochschulhaus verfügten sollte.

Lokalpolitik verhindert Protestaktion

Die Empörung im Ratssaal von Siegburg ist groß. Erst kürzt das Land die Fördermittel für die Volkshochschulen und dann darf darüber nicht einmal so kommuniziert werden, wie es den Akteuren vor Ort beliebt. Was ist geschehen?

Ende 1982 plant die vhs Rhein-Sieg wie jedes Jahr, kurz vor Weihnachten ihr neues Programmheft für das Frühjahrssemester in Umlauf zu bringen. Für den Titel haben sich die Verantwortlichen rund um den pädagogischen Leiter Joseph Delling etwas Besonderes ausgedacht. Sie wollen mit einer Karikatur auf sinkende Zuschüsse des Landes aufmerksam machen. Das Cover gestaltet wie immer der Kölner Künstler RO Willaschek, der zugleich als Fachbereichsleiter für kulturelle Bildung der vhs Rhein-Sieg arbeitet. „Den Gürtel enger schnallen" heißt es für den abgebildeten vhs-Hörer schmerzhaft, für den nun höhere Entgelte anfallen könnten. Doch nur Stunden bevor die komplett gedruckte Ausgabe ausgeliefert werden soll, kommt vom vhs-Zweckverband der Stopp: mit diesem Cover nicht! So entscheidet der Siegburger Stadtdirektor Konrad Machens in seiner Funktion als Verbandsvorsteher. Für einen Neudruck fehlen Zeit und Geld. Also trennen in einer Nacht- und Nebelaktion die Mitarbeiterinnen und Mitarbeiter den Titel von 20.000 gedruckten Heften ab, die ohne Umschlag rausgehen. Diese Provinzposse erzählt eine Menge darüber, wie Land und Kommunalpolitik Einfluss auf die Volkshochschularbeit in den frühen 1980ern nahmen und wie harmlos die Ausbruchversuche aus dieser Verstrickung letztlich blieben.

Erinnert sei zunächst daran, dass die Volkshochschulen in NRW sinkende Landeszuschüsse auffangen müssen. Seit den frühen 1970er Jahren waren sie stetig angestiegen, um nun mit der Gesetzesänderung von 1981 gedeckelt zu werden. Die Belastung der öffentlichen Haushalte durch Ausgaben für etwas, was man die „flächendeckende Grundversorgung" nennt, sollte begrenzt werden – auch unter einer „roten" Landesregierung. Zugleich wollte man mehr Markt, also eine größere Beteiligung der Volkshochschulnutzerinnen und -nutzer an den Kurskosten. Die Frage, zu welchen Anteilen Volkshochschulkurse von den Teilnehmenden finanziert werden sollten und welche Förderpflichten für Land und Kommune aus dem Anspruch der Grundversorgung abgeleitet werden können, ist ein Dauerbrenner. Ihre Beantwortung war und ist stets eine bildungspolitische Standortbestimmung, schließlich geht es hier auch um den niedrigschwelligen Zugang zu Bildung und damit um die Weiterbildungsbeteiligung breiter Bevölkerungskreise. In diesen Diskussionskontext hinein platzierte die vhs Rhein-Sieg die Willaschek-Karikatur.

Aber ging es den Siegburgern wirklich um eine Positionsbestimmung der Volkshochschule in der Frage, wie man sich zwischen Markt und öffentlicher Daseinsvorsorge verortet? In informierten Kreisen vor Ort hält man den subversiven Akt weniger für einen ernst gemeinten Beitrag zu einer öffentlichen Debatte als vielmehr für einen Schuljungenstreich mit parteipolitischem Anstrich. Willascheks Cover-Idee dürfte Delling deshalb gefallen haben, weil er als vhs-Leiter mit CDU-Parteibuch gegen das SPD-regierte Land Stimmung machen konnte. Normalerweise wäre das Cover nie auf die Tagesordnung einer Zweckverbandssitzung gelangt, doch ein SPD-Kreistagsmitglied und vhs-Mitarbeiter hatte erbost ein Exemplar als Corpus Delicti im Gepäck. Warum die CDU-dominierte Delegiertengruppe aus den neun Mitgliedskommunen die Provokation Dellings vereitelte, bleibt am Ende Spekulation. Die Protokolle der Zweckverbandssitzung dokumentieren, dass die SPD mit einer einstweilen Anordnung gegen die Verbreitung drohte. Man sprach von „CDU-Wahlkampf" auf Kosten der Volkshochschule. Auch aufseiten der CDU-nahen Verwaltungsbeamten überwog Skepsis, da man die Karikatur auf dem Titel für eine ungeeignete Kommunikationsform hielt. Eine Diskussion um die Sache blieb aus – ebenso wie Konsequenzen für die Urheber.

Aus heutiger Sicht betrachtet, hat sich die vhs Rhein-Sieg mit der Karikatur als kreativ und politisch aufmüpfig präsentiert. Sie schloss an eine studentische Protestkultur der späten Sechziger an, die in bürgerliche Milieus verzögert Einzug gehalten hatte. Offenbar stand diese Kultur Ende 1982, da die öffentlichen Debatten unter dem Zeichen einer „geistig-moralischen Erneuerung" (Helmut Kohl) standen, bei Mitarbeitenden der Volkshochschulen in voller Blüte. Wer durch die Marketing-Brille auf das Cover von 1983 blickt, reibt sich verwundert die Augen: ins Haus stehende Preiserhöhungen für Teilnehmende als Titelthema? Kann man wirksamer die eigenen Kunden verprellen? Vielleicht hatte Stadtdirektor Machens eine leise Ahnung, dass die solidarisch gemeinte Botschaft bei den Bürgern im Einzugsgebiet der Volkshochschule nicht gut ankommen würde.

PETER BRANDT

beobachtet das Weiterbildungsgeschehen als Mitherausgeber der Zeitschrift *weiter bilden*, besonders die Entwicklungen rund um Bonn, wo er wohnt und arbeitet.

Ein Song verändert die Volkshochschule

Am 4. Juni 1984 wird die Single „Männer" von Herbert Grönemeyer veröffentlicht. Als „außen hart und innen ganz weich" analysiert der Musiker darin das als stark bezeichnete Geschlecht. Dagegen erscheinen Volkshochschulen – so wie weite Teile des Bildungssektors – weiblich. Wer aufmerksam durch eine Volkshochschule geht, stellt fest: Teilnehmerinnen und Mitarbeiterinnen dominieren das Bild. Der einzig sichtbare Mitarbeiter ist zumeist ein Haustechniker – und in der ein oder anderen Leitungsposition halten Männer die Stellung.

Warum Grönemeyers Appell dennoch Wirkung gezeigt hat und wie Männer und Bildung zusammengeführt werden können, verrät das singende Gewissen des Ruhrgebiets Sascha Rex vom Deutschen Volkshochschul-Verband in einem Interview, das so nie geführt wurde ...

SASCHA REX: Herr Grönemeyer, das Jugendmagazin Bravo nannte Ihren Song kurz nach Erscheinen eine „griffige Männer-Anmache". Der *Spiegel* analysierte tiefgründig: „Halb Satire, halb Eloge, teils Men's Lib, teils Chauvi-Restauration, scheint der Song den Nerv aller (emanzipationsgeschädigten?) Männer getroffen zu haben." Wie sehen Sie den Erfolg Ihres Songs?
HERBERT GRÖNEMEYER: In nahezu allen Bereichen wurde mein Anliegen wahrgenommen. Es wurden Schutzräume für Männer gebildet und die Emanzipation der Frau aufgehalten. Glauben Sie, heute wären in führenden Positionen der Wirtschaft immer noch fast ausschließlich Männer, wenn ich 1984 nicht auf ihre prekäre Situation hingewiesen hätte?

REX: Wie erklären Sie sich, dass sich Volkshochschulen diesem „Trend der Vermännlichung" verweigern konnten?
GRÖNEMEYER: Jetzt übertreiben Sie mal nicht. Professor Ekkehard Nuissl konstatiert im Handbuch der Weiterbildung resigniert: „Männerbildung als eine Bildungsarbeit, die spezifisch männliche Probleme und Defizite aufgreift und bearbeitet, existiert [...] praktisch nicht." Aber zarte Pflänzchen gab es dennoch: Bereits im ersten Jahr der Veröffentlichung von „Männer" stiegen die Unterrichtsstunden in Volkshochschulen im Fach Informatik/Datenverarbeitung um mehr als 100 Prozent. Übrigens im einzigen „Stoffgebiet", das in den 1980er Jahren mehrheitlich von männlichen Teilnehmern besucht wurde.

REX: Konnten Sie in den vergangenen 30 Jahren weiteren Einfluss auf die Bildungsarbeit der Volkshochschulen mit Ihren kritischen Texten nehmen?

BILD Bereits das Cover unterstreicht das Bildungsanliegen: Kreideschrift auf tafelähnlichem Untergrund

GRÖNEMEYER: Ja, auch wenn Wissenschaftler die Männerbildung in Volkshochschulen praktisch totsagen, so zeigt sich doch ein enger Bezug zwischen meinen lyrischen Zeilen und der praktischen Bildungsarbeit für das Minderheitengeschlecht. Immer greifen Pädagogen auf meinen Text zurück, um mit ihren Kursausschreibungen Männer für Bildung zu begeistern.

REX: Können Sie Beispiele benennen?
GRÖNEMEYER: Unter dem Titel „Unter Männern" bietet die vhs Braunschweig eine Gesprächsgruppe an, die sich der Frage „Wann ist ein Mann ein Mann?" stellen soll. An der Ulmer Volkshochschule gab es sogar eine eigene Männerakademie, die meine Liedzeile für ein Programm verschiedener Bildungsangebote nutzte. In dieser konnten sich Männer endlich auch einmal Themen wie dem Bau einer Dampfmaschine, Kettensägen oder Schweißen widmen. Und als die vhs Ahrensburg 2009 feststellte, dass die Beteiligung von Männern an ihrem Bildungsangebot unter 20 Prozent gesunken war, versuchte man mit Verweis auf meine Person und mit „mittelalterlichem Schwertkampf" entgegenzusteuern. An der Berliner vhs in Steglitz-Zehlendorf versuchte man die Männerbeteiligung mit einer kompletten „Themenwoche Männerleben" zu steigern. Bereits 1984 hatte ich versucht, auf die desaströse gesundheitliche Situation von Männern aufmerksam zu machen. Dies wurde jedoch von der vhs Darmstadt erst 2017 aufgegriffen. Auch wenn es fast schon zu spät ist, wurde ein Expertenforum Männermedizin angeboten, das auf meiner treffenden Analyse „Männer können alles, Männer kriegen 'nen Herzinfarkt" fußte.

REX: Liegt Ihnen denn die Gesundheit Ihrer Geschlechtsgenossen besonders am Herzen?
GRÖNEMEYER: Hier gilt es, mithilfe von Bildungsangeboten einer biologischen Ungerechtigkeit wie dem ungleich verteilten Lebensalter Abhilfe zu schaffen. Deshalb begrüße ich sehr, dass Krankenkassen mittlerweile Yoga-Kurse für Männer bezuschussen wie an der Rostocker vhs. Hier zeigt sich nach fast 30 Jahren deutscher Einheit, dass mein Anliegen der männlichen Gleichberechtigung in allen Lebensbereichen zumindest auch im sogenannten Osten gehört wird. Dass Volkshochschulen wie Stendal zwischenzeitlich einen Männerstammtisch eingerichtet haben, dessen monatliche Treffen jeweils eine Liedzeile meines Songs als Motto heranziehen, zeigt, dass auch die Erwachsenenbildung gelernt hat, dass mithilfe aufsuchender Bildungsarbeit schwer erreichbare Zielgruppen da abgeholt werden müssen, wo sie stehen oder – wie im Fall der Männer – sitzen.

REX: Die Volkshochschulen werden doch vielfach vor allem mit sprachlicher und kultureller Bildung identifiziert. Konnten Sie hier auch weiterhelfen?
GRÖNEMEYER: Selbstverständlich habe ich mir das gelungenste Beispiel für den Schluss unseres Gesprächs aufgehoben. Die Tübinger vhs hat 2006 in einem besonderen Kurs versucht, meine grundlegende Frage „Wann ist ein Mann ein Mann?" zu beantworten. Einen Augenblick, ich zitiere aus der Kursausschreibung: „In der Darstellung des männlichen Körpers können Sie sich diese Frage auf Ihre individuelle Weise beantworten." Ich hoffe, dass der Kurs „Männerportrait – Männerakt" eingelöst hat, was ich mit meiner Frage angeregt habe.

SASCHA REX
setzt sich für Geschlechtergerechtigkeit ein. Im vielfach weiblich dominierten Volkshochschulsystem kommt für ihn die Männerförderung zu kurz.

Auf der Weltbühne der Erwachsenenbildung

„Ladies and Gentlemen, adult education meets, at the one and the same time, two vital needs. On the one hand, it allows those who are already engaged in active life to exercise fully their right to education. On the other hand, it helps the greatest number of people to adapt continuously to the many rapid changes that characterize out time. Adult education is therefore a means of individual fulfilment and enrichment, widening the cultural and intellectual horizons of all those concerned." Mit diesen Worten begrüßte der damalige Generalsekretär der UNESCO Amadou-Mahtar M'Bow die Teilnehmerinnen und Teilnehmer der vierten Internationalen Weltkonferenz der Erwachsenenbildung (CONFINTEA) der Organisation der Vereinten Nationen für Bildung, Wissenschaft und Kultur (UNESCO) in seiner Eröffnungsrede am 19. März 1985.

Die Konferenz wurde von insgesamt 841 Teilnehmerinnen und Teilnehmern aus 122 Mitgliedsstaaten besucht, darunter Vertreterinnen und Vertreter von Freiheitsbewegungen, anderen Organisationen der Vereinten Nationen und internationalen Nicht-Regierungsorganisationen. Der Deutsche Volkshochschul-Verband stellte mit dem damaligen Direktor Claus Kerner einen Vertreter in der deutschen Delegation. Mit Blick auf die Beteiligung von Teilnehmenden und Mitgliedstaaten stellte die vierte Weltkonferenz einen vorläufigen Höhepunkt dar. Nach der ersten Weltkonferenz für Erwachsenenbildung 1949 in Helsingør in Dänemark war die Resonanz bei den Staaten und Teilnehmenden stetig gewachsen. Das kann als Hinweis darauf gesehen werden, dass das Thema Erwachsenenbildung weltweit an Bedeutung gewann.

Von den jeweiligen Weltkonferenzen sind immer wieder wichtige Impulse für die Erwachsenenbildung und damit auch für die Volkshochschulen ausgegangen. In der Declaration of Conference der vierten Weltkonferenz in Paris wurde zunächst das Recht zu lernen betont und der Erwachsenenbildung wiederholt eine wichtige Rolle beim Umgang mit kulturellen und sozialen Aufgaben zugewiesen. Auch wurde großer Wert auf die Bedeutung von Erwachsenenbildung bei der Wahrung und dem Erhalt von Frieden gelegt. Neu war zudem, dass die UNESCO im Jahre 1985 auf die ökonomische und berufsbefähigende Funktion von Erwachsenenbildung abhob. Schließlich wurde die Notwendigkeit der Alphabetisierung in Entwicklungsländern, aber auch in den Industrieländern betont. Die Angebote der Volkshochschulen zur Alphabetisierung nahmen seit den späten 1980er Jahren sukzessive zu.

Die Weltkonferenzen für Erwachsenenbildung sind für den DVV und damit auch für die in dem Verband repräsentierten Volkshochschulen in doppelter Hinsicht von Bedeutung. Zum einen besteht über die Repräsentation in der Delegation, aber auch über die Beteiligung an der Konferenz als Nicht-Regierungsorganisation die Möglichkeit, eigene Positionen zu beziehen und damit letztlich auch UNESCO-Weiterbildungspolitik mitzugestalten. So hat etwa DVV International (vormals Institut für Internationale Zusammenarbeit des Deutschen Volkshochschul-Verbands, IIZ/DVV) hiervon immer wieder Gebrauch gemacht. Aber auch durch Internationale Nicht-Regierungsorganisationen wie die European Association for the Education of Adults (EAEA) werden die Interessen der Volkshochschulen immer wieder geltend gemacht. Zum anderen findet die Arbeit der Volkshochschulen und ihrer verbandlichen Organisationen durch die UNESCO Anerkennung. Bemerkenswert war diese Anerkennung wohl für den

BILD Generalkonferenz der UNESCO im Oktober 1985 im Kulturpalast Sofia

Deutschen Volkshochschul-Verband am 6. September 1985 in Paris, als Amadou-Mahtar M'Bow dessen internationale Arbeit in besonderem Maße würdigte.

Aber auch das Verständnis von Bildung und Weiterbildung der UNESCO ist im Einklang mit der Bildungsarbeit der Volkshochschulen und legitimiert damit nicht zuletzt die Aktivitäten: Erwachsenenbildung mit dem Ziel, Frieden zu sichern und für Gerechtigkeit und umfassende Teilhabe an der Gesellschaft zu sorgen. Im Grundverständnis der Volkshochschulen heißt dies: Bildung für alle, unabhängig von sozialer Schicht, Geschlecht, Bildungsabschluss und Alter, Religion, Weltanschauung und Staatsangehörigkeit. Oder, wie Amadou-Mahtar M'Bow es am Ende seiner Schlussrede formulierte: „Adult education is inseparable from an ideal of equity and solidarity which calls for growing international cooperation."

MICHAEL SCHEMMANN

forscht als Professor in Köln zur Internationalisierung der Erwachsenenbildung und hat zur Bildungspolitik der UNESCO habilitiert.

Katalysator der Umweltbildung

Sorge um den Erhalt der natürlichen Lebensgrundlagen und die Angst vor deren Zerstörung waren nicht neu in Deutschland, als sich die Nachricht von der Reaktorkatastrophe von Tschernobyl verbreitete. Doch das Ereignis in der Nacht vom 26. auf den 27. April 1986 veränderte mit einem Schlag das Leben in Deutschland. Das Land befand sich im Schock, nachdem in einigen Regionen radioaktive Partikel abgeregnet waren.

In nicht gekannter Dringlichkeit machte Tschernobyl die existenzielle Dimension der Umweltfrage bewusst: Wie kann ich mich persönlich schützen, was darf ich noch essen, welche gesundheitlichen Folgen können mich und meine Kinder treffen? Was zunächst vor allem persönliche Betroffenheit auslöste, offenbarte im weiteren Verlauf seine ganze Komplexität. Tschernobyl erschütterte die Menschen in ihrem Glauben an den technischen Fortschritt und – auf ganz perfide Weise – in ihrer Hoffnung auf Schutz innerhalb nationalstaatlicher Grenzen. Viele Volkshochschulen verschrieben sich in jenen Tagen zunächst dem Verbraucherschutz und leisteten Soforthilfe für eine zutiefst verunsicherte Bevölkerung. Expertinnen und Experten informierten über die Folgen des Fallouts auf Mensch und Natur, über die Jod- und Cäsiumbelastung von Lebensmitteln. Im Unterschied zur mitunter widersprüchlichen Berichterstattung in den Medien boten Volkshochschul-Veranstaltungen auch Gelegenheit zu Nachfragen und Diskussionen. Die Reaktorkatastrophe weckte bei den Menschen das Bedürfnis nach Wissen, Orientierung und Urteilskraft, nach persönlichem Austausch und danach, die allgemeine Hilflosigkeit gemeinsam zu überwinden.

Volkshochschulen griffen das Thema als Gegenstand der politischen Bildung und einer neuen Art der Umweltbildung auf und wurden so zu Aushandlungsorten und Denkstätten einer neuen Energiepolitik. Landauf, landab diskutierten Bürgerinnen und Bürger über den Ausstieg aus der Kernenergie, über alternative Energiekonzepte und Grundfragen der Ökologie. „Können wir auf Kernenergie verzichten?", fragte beispielsweise die vhs Bocholt-Rhede-Isselburg. Die vhs Hof lud ein zu einer Diskussion über „Ausstieg aus der Kernenergie – Möglichkeiten und Perspektiven". Viele Veranstaltungen fanden in enger Kooperation mit Umweltverbänden und -initiativen statt. So wurden auch die Volkshochschulen ein wichtiges außerparlamentarisches Forum umweltpolitischer Debatten und ein Kristallisationspunkt einer sich dynamisch formierenden, neuen sozialen Bewegung.

Tschernobyl wurde zum Symbol für die unbeherrschbaren Risiken der Atomkraft und zur Geburtsstunde einer neuen Umweltpolitik. Die Vernetzung des Umweltschutzes mit globalem Denken und Handeln berührte die Volkshochschulen tief in ihrem Selbstverständnis, war doch ihr Bildungsansatz schon immer grenzüberschreitend und darauf ausgerichtet, das Verständnis globaler Zusammenhänge und ihrer Auswirkungen auf die individuellen Lebensverhältnisse zu fördern. Die enge Verzahnung von Umweltbildung mit globalem Lernen hat seit Tschernobyl beständig an Bedeutung gewonnen. Unter dem Motto „Global denken, lokal handeln" wurden Volkshochschulen nach dem Umweltgipfel in Rio de Janeiro 1992 in vielen Kommunen zu wichtigen Partnern der Lokalen Agenda 21. Unter der Überschrift „Bildung für nachhaltige Entwicklung" (BNE, Sustainable Development) reflektieren Menschen seither auch an Volkshochschulen, wie sich das eigene Handeln auf künftige Generationen oder das Leben in anderen Weltregionen auswirkt.

BILD Fiktion einer heilen Umwelt

Die immense Bedeutung von Themen wie Klimawandel, Artensterben oder Ozonloch steht allerdings im Widerspruch zu einer insgesamt eher bescheidenen Teilnahmequote an Kursangeboten in der Umweltbildung. Das Konzept für eine nachhaltige Entwicklung basiert auf ethischen Prinzipien wie Verantwortung, Gerechtigkeit und Solidarität. Sie berühren im weltweiten Maßstab die Frage nach dem Zusammenleben der Menschen untereinander, nach dem Verhältnis des Menschen zur Natur und nach der Verantwortung für nachfolgende Generationen. Sich dieser Komplexität und den Konsequenzen für die eigene Lebensweise zu stellen, verlangt dem Einzelnen viel ab. Es zählt zu den anspruchsvollsten Herausforderungen der Volkshochschularbeit, über globale Interdependenzen aufzuklären, Möglichkeiten der politischen Einflussnahme aufzuzeigen und sinnvolle Handlungsansätze für den Einzelnen zu verdeutlichen.

ULRICH AENGENVOORT

war vor seiner Zeit als Verbandsdirektor des DVV im Verbraucherschutz aktiv und erinnert sich noch lebhaft an die aufgeregten Wochen nach dem Reaktorunfall.

Prominente gegen Analphabetismus

1987, Donnerstagabend, Drittes Fernsehprogramm: Fast überall in Westdeutschland gab es nach dem Spielfilm einen kleinen Extra-Beitrag. Darin informierte unter anderem der Fernseh-Kommissar Götz George über Analphabetismus bei deutschsprachigen Erwachsenen und die Möglichkeiten, etwas dagegen zu unternehmen. Eine Teilnehmerin berichtete, wie es bei ihr gekommen war, dass sie nicht richtig lesen und schreiben gelernt hatte. In einem Infoblock wurde eine Telefonnummer eingeblendet, unter der man sich informieren konnte. Oder die Tagesschau-Sprecherin Dagmar Berghoff flimmerte über den Bildschirm und sprach über die gesellschaftliche Tabuisierung des Themas sowie Kursangebote zum Lesen- und Schreibenlernen.

Mit dem bundesfinanzierten Projekt „Alphabetisierung im Medienverbund" beschritten die norddeutschen Landesverbände und ihre Volkshochschulen, der Norddeutsche Rundfunk und das Adolf-Grimme-Institut seit kurzer Zeit neue Wege. Ein Kernstück des Projektes waren zehn Fernsehspots mit zehn prominenten Persönlichkeiten und zehn Kursteilnehmenden, die in der ersten Staffel im Herbst 1986 in Schleswig-Holstein, Niedersachsen, Hessen, Hamburg, Bremen und Berlin an den Fernsehstart gegangen waren. Der Westdeutsche Rundfunk produzierte weitere eigene Spots mit regionalen Fernsehgrößen und begann im bevölkerungsreichsten Bundesland Nordrhein-Westfalen Anfang 1987 mit der Ausstrahlung.

Während der NDR auf Bildungswerbung setzte, verfolgte der Bayerische Rundfunk neben der Aufklärung der Öffentlichkeit und der sozialen Bezugsgruppen der Betroffenen ein anderes Ziel. Die betroffenen Erwachsenen selbst sollten angeregt werden, sich mit dem Lesen und Schreiben zu beschäftigen oder Kontakt zu anderen Betroffenen zu suchen, um lesen und schreiben lernen und die damit verbunden Ängste abbauen zu können. Die Sendungen im BR, ebenfalls 1987 ausgestrahlt, enthielten deshalb auch Lerneinheiten.

Die Fernsehspots waren ein wesentliches, besonders augenfälliges und öffentlichkeitswirksames Element im Medienverbund. Viele bekannte Prominente wie Manfred Krug oder Götz Georges „Tatort"-Partner Eberhard Feik, Marianne Koch oder Dagmar Berghoff stellten sich in den Dienst der Sache und informierten und motivierten Zuschauer mit großem Engagement. Der Spot mit Götz George avancierte zum Quotensieger: Sein raubeiniges Schimanski-Image eines Kumpels, bei dem im Leben auch nicht alles glattgelaufen war, sprach die Zielgruppe an und sorgte für besonders viele Anrufe in den Beratungsstellen. Der Medienverbund umfasste darüber hinaus – natürlich zur damaligen Zeit ganz analog – eine Vielzahl weiterer Fernseh- und Rundfunkbeiträge, ermöglichte die ausstrahlungsunabhängige Nutzung des Fernsehangebotes, ergänzte mit mediendidaktischen Schulungen, Fachtagungen und Konferenzen. Der Südwestfunk Baden-Baden begann das Jahr 1988 mit einer Aktionswoche mit längeren und kürzeren Beiträgen im Fernseh- und Radioprogramm. Weitere Kampagnen, etwa die Kino-Werbung „Schreib Dich nicht ab", folgten in den 1990er Jahren.

Die öffentlich-rechtlichen Sendeanstalten machten sich für das Thema stark – und das zeigte Wirkung. Nicht nur in messbaren Zuwächsen bei den Kursen, sondern auch in der öffentlichen Wahrnehmung.

BILD Szenen aus dem TV-Werbespot mit Eberhard Feik

1987 — ÖFFENTLICHKEITSARBEIT

Die Aktionen waren keineswegs unumstritten. Ist es vielleicht ein bisschen viel der Aufmerksamkeit? Weckt man womöglich Hoffnungen, die nicht erfüllt werden können – weil das Lernen eben doch nicht so einfach ist? Gibt es genügend Kursplätze für eine steigende Nachfrage? Ist das Fernsehen das geeignete Medium – zumal die Dritten Programme? Darf man werben, wenn die Infrastruktur nicht ausreichend finanziert ist? Die allesamt sehr berechtigten Einwände machten Probleme bewusst und Lösungen sichtbar.

Die Kampagne entpuppte sich als gelungenes Zielgruppenmarketing. Betroffene, Angehörige und Interessierte erfuhren von den Beratungsmöglichkeiten und Kursangeboten und nutzten sie. Die Aktion trug dazu bei, dass ein Tabuthema öffentlich gemacht und als gesellschaftliche Bildungsaufgabe wahrgenommen wurde. Und schlussendlich profitierten die Volkshochschulen, Bildungseinrichtungen und Vereine wie der Bundesverband Alphabetisierung und Grundbildung, die sich nachhaltig des Themas angenommen haben. Von der ersten Ausstrahlung 1986 bis zur letzten im Jahr 1990 waren die Volkshochschulen mindestens einmal in der Woche im Fernsehen – wer kann das schon von sich sagen? Wenn Prominente für Bildung werben, ist es viel mehr als die Bekanntmachung eines konkreten Themas. Es ist ein Plädoyer für das Lernen überhaupt, für die öffentliche Bildungsverantwortung und für die Volkshochschule, die für das Lernen steht.

MONIKA PETERS

machte die Alphabetisierungsarbeit der Volkshochschulen unter anderem durch ihre Tätigkeit für den Landesverband Schleswig-Holstein bekannter.

Spitzenpolitik im Verband

Es war in vielerlei Hinsicht ein Meilenstein in der Entwicklung der deutschen Volkshochschulen und ihres Dachverbands, als Rita Süssmuth in der Mitgliederversammlung am 24./25. April 1988 in Ludwigshafen einmütig zur Präsidentin des Deutschen Volkshochschul-Verbands gewählt wurde. Sie war 1988 die erste Frau an der Spitze des DVV, der bis dahin nur Männer als Präsidenten, geschäftsführende Vorsitzende und Verbandsdirektoren gekannt hatte. Sie war die erste Präsidentin, die gleichzeitig bedeutende politische Ämter bekleidete, etwa als Bundesministerin für Jugend, Familie, Frauen und Gesundheit, als Bundestagspräsidentin, als Bundesvorsitzende der Frauen-Union und als Präsidiumsmitglied der CDU.

Das Ansinnen, die Präsidentschaft zu übernehmen, wurde sowohl von der Spitze des Verbands als auch aus der Bundesregierung an Süssmuth herangetragen. Dies muss auch als Ausdruck der bundesweit gestiegenen Bedeutung und Anerkennung der Erwachsenenbildung und der allgemeinen Weiterbildung insgesamt verstanden werden. Mit einer hochrangigen Politikerin und einer fachlich bestens ausgewiesenen Erziehungswissenschaftlerin war hierfür eine Persönlichkeit mit einer langfristigen Perspektive gefragt. Im Verlauf ihrer Amtsperiode, die länger währte als jede Präsidentschaft zuvor, bildete Rita Süssmuth zusammen mit ihren Vorstandsteams ein stabiles Zentrum von Interessenvertretung und Dienstleistung für die Volkshochschulen, von öffentlicher Projektträgerschaft für die Regierungen in Bund und Ländern sowie von Agenda-Setting und Innovation in die Gesellschaft hinein. Ihr Engagement und die Fragestellungen und Herausforderungen, mit denen sie konfrontiert wurde, waren umfangreich: Angefangen von Fragen der Besteuerung bis hin zur Gründung einer eigenen erfolgreichen Einrichtung für europaweit anerkannte Sprachentests, von den staatlich finanzierten Integrationskursen bis hin zur Erwachsenenbildung in der Entwicklungszusammenarbeit, von der Sensibilisierung für Alphabetisierung und Grundbildung bis hin zur Umsetzung erweiterter digitaler Lernwelten.

Die Ära Süssmuth steht für eine historisch neue Phase, die von wachsendem Konsens und institutioneller Kooperation in der Weiterbildung gekennzeichnet war. Ohne die Bereitschaft zu verbandlichem Konsens und auch zu parteiübergreifender Kooperation wären die erste Wahl der Präsidentin und ihre siebenmalige Wiederwahl gewiss nicht möglich gewesen. Mit ihrer Persönlichkeit und ihrer beispielgebenden Arbeit hat Rita Süssmuth auch andere Spitzenpolitikerinnen und -politiker auf Bundesebene und in den Landesverbänden für die Sache der Volkshochschulen begeistert, sodass diese führende Ämter übernahmen. Das gestiegene Interesse an Weiterbildung als Teil des Grundrechts auf Bildung mag hierzu ebenfalls beigetragen haben.

Dahinter stand auch ein allgemeiner Trend hin zu einer stärkeren Vernetzung öffentlicher Organisationen mit dem demokratischen System von Parteien, Regierungen und Verwaltungen, um so die inhaltliche Beteiligung und finanzielle Absicherung zu stärken sowie die öffentliche Aufmerksamkeit zu vergrößern. Das wird für die Volkshochschulen mittlerweile als Erfolgsmodell bewertet. Rita Süssmuth war hierbei eine Pionierin und ihr Lebensmotto „Das wollen wir doch erst einmal sehen!" hat die Arbeit der Volkshochschulen geprägt.

1988

VERBANDSPOLITIK

Von den Jahren 1988 bis 2015 sagen manche, dass Deutschland und Europa erst in dieser Zeit, nach Krieg, Faschismus und Kommunismus, wieder zu sich, zu Freiheit und der Möglichkeit einer eigenen Identität gefunden haben. In diese 27 Jahre fielen für die Präsidentin der Volkshochschulen Ereignisse wie die Deutsche Einheit und der Beitritt der ostdeutschen Volkshochschul-Landesverbände zum DVV sowie die Erweiterung der Europäischen Union. Die Präsidentin war Bannerträgerin in der Emanzipationsbewegung der Geschlechter und setzte schon in ihrer ersten Amtsperiode bleibende Zeichen bei der Gleichstellung von Frauen, später im Gender-Prozess. Für Einwanderung und Integration zeigte sie von Anfang an eine offene, ethisch wie realpolitisch klar begründete Haltung. Parteiliches und überparteiliches Wirken im Dienste einer freien Bildung zu verbinden, die Menschen stärkt und Sachverhalte klärt, beschreibt einen bedeutenden Teil der Lebensmission von Rita Süssmuth. Dieser Antrieb und ihr Wille, zum Menschenrecht auf Bildung für alle beizutragen, haben die 27 Jahre ihrer Präsidentschaft und die Volkshochschulwelt bleibend geprägt.

ERNST DIETER ROSSMANN

erlebt als Vorsitzender des DVV das Verdienst Rita Süssmuths für Positionierung und Wahrnehmung der Volkshochschulen.

Reisen bildet – grenzüberschreitend

Am 1. April 1989 machte sich eine Gruppe von 45 Teilnehmenden aus der Region Untermosel auf den Heimweg von einer Studienreise in die DDR – genau 222 Tage vor dem Fall der Mauer. Ihre Fahrt ist gut dokumentiert, allerdings nicht, weil die Teilnehmenden ein sorgfältiges Reisetagebuch veröffentlicht hätten. Autor dieses „Reiseberichts" ist vielmehr ein Oberst W., der ihn am 3. Mai 1989 an die Leitung des Ministeriums für Staatssicherheit ablieferte. Hat der Stasi-Mitarbeiter im „Schicksalsjahr 1989" ein Bildungsereignis festgehalten?

Dass Reisen bildet, ist eine sprichwörtliche Erkenntnis, und aus der Volkshochschulbewegung gingen von Anfang an Impulse für pädagogisch angelegte Reisen aus. Von Thüringen aus reiste beispielsweise Adolf Reichwein Ende der 1920er Jahre mit Teilnehmenden nach England und Skandinavien. Bildungsreisen sollten das Wissen über andere (Nachbar-)Länder vertiefen, aber auch und gerade der Verständigung unter den Völkern dienen. Und natürlich sind sie ein soziales Ereignis: Die Teilnehmenden tauschen sich untereinander aus, und nicht zuletzt geht es um touristische Unterhaltung. In den Programmen der Volkshochschulen hatten und haben Bildungsreisen regelmäßig einen festen Platz.

In dem Bericht, der von der Reise der vhs Untermosel vorliegt – und der doch für so ganz andere Zwecke verfasst wurde –, findet sich manches davon wieder: Es kommt zu einer Begegnung mit einer „nicht namentlich bekannten weiblichen Person" und es ist bezeichnend, dass deren Schilderung allein 13 Zeilen des insgesamt etwa 100 Zeilen langen Berichts in Anspruch nimmt, obwohl eigentlich nichts passiert zu sein scheint. Auch dass die Reisegruppe „nicht öffentlichkeitswirksam in Erscheinung" trat, wird gewissenhaft vermerkt. Gegenseitige Begegnung kann eben auch gefährlich sein und ein autoritärer Staat notiert entsprechend erleichtert, wenn sie die Ausnahme bleibt. Dabei werden, wie der Berichterstatter an anderer Stelle vermerkt, auf der Reise durchaus auch falsche Vorurteile korrigiert: die Vorstellung etwa, dass es nichts einzukaufen gäbe oder dass „rechts und links der Autobahn nur kaputte Fahrzeuge stehen" würden.

Am bedeutungsvollsten ist bei der Bildungsreise aber wohl die Auseinandersetzung mit dem, was noch unbekannt ist. Wichtig, und für diesen Veranstaltungstyp charakteristisch, ist dabei die Vorbereitung. „Man sieht nur, was man weiß", lautet eine bekannte Goethe-Paraphrase, also muss man etwas wissen. Im vorliegenden Fall ist nur bekannt, dass die Gruppe durch einen Vortrag informiert wurde (der leider sogar Quelle mancher der Vorurteile war).

Zwar ist auch das Widerlegen von Vorurteilen ein (mitunter höchst eindrückliches) Bildungsereignis, in der Regel galten und gelten für Bildungsreisen aber höhere Ansprüche an Umfang und Richtigkeit dessen, was vor der Reise vermittelt wird. Denn ohnehin bereitet man sich letztlich immer auf eine Welt vor, die man eben noch nicht wirklich kennt, die so manche Überraschung bereithalten mag und die mehr und anderes zu bieten hat, als jede Fachinformation vorwegzunehmen vermag. Dass es bei einer Reise in die DDR 1989 noch ganz anderes, Subtileres wahrzunehmen gab als das Warenangebot der Läden, ist aus der Rückschau klar. Und so geht es bei der Vorbereitung auch darum, sich (möglichst angeleitet)

BILD   Auszug aus dem Stasi-Bericht

auszutauschen und als Gruppe für Neues empfänglich zu machen. Vielleicht ist es ein Ergebnis solchen Austauschs, wenn im Bericht auch festgehalten wird: „Mehrere Teilnehmer waren der Ansicht, daß eine Wiedervereinigung der deutschen Staaten unausbleiblich ist, ohne sich dabei jedoch", wie beinahe beruhigend ergänzt wird, „zeitlich festzulegen". Und auch heute, in einer scheinbar so durchgehend touristisch erschlossenen und gleichsam „entdeckten" Welt, mag es weiterhin so manches Bildungsreiseziel geben, an dem man – gut vorbereitet, neugierig und aufgeschlossen – Neues entdeckt und vielleicht sogar eine Vorahnung von dem erlebt, was erst die Zukunft bringen wird.

HENNING PÄTZOLD

ist Professor für Organisationspädagogik und forscht zum Lernen von, in und zwischen Organisationen.

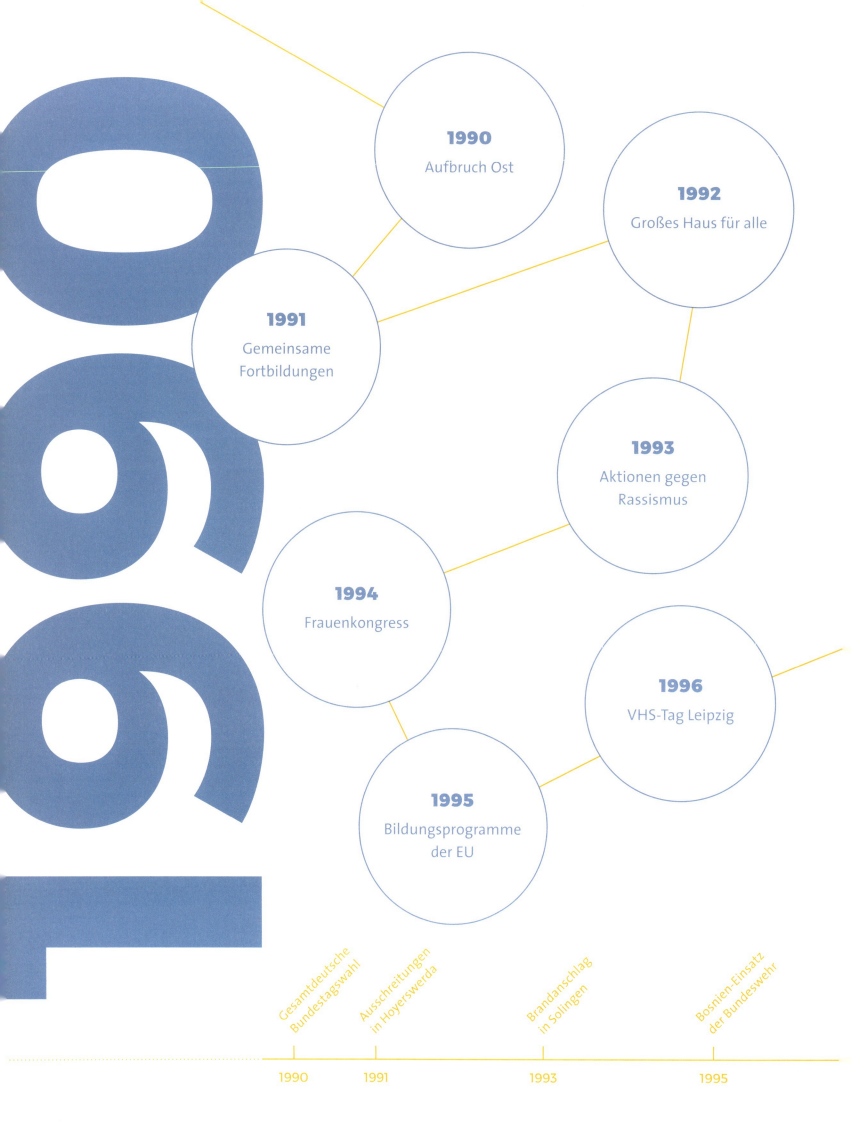

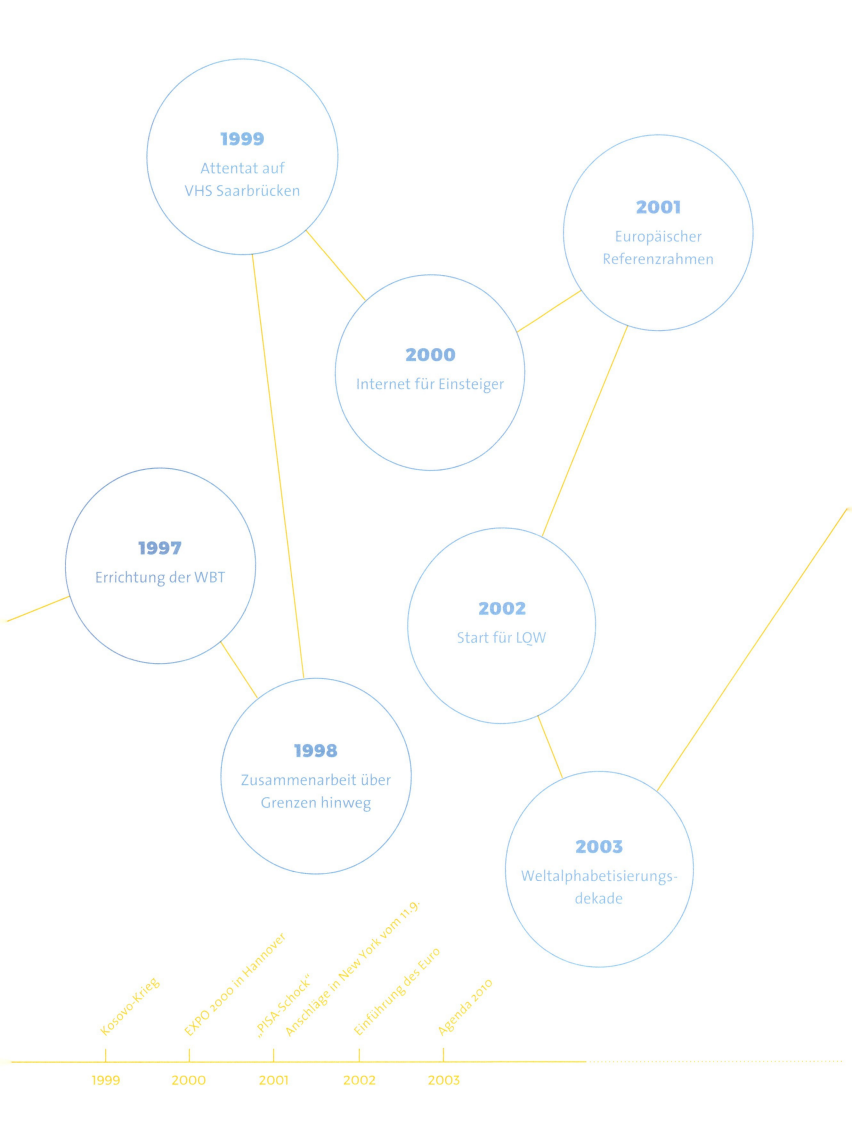

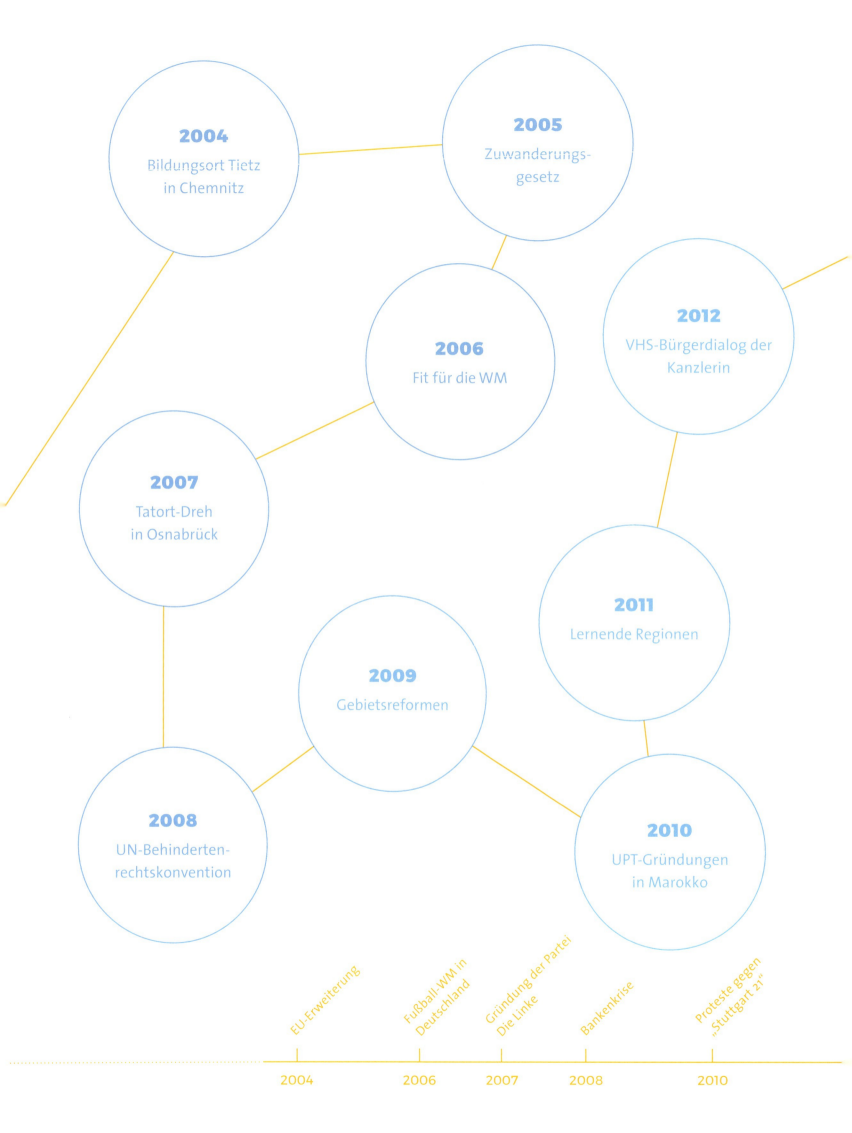

Aufbruch in der Erwachsenenbildung

Die gemeinsame Arbeitstagung von ost- und westdeutschen Volksbildnern in Hannover, die am 28. und 29. Januar 1990 stattfand, stellt ein zentrales Ereignis für die Neuorientierung der ostdeutschen Volkshochschulen dar. Man tauschte sich hier über Strukturen der künftigen Arbeit sowie über mögliche gesetzliche Grundlagen aus und knüpfte Kontakte für die konkrete Zusammenarbeit.

Bis Ende 1989 hatten die 220 Volkshochschulen in der DDR als staatlich geleitete und finanzierte Bildungseinrichtungen gearbeitet. Ausgelöst durch die Veränderungen im Zuge von Glasnost und Perestroika in der Sowjetunion wurde jedoch an den Volkshochschulen schon vor 1989 über eine Weiterentwicklung der im Jahr 1982 staatlich verordneten Volkshochschulordnung heftig diskutiert. Mit dem Rücktritt der DDR-Regierung am 7. November 1989 und mit der zwei Tage später erfolgten Öffnung der deutsch-deutschen Grenze ergaben sich dann auch für die Volkshochschule endlich neue Gestaltungsmöglichkeiten. In Hannover diskutierten nun die Vertreter und Vertreterinnen aus den Einrichtungen Fragen der Trägerschaft, der Personalbesetzung, der Finanzierung sowie der inhaltlichen Ausrichtung. Die Suche nach dem „richtigen" Weg gestaltete sich durchaus kontrovers: Auf der einen Seite gab es Bestrebungen, Volkshochschulen als staatliche Schulen fortzuführen. Auf der anderen Seite stand die Idee einer Neuausrichtung der ostdeutschen Volkshochschulen.

Der Sprecherrat der ostdeutschen Initiative Volkshochschule unterbreitete Anfang 1990 Vorschläge zur Erneuerung der Arbeit der Volkshochschulen in den ostdeutschen Bundesländern. So wurde etwa diskutiert, dass die Volkshochschulen auf Basis der DDR-Verfassung arbeiten, aber parteipolitisch unabhängig sein sollen. Sie sollten als eigenständiger staatlicher Schultyp etabliert werden. Der DVV richtete eine Zentralstelle für deutsch-deutsche Zusammenarbeit sowie ein Projekt „Hilfe zur Selbsthilfe" ein. Auf diese Weise erhielten ostdeutsche Volksbildner umfassende Unterstützung, Ideen und Materialien, Rat und Fortbildungen. Insbesondere das Treffen in Hannover brachte den Delegierten aus der DDR die Erkenntnis, dass die Volkshochschulen der DDR unter den sich entwickelnden politischen Verhältnissen eine Interessenvertretung benötigten. Bereits am 14. März 1990 wurde der Thüringer Volkshochschulverband gegründet, unmittelbar danach entstanden weitere ostdeutsche Verbände. Sie sollten die Existenz der Volkshochschulen sichern, Rahmenbedingungen für die pädagogische Arbeit schaffen und Fortbildungen organisieren.

Volkshochschulen sprachen „mit einer Stimme", als es etwa um die zukünftige Ausgestaltung von Erwachsenenbildungsgesetzen und die Rolle der Volkshochschulen ging. Gemeinsam konnten so Ängste und Unsicherheiten abgebaut und Zukunftsperspektiven aufgezeigt werden. In allen ostdeutschen Bundesländern gelang es, Volkshochschulen als kommunale Weiterbildungseinrichtungen zu verankern. Doch die Arbeit der ostdeutschen Landesverbände gestaltete sich anfangs äußerst schwierig: Sie erfolgte auf ehrenamtlicher Basis, ohne finanzielle Mittel. Es gab schlechte Telefonverbindungen, der Briefverkehr dauerte mehrere Tage und für die Teilnahme an den mindestens monatlich stattfindenden Vorstandssitzungen waren große Distanzen auf den noch löchrigen Straßen zu überwinden.

POLITISCHER WANDEL 1990

Auch gab es kaum personelle Kontinuitäten in der Verbandsarbeit, da viele Direktoren von Einrichtungen aus ganz unterschiedlichen Gründen ausschieden. Gerd Matzky, der von 1987 bis 2008 Leiter der Volkshochschule in Anklam und vhs-Leiter in Mecklenburg-Vorpommern war, erinnert sich: „Wir waren oft stundenlang zu den Sitzungen unterwegs, aber es war uns wichtig. Im Nachhinein ist es erstaunlich, wieviel Energie wir für diese Arbeit freisetzten."

Überlegungen, einen Volkshochschulverband der DDR zu gründen, wurden wegen der sich ankündigenden Vereinigung der beiden deutschen Staaten verworfen. Stattdessen wurde am 5. Juli 1990 ein „Rat der Landesverbände" ins Leben gerufen. Dieser sollte den Beitritt der neuen Landesverbände zum Deutschen Volkshochschul-Verband vorbereiten. Auf der 39. Mitgliederversammlung des DVV am 21. und 22. April 1991 stellten die ostdeutschen Landesverbände den Antrag, in den DVV aufgenommen zu werden. Dass die Anträge angenommen wurden, war Grundlage für einen gemeinsamen Weg der Volkshochschulen in den „alten" und „neuen" Bundesländern.

SYLVIA KRÄNKE & INES POLOSKI-SCHMIDT

leiten die Volkshochschullandesverbände in Thüringen und Mecklenburg-Vorpommern und haben die „Wende" der Erwachsenenbildung persönlich erlebt.

Verlust von Traditionen

Arbeitsmaterialien und Fotokopierer waren das Erste, was die Volkshochschulen in den neuen Bundesländern erhielten. Aber sollte das reichen? Und so folgten auf diese Frage viele weitere: Wie können neue Angebote für das Lernen Erwachsener entwickelt werden, die nicht als Neuauflage zentralstaatlicher Auflagen verstanden würden. Wie könnte der Umbau der Institution Volkshochschule im Osten kompetent begleitet werden. Wie kann die unmittelbare Arbeit der Volkshochschulen in Städten, Gemeinden und Kreisen so verändert werden, dass die Volkshochschulen nicht zu denjenigen Institutionen gehören, die als Bestandteil des untergegangenen DDR-Systems abgewickelt werden? Wie können Angebote entstehen, die auf die aktuelle Situation der Menschen, auf ihre Verunsicherung, ihre Zukunftsangst, ihren befürchteten Arbeitsplatzverlust, ihr Unverständnis der neuen Verhältnisse eingehen? Wie können die hauptberuflich Beschäftigten für neue Aufgaben qualifiziert werden? Wie lassen sich die internen Strukturen verändern, so dass die schulischen Abschlusskurse, die keine Teilnehmenden mehr finden würden, durch ein breit gefächertes Angebotsprofil ersetzt werden? Und wie können die politischen und kommunalen Akteure vor Ort davon überzeugt werden, für den Erhalt der sich erneuernden Volkshochschulen einzutreten?

Der DVV richtete zunächst eine deutsch-deutsche Kontaktstelle ein, die den Aufbau der neuen Landesverbände unterstützte. Und die Pädagogische Arbeitsstelle des DVV entwickelte ein grobes Konzept und kreierte einen programmatischen Titel: „Hilfe zur Selbsthilfe für die VHS in den neuen Bundesländern". Die ersten Veranstaltungen, konzipiert von PAS-Mitarbeitenden, begannen noch im Herbst 1990. Im Folgejahr begegneten sich die ost- und westdeutschen Kolleginnen und Kollegen erstmals in gemeinsamen Veranstaltungen. Die Beteiligten beider Seiten machten die Erfahrung gegenseitiger Fremdheit und des Missverstehens. Wie konnte das Gefühl der Fremdheit so bestimmend sein, wenn man doch in Ost und West die gleiche Sprache sprach? War die Bedeutung der Wörter so unterschiedlich geworden über die Jahre der Teilung? War die Art und Weise des Miteinanders so verschieden?

Auf einer der ersten gemeinsamen Veranstaltungen zur beruflichen Weiterbildung wurden die ost-deutschen Teilnehmenden aufgefordert, ein kurzes Statement zur Lage ihrer Volkshochschule abzugeben. Was die Veranstalter nicht erwartet hatten: Die Statements dauerten pro Person mindestens 15 Minuten und beinhalteten eine „politisch korrekte" und offensichtlich mit den „Funktionären" aus der Region abgesprochene Einschätzung der Situation des gesamten Landes, des Kreises und der Volkshochschule. Die westdeutschen Kollegen verstanden lediglich, dass es um politische Stellungnahmen ging – und nicht um einen gleichberechtigten fachlichen Austausch. Nach dieser Runde war der Zeitplan der Veranstaltung erst einmal Makulatur und musste in der Mittagspause neu aufgesetzt werden. Der Schock bei den westdeutschen Teilnehmerinnen und Teilnehmern saß tief: Niemand hatte damit gerechnet, als Repräsentanten eines Systems angesprochen zu werden, das gerade die Existenzgrundlage der Leitungskräfte und Fachbereichszuständigen zerstörte und die Institutionenlandschaft der DDR nicht nur ummodelte, sondern beträchtlichen Teilen der Weiterbildung sozusagen den Todesstoß versetzte.

Dennoch hat sich im Laufe der Begegnungen und Veranstaltungen das Postulat der „Hilfe zur Selbsthilfe" mit Leben und wechselseitig positiven Erfahrungen gefüllt – vielleicht auch dank der überarbeiteten Arbeitsmaterialien. Es ging immer darum, die Veränderungen in den neuen Ländern mit Reflexionen und praktischer Hilfe zu begleiten. Ein Teilnehmer berichtete: „Ihr habt uns überzeugt, dass es in den Volkshochschulkursen nicht so wie in der Schule zugehen soll und habt andere Stuhlordnungen in den Räumen empfohlen, aber das Verrücken der Stühle – von der Schulform in die U-Form – hat erst einmal gar nichts gebracht." Wenn aber dies der Anlass für ein Gespräch war, dass und wie mit den Kursleitenden gearbeitet werden muss, war es eine gute Veranstaltung.

Es wurden aber nicht nur fachliche Hilfestellungen und Anregungen gegeben, sondern auch Diskussionen über den Sinn und Zweck von Erwachsenenbildung initiiert, die die Vorurteile und Positionen beider Seiten wieder in Fluss brachten. Dies gelang immer dann, wenn die Zuhörenden Empathie bewiesen, wenn Informationsvermittlung mit kommunikativer Auseinandersetzung einherging, wenn die Teilnehmenden eine anschauliche erwachsenengerechte Didaktik erlebten, wenn die Neu-Orientierung des Berufsverständnisses des Volkshochschulpersonals auch im Kontext ihrer eigenen Biografie gesehen wurde. Kurz: wenn sich die Beteiligten in gemeinsamer Reflexion begegneten.

FELICITAS VON KÜCHLER

war bis 2009 Mitarbeiterin am DIE und hat die Annäherung zwischen ost- und westdeutschen Volkshochschulen begleitet.

Neue Heimat für die vhs Stuttgart

Nach vierjähriger Bauzeit eröffnen im Januar 1992 die Kultusministerin Marianne Schultz-Hector und der Oberbürgermeister Manfred Rommel den TREFFPUNKT Rotebühlplatz. Damit wird ein Traum wahr: Die vhs Stuttgart hat endlich ein eigenes Haus. Seitdem hat sich die Einrichtung zu einem Zentrum der generations- und kulturübergreifenden Begegnung entwickelt, das täglich rund 3.000 Besucher zählt. Das Beispiel zeigt, wie eine zentrale, auch architektonische Einbindung einer Volkshochschule das Stadtbild und das kulturelle Leben prägen können.

„500 Jahre ‚Entdeckung' oder ‚Eroberung' Amerikas" war im Jahr 1992 der Themenschwerpunkt vieler Volkshochschulen im Lande. Für die vhs Stuttgart war es der Umzug in ein großes neues Haus, mittendrin. Eine Art Eroberung der Stadt. Und für die Bürgerschaft wurde es eine Neu- oder Wiederentdeckung der Volkshochschule, mit U- und S-Bahnanschluss „Stadtmitte". Das von der Stadt für die Bürgerschaft erbaute Haus war zugleich Veranstaltungsort für Kultur und Bildung sowie Treffpunkt für Jung und Alt, mit Café und Mediathek. Für die vhs, die mit Abstand größte Nutzerin im TREFFPUNKT Rotebühlplatz, war der Einzug ein Quantensprung: von der Kreisliga einer nicht mehr zeitgemäßen Schule für Erwachsene in die Champions League moderner Bildung. Nicht mehr irgendwo in alten Gebäuden, dunklen Räumen und mit in die Jahre gekommener Ausstattung. Von da an unübersehbar, groß das Gebäude, hell und transparent die Architektur, ein offenes Haus mit ansprechenden Kursräumen, Werkstätten, Küchen, Computerräumen und Sprachlabor, mit Kinderbetreuung und Kinderprogramm, geeignet für Ausstellungen und verschiedene Formate, passend zum Jahresschwerpunkt „1492 … Europa/Amerika".

Im neuen „Großen Haus für alle" konnte die vhs Stuttgart erstmalig in einem zentralen Gebäude mit modernen Medien einen umfassenden politisch-kulturellen Bildungsansatz realisieren: die Volkshochschule als Ort moderner Erwachsenenbildung, unter anderem mit einem neuen Lehrgangsstudium „Schlüsselqualifikation Allgemeinbildung", als Institut für berufliche Fort- und Weiterbildung, mit Programmen zum Mitmachen und für bestimmte Zielgruppen wie Ältere und Frauen sowie als Haus der Kulturen für Festivals und zur Begegnung. Der Ausgangspunkt für Exkursionen, der Raum für vielfältige Erfahrung für Körper und Bewegung, Podium für neue Ideen und interessante Sichtweisen, als Raum für gesellschaftliche Debatten, kurz: ein Haus der Bildung, Begegnung und der Demokratie. Im neuen Haus konnte entfaltet werden, was der umfassende Lern- und Bildungsanspruch der Volkshochschulen seit ihrer Gründung im Jahr 1919 war und mangels räumlicher Bedingungen nur selten realisiert werden konnte.

Das Feuerwerk spektakulärer Veranstaltungen und Angebote brachte eine neue mediale Aufmerksamkeit und viele neue Teilnehmerinnen und Teilnehmer. Dieses Wachstum hielt auch in den kommenden Jahren an. Das neue, gemeinsame Haus wirkte nach innen und außen. Es erleichterte einerseits die fachübergreifende Kooperation innerhalb der Volkshochschule selbst und eröffnete zugleich neue Formen der Zusammenarbeit mit anderen Institutionen, Initiativen und Vereinen. Mit seinen vielseitigen Räumlichkeiten und Medien wurde es zum Marktplatz der Möglichkeiten, zum

BILD   Blick in den Innenbereich des TREFFPUNKT Rotebühlplatz

Veranstaltungsort für andere, zur Plattform für bekannte Autorinnen und Autoren, Filmemacherinnen und Filmemacher, Expertinnen und Experten, Wissenschaftlerinnen und Wissenschaftler sowie Persönlichkeiten der Zeitgeschichte. Der Treffpunkt wurde zur multimedialen Agora für die großen Zeit- und Zukunftsthemen: Alter, demografischer Wandel, Lebensformen, Klimakrise, Rohstoffverschwendung, Verkehrsinfarkt, Nachhaltigkeit, Kurdistan … Die Volkshochschule – ein Lernort, der zum Mitdenken und Mitdiskutieren einlädt.

1992 LERNORTE

WINFRIED HERMANN

Minister für Verkehr Baden-Württemberg, war Leiter des Fachbereichs Gesundheit und Bewegung bei der vhs Stuttgart und zuständig für die Lokale Agenda sowie vhs-Interkulturell.

„Wir halten dagegen" – bundesweiter Aktionstag der Volkshochschulen

In den Morgenstunden des 29. Mai 1993 drangen vier jugendliche Täter in das Haus der türkischstämmigen Familie Genç in Solingen ein und legten Feuer. Die Bewohner wurden im Schlaf von den Flammen überrascht und hatten kaum eine Chance. Fünf Menschen starben, darunter drei Kinder, 17 Personen erlitten zum Teil schwere Verletzungen. Viele leiden noch heute darunter. Die Täter wurden wenige Tage später gefasst; sie gehören der örtlichen Neonazi-Szene an.

Das gesellschaftliche Klima zu Beginn der 1990er Jahre war aufgeheizt. Ausgelöst durch die politischen Umwälzungen, Bürgerkriege und Migrationsbewegungen in Europa erschütterten rechtsextremistisch motivierte Gewalttaten gegen Ausländerinnen und Ausländer, Fremde, Asylbewerberinnen und Asylbewerber in vorher nicht für möglich gehaltenem Ausmaß die Republik. Kaum eine Woche verging, in der nicht von gewalttätigen Übergriffen, Angriffen und Brandanschlägen berichtet wurde. Orte wie Hoyerswerda, Rostock-Lichtenhagen und Mölln wurden dabei zu Symbolen rechter Gewalt und erlangten traurige Berühmtheit. Auf rechte Gewalttaten folgten auf der anderen Seite zahlreiche Kundgebungen und Lichterketten, bei denen die Menschen für Solidarität und Toleranz demonstrierten. Auch in den Tagen und Wochen nach dem Brandanschlag in Solingen kam es zu zahlreichen Kundgebungen und Demonstrationen, mit teilweise gewalttätigen Auseinandersetzungen. Aber es gab auch viele Aufrufe zu Versöhnung und gegen Hass – unter anderem von der betroffenen Familie Genç.

Unter dem Eindruck der Ereignisse und des öffentlichen Klimas kam es zu dem Entschluss der Volkshochschulen, einen bundesweiten Aktionstag zu veranstalten. Das Motto der Veranstaltung am 28. Februar 1994 lautete: „Fremdenfeindlichkeit, Rechtsextremismus, Gewalt – Wir halten dagegen: Die deutschen Volkshochschulen". Man kann sagen, dass das eine doppelte Stoßrichtung hatte. Zum einen sollte ein öffentliches Zeichen gesetzt werden, indem sich die Volkshochschulen als öffentliche Orte präsentierten, in denen sich Tag für Tag Menschen aus verschiedenen Ländern und Kulturen treffen und miteinander lernen. Zum anderen aber ging es auch darum, zu zeigen, was die außerschulische Jugend- und Erwachsenenbildung gegen Rassismus und Fremdenfeindlichkeit überhaupt gegen diese Entwicklungen tun kann.

Rita Süssmuth, Präsidentin des Deutschen Volkshochschul-Verbands, griff dies in ihrer Begrüßungsrede der zentralen Veranstaltung des Aktionstags auf, die in Solingen – im Beisein von Angehörigen der Familie Genç – stattfand: „Ich möchte an dieser Stelle deutlich machen, wie begrenzt die Möglichkeiten von Bildung sind. Aber, das sage ich hier einmal als Pädagogin, ich möchte uns dazu ermutigen, nicht ständig von den Begrenzungen und der Ohnmacht zu sprechen." So bot der Aktionstag ein ganzes Spektrum von Veranstaltungen, die sich in verschiedener Weise mit dem Thema auseinandersetzten: Seminare, Vorträge, Podiumsdiskussionen, Workshops, interkulturelle und künstlerische Aktivitäten, Diskussionen, Präsentation von Best-Practice-Beispielen und vieles mehr. Die Volkshochschulen zeigten ein breites Repertoire an Formaten und Zugangsweisen zur pädagogischen Bearbeitung eines komplexen Themas. Es ging um Aufklärung über Ursachen von Gewalt und Rechtsextremismus, um die Struktur der Neonazi-Szene, um Möglichkeiten solidarischen und interkulturellen Zusammenlebens, um Antiaggressionsarbeit sowie akzeptierende Arbeit mit jungen Erwachsenen.

Es war ein außergewöhnlicher Tag. Zum ersten Mal führten alle Volkshochschulen gemeinsam eine Aktion durch und ergriffen Partei gegen Rassismus, Fremdenhass und rechte Gewalt. Sie präsentierten sich als Teil einer politischen Kultur, die durch Demokratie und Toleranz geprägt ist – und die auch immer wieder durch öffentliches und mutiges Eintreten dafür gestärkt werden muss. Man muss wohl nicht betonen, wie aktuell dies auch 25 Jahre nach den damaligen Ereignissen (wieder) ist. Dabei gilt: Bildung kann nicht „auf Knopfdruck" Rassismus, Rechtsextremismus und autoritäre Weltbilder zum Verschwinden bringen, insbesondere nicht bei „Hardcore-Nazis" mit ausgeprägtem autoritärem Menschen- und Gesellschaftsbild. Aber Erwachsenenbildung kann öffentliche Räume schaffen für Begegnungen und praktische Erfahrungen mit „Fremden", sie kann Interessierte und Engagierte im Kampf „gegen Rechts" durch Informieren und Sensibilisieren stärken, und sie kann durch Transparentmachen bei denjenigen, die unzufrieden sind mit der derzeitigen Ausgestaltung der Demokratie und mit Rechtspopulismus latent sympathisieren, Irritationen, Nachdenken und Neuorientierungen auslösen.

HELMUT BREMER

beschäftigt als Professor für Erwachsenenbildung in Essen die Frage, was Bildung gegen Fremdenfeindlichkeit und Ausgrenzung tun kann.

„Erwachsenenbildung in Bewegung – Frauen steuern mit"

Der erste Frauenkongress des DVV in München am 17. und 18. Februar 1994 kann als ein Meilenstein in Bezug auf Frauenbildung gesehen werden. Erstmals wurde der Genderaspekt in der Erwachsenenbildung als eigenständiges Thema in allen Facetten analysiert und diskutiert, Anregungen für die Verbands- und Volkshochschularbeit wurden gewonnen. Doch wie der etwas zaghafte Titel der Veranstaltung „Erwachsenenbildung in Bewegung – Frauen steuern mit" schon zeigt, ging Gleichstellung auch hier nur schrittweise voran.

Mit der Märzrevolution 1848 war in Deutschland der Ruf nach gleichen Rechten für Frauen laut geworden. Erst 70 Jahre später, 1918, stand am Ende dieser Ersten (oder Alten) Frauenbewegung in der Weimarer Republik das Wahlrecht für Frauen. In den 1970er Jahren formierte sich im Nachgang der 1968er Bewegung eine Neue Frauenbewegung, die für die Selbstbestimmung der Frauen in allen Bereichen einstand – von der Kontoführung und der Berufsausübung über die Namenswahl bei der Eheschließung bis zum Schutz vor häuslicher Gewalt und das Recht auf Abtreibung. Die strukturellen Erfolge stellten sich auch hier langsam ein. 1986 wurde Rita Süssmuth die erste Frauenministerin der BRD, im selben Jahr nahm Annette Kuhn in Bonn den ersten Lehrstuhl für Historische Frauenforschung ein. 1993 wurde Heide Simonis erste Ministerpräsidentin eines Bundeslandes. 1994 wurde Artikel 3 des Grundgesetzes um die Durchsetzung der Gleichberechtigung von Mann und Frau ergänzt. Seitdem müssen sich beispielsweise Stellenangebote explizit auch an Frauen richten.

Und die Volkshochschule? Am 21. Mai 1990 rief die 38. Mitgliederversammlung des DVV einen „Arbeitskreis Frauenbildung" ins Leben. Sein Ziel bestand darin, „die Belange von Frauen in den Volkshochschulen, in den Gremien der Landesverbände und des DVV stärker zu berücksichtigen und konsequenter als bisher zu vertreten" und „die Landesverbände und die Volkshochschulen bei ihrem Aufbau und Ausbau von speziellen emanzipatorischen Maßnahmen zu unterstützen". Im November 1990 begann der Arbeitskreis, der einen Sitz im Vorstand hatte, seine Arbeit mit Rita Süssmuth als Vorsitzender. Am 22. April 1991 beschloss die 39. Mitgliederversammlung, alle Satzungen, Geschäftsordnungen und Dienstanweisungen des DVV so zu überarbeiten, dass Frauen ebenfalls angesprochen und genannt werden. In jeder Mitgliederversammlung sollte über frauenfördernde Maßnahmen und den Frauenanteil bei den Beschäftigten berichtet werden. Eine paritätische Besetzung in den Gremien wurde angestrebt und die Umsetzung frauenpolitischer Verbands- und Bildungsziele als Aufgabe des DVV definiert. Der nächste Schritt ging in die Öffentlichkeit, „weil bisher weibliche Bildungsinteressen einerseits und weibliche Leistungen bei der Gestaltung der Erwachsenenbildung andererseits zu wenig öffentlich wahrgenommen und bei institutionellen und politischen Entscheidungen zu wenig berücksichtigt wurden". Dies schrieb Ulla Voigt 1994 in ihrem Bericht zum DVV-Kongress im Literatur- und Forschungsreport Weiterbildung, dessen Thema „Frauen(forschung) in der Erwachsenenbildung" war.

180 Frauen hatten am Kongress teilgenommen. In ihrer Eröffnungsrede unter dem Motto „Frauen fordern – Frauen fördern" unterstrich Süssmuth: „Wir brauchen keine Förderung an Fähigkeiten, aber in der Tat ein Zugelassenwerden auf Plätzen." Es gehe um Macht, denn zum Gestalten gehöre Macht.

BILD Eröffnung der Frauenkonferenz der UNO in Nairobi im Juli 1985

Arbeitsgruppen widmeten sich verschiedenen Themen, etwa dem unterschiedlichen Umgang von Frauen und Männern mit Zeit, Lebensalter und Zeitbedürfnissen („Zeit-man-agement") oder der Frauenförderung durch Weiterbildung statt in der Weiterbildung. Gegenstrategien zu Differenz unter Frauen und Diskriminierung wurden unter dem Titel „Ausländerinnen – sichtbar anders" herausgearbeitet. Bei der Abschlussveranstaltung betonte Ministerin Regine Hildebrandt, dass es Frauen weniger an der Qualifikation als an Arbeitsplätzen mangele.

Die sind seither in Volkshochschulen tatsächlich mehr geworden. Während sich der Frauenanteil bei den Teilnehmenden und den Unterrichtenden nicht entscheidend geändert hat, stieg er bei den Planenden stetig. 2008 lag er erstmals höher als 60 Prozent, 2014 erstmals höher als 70 Prozent, aktuell sind es 74,1 Prozent. Zunehmend kommen Frauen auch auf der Leitungsebene vor. Früher wie heute machen Frauen mehr als 70 Prozent der Teilnehmenden und mehr als zwei Drittel der unterrichtenden Honorarkräfte aus. Volkshochschule ist also nach wie vor weiblich. Nicht nur, wenn es um Grammatik geht.

BEATE BLÜGGEL

setzt sich seit vielen Jahren für die Förderung von Frauen in den Volkshochschulen ein, jetzt als Sprecherin des Gender- und Diversity-Ausschusses des DVV.

Erwachsenenbildung goes Europe

Frau Neumann isst gern Müsli zum Frühstück, Mrs Jones bevorzugt Spiegelei, Bohnen und Wurst und Maria mag Tramezzini und Cappuccino. Diese landestypischen Unterschiede werden ausländischen Pflegekräften in Kursen des TLC-Pack-Projektes nebenbei vermittelt, während sie sich sprachlich auf die Arbeit in ihrer neuen Heimat vorbereiten. Entstanden ist der kultursensible Berufssprachkurs aus einer Kooperation der vhs im Landkreis Cham mit fünf weiteren europäischen Bildungseinrichtungen. Gemeinsam liefern sie eine Antwort auf die Frage, wie Sprachenlernen helfen kann, dem Pflegenotstand entgegenzuwirken.

Das Projekt ist nur ein Beispiel von vielen, das zeigt, mit welcher Innovationskraft Volkshochschulen über ihren nationalen Tellerrand blicken, um von der erwachsenenpädagogischen Praxis in anderen Ländern zu profitieren. Ermöglicht wird diese grenzüberschreitende Arbeit durch das 1995 eingeführte EU-Bildungsprogramm SOKRATES, das die transnationale Zusammenarbeit im Bildungsbereich bis heute beflügelt. Schon zuvor waren Bildungsprogramme auf zwischenstaatlicher Ebene beschlossen worden, etwa ERASMUS für den Hochschulbereich im Jahr 1987 sowie ein Programm für Auszubildende, das später den Namen LEONARDO erhielt. Beide Programme beriefen sich bei der Einführung jedoch auf ihre Notwendigkeit für die Arbeitswelt und die berufliche Bildung. Denn erst dank des Vertrags von Maastricht war es der EU ab 1992 erlaubt – ja, es war sogar ihre Aufgabe –, auch im Bereich der allgemeinen Bildung tätig zu werden. Zu den Zielen dieses Vertrags gehörte es, eine europäische Dimension im Bildungswesen zu entwickeln, die Mobilität von Lernenden und Lehrenden zu fördern, eine Zusammenarbeit zwischen Bildungseinrichtungen sowie einen Informations- und Erfahrungsaustausch auf europäischer Ebene zu forcieren. Die Umsetzung folgte ab 1995 im Programm SOKRATES, das – neben ERASMUS – mit der Aktion COMENIUS auch die schulische Bildung förderte.

Als Berichterstatterin für SOKRATES war mir von Beginn an klar, dass ein Gesamtprogramm für Bildung in Europa selbstverständlich auch die Erwachsenenbildung einbeziehen müsste. Leider fand ich für diese Überzeugung zunächst weder im Parlament noch im Rat eine Mehrheit. Aber bekanntlich führen auch Umwege zum Ziel: So stellte ich einen nebensächlich wirkenden Antrag zum Programmtext, der das Wort Erwachsenenbildung nicht explizit beinhaltete, und erhielt hierfür die Zustimmung des Plenums. Die EU-Kommission nahm diesen Text wiederum zum Anlass, auch im Erwachsenenbildungsbereich tätig zu werden. So konnten der Überzeugung, dass das Lebenslange Lernen eine alle Bildungsbereiche umfassende Aufgabe ist, endlich Taten folgen. Wie zum Beweis wurde das Jahr 1996 auf Vorschlag des Kulturausschusses zum „Europäischen Jahr des lebensbegleitenden Lernens" ausgerufen.

Gleichwohl der finanzielle Rahmen zu Beginn gering war und in der ersten Programmphase von 1995 bis 1999 lediglich multilaterale Kooperationsprojekte gefördert wurden, erwies sich die Aktion Erwachsenenbildung im Programm SOKRATES bereits nach kurzer Zeit als „wahre Goldgrube für Innovation und gute Praxis", wie ein internationales Expertenteam in seiner Evaluation zur Halbzeit des Aktionsprogramms schlussfolgerte. Mehr als 100 Projekte waren von 1995 bis 1997 gefördert worden. Auch Volkshochschulen beteiligten sich von Beginn an. Das beeindruckende Spektrum an Aktivitäten

BILD   Europapolitische Bildungsaktion der Bremer Volkshochschule

1995

INTERNATIONALISIERUNG

zeigte, dass transnationale Kooperation die Arbeit auf nationaler Ebene beflügeln und verbessern kann. So entstanden schon in den Anfangsjahren Netzwerke, Leitfäden, Modelle sowie Fortbildungen und Trainings für Lehrende, die einen nachhaltigen Professionalitäts- und Qualitätsgewinn in der europäischen Erwachsenenbildung zum Ziel haben.

Die starke Nachfrage nach europäischen Kooperationen und der nachgewiesene Erfolg veranlasste die EU-Kommission – nun unterstützt durch das Europäische Parlament –, mit GRUNDTVIG eine eigenständige Aktion für die allgemeine Erwachsenenbildung in allen nachfolgenden EU-Bildungsprogrammen zu schaffen. Diese ist heute Teil von ERASMUS. Ein Erfolg, den ich als eine meiner letzten Aufgaben als Berichterstatterin für die europäische Union mit begleiten durfte. In Zeiten von zunehmendem Populismus, Protektionismus und antieuropäischen Strömungen ist der Zusammenhalt Europas ein wichtiges Gut. Dieser kann nur gelingen, wenn die Bürgerinnen und Bürger die Einheit Europas akzeptieren und bereit sind, sie aktiv mitzutragen. Dank der Förderung durch die EU-Bildungsprogramme können Volkshochschulen die Internationalität, Interkulturalität und Mehrsprachigkeit seit jeher in ihrem Selbstverständnis tragen, bis heute mit gutem Beispiel vorangehen und mit eigenen Aktionen ein aktives Zeichen für Europa setzen.

DORIS PACK

Präsidentin des Saarländischen Volkshochschulverbands, hat sich viele Jahre für die Förderung der Erwachsenenbildung auf europäischer Ebene eingesetzt.

Volkshochschultage – Meilensteine, Sternstunden, Zäsuren

Es ist der 6. November 1996. Der DVV veranstaltet in Leipzig den ersten Volkshochschultag nach der Wiedervereinigung, der in einem ostdeutschen Bundesland stattfand. Rolf Sprink ist an diesem Abend ein wenig aufgeregt; in der Wandelhalle des Neuen Rathauses wird er als neuer Chef der vhs Leipzig vorgestellt – im Beisein von Rita Süssmuth und weiterer DVV-Prominenz. Ein erhebender Augenblick für Sprink. So wie dieser Volkshochschultag in Leipzig sind jene, die vorangingen und noch folgen werden, Meilensteine in der Geschichte der Volkshochschulen. Nicht nur, weil sie für Mitarbeitende und Leitende oft einen Höhepunkt in ihrem beruflichen Leben darstellen, sondern auch weil sie stets mit der deutschen Geschichte sowie gesamtgesellschaftlichen Entwicklungen verknüpft sind.

Ein unvergesslicher Höhepunkt war für Rolf Sprink das Fest der Volkshochschulen in der alten Moritzbastei am 7. November 1996. „Mir kam die Begrüßung der vielen Hundert Gäste zu. Und ich hatte die spontane Idee, zu einem Gespräch über unsere friedliche Revolution einzuladen und darüber, wie es Leipzig gegenwärtig geht. Ein Riesenandrang! Die festliche Fröhlichkeit jenes Abends war bei späteren Treffen schwer zu toppen ... Der Volkshochschultag hat mir die Größe meiner neuen Aufgabe vorgeführt und mich mit riesigen Schwungkräften ausgestattet – im Europäischen Jahr des lebensbegleitenden Lernens, wie Bundespräsident Roman Herzog bei der Eröffnung betont hatte", erinnert sich der Erwachsenenbildner. Sein Ziel war es, die vhs Leipzig zum offenen Bildungshaus mitten in der Stadt formen. „In diesen Novembertagen 1996 war ich in eine atemberaubend neue berufliche Zukunft aufgebrochen und Teil der großen Volkshochschulfamilie geworden. Eine besondere Zäsur in meinem Leben."

Der Volkshochschultag in Leipzig stand in besonderer Weise auch für eine moderne Erwachsenenbildung. Modernität strahlten schon die Tagungsräumlichkeiten in der neuen Messe Leipzig aus. Die gerade fertiggestellten Gebäude und die hochmoderne Technikinfrastruktur erlaubten ein bisher nicht gekanntes Konferenzdesign mit Videoeinspielungen und synchroner Datenfernübertragung. Mit der Wahl des Tagungsortes sollte deutlich werden: Volkshochschulen stehen für eine gute Tradition, sind aber gleichzeitig auch offen für neue Entwicklungen. Die meist zweitägigen Volkshochschultage sind mehr als reine Fachkonferenzen, auch wenn Fachforen zu wichtigen aktuellen Weiterbildungsthemen auf der Agenda stehen. Die besondere Bedeutung dieser Veranstaltungen kann man erst nachvollziehen, wenn man die Wirkungen nach innen und außen betrachtet. Besser noch, wenn man selbst an einem solchen Ereignis teilgenommen hat.

Da geht es um die Präsenz der Volkshochschulbewegung in Öffentlichkeit und Politik und damit um ein Stück Anerkennung und Ermutigung, die im Volkshochschulalltag nicht immer selbstverständlich ist. Letztlich geht es um die Wahrnehmung der Volkshochschule als wichtigen Player der Weiterbildung und als exklusive Bildungspartnerin der Kommune. Es geht um die Wertschätzung der Arbeit der hauptberuflich oder ehrenamtlich Beschäftigten. Die einleitenden Grußworte seitens der deutschen Bundespräsidenten unterstreichen den Stellenwert der Leistungen der Volkshochschulen. So ermunterte Bundespräsident Christian Wulff die Teilnehmenden des Volkshochschultags 2011, sich als „Segen

BILD Volkshochschultag in Leipzig: Roman Herzog, Kurt Biedenkopf und DVV-Vorsitzender Heinz Theodor Jüchter

für unser Land" zu betrachten. Fünf Jahre später, auf dem Volkshochschultag 2016, hob der Bundespräsident Joachim Gauck hervor, dass er Volkshochschulen als Werkstätten der Demokratie ansehe, da sie soziales und politisches Verantwortungsbewusstsein fördern sowie Begegnungen zwischen Bürgern stiften und das Miteinander und den Zusammenhalt stärken. Das sind Komplimente, die zugleich auch Ansporn sind für die tägliche Volkshochschularbeit vor Ort.

Betrachtet man die Volkshochschultage als Meilensteine in der Geschichte der Einrichtung, dann haben sie auch immer eine strategische Neuausrichtung der Volkshochschule befördert. Der Volkshochschule werden oftmals eine besondere Anpassungsfähigkeit an die gesellschaftlichen Veränderungen und die sich daraus ableitenden Bildungsanforderungen bescheinigt. Volkshochschultage greifen gesellschaftlich relevante Großthemen auf und stellen zur Diskussion, welchen Beitrag Bildung und Weiterbildung zur Lösung beitragen können. Dies gilt etwa für die Modernisierung der Arbeitswelt durch die Einführung der Computer in Unternehmen ab Mitte der 1980er Jahre, die Gegenstand der Diskussion in Leipzig war, und nicht zuletzt auch für den Volkshochschultag 2016, der digitales Lernen als Megathema aufgriff.

BARBARA ÇAKIR-WAHL

war Sprecherin der Bundeskonferenz großstädtischer Volkshochschulen und hat mit Rolf Sprink (vhs Leipzig) zusammengearbeitet.

Ringen um den Abschluss

„Du musst auf eigenen Beinen stehen!" – Wer hat das nicht von seinen Eltern gehört? Die Abnabelung von zu Hause und die damit verbundene Verantwortung mögen aus der Perspektive des vertrauten Heims zunächst bedrohlich erscheinen. Als die heutige telc gGmbH, ein Sprachtestanbieter mit Hauptsitz in Frankfurt am Main, mit dem zitierten Satz konfrontiert wurde, konnte man sie nicht anders denn als Nesthockerin bezeichnen. Nach 29 Jahren im DVV sollte sie 1997 den Schritt in die Selbstständigkeit wagen. Sie zögerte ein wenig, aber mit 30 war es dann soweit: Die vhs-Prüfungen waren nicht länger in einer Verbandsabteilung, sondern in einer GmbH angesiedelt.

Nicht ganz leicht war der Anfang in Eigenständigkeit. Man musste sich mit vielerlei Dingen plagen, die vorher die Mutter nebenbei erledigt hatte. Doch ein Abnabelungsprozess fördert auch die Weiterentwicklung. Mit der Auskopplung in eine GmbH veränderte sich das Verhältnis zur Volkshochschulfamilie; die Perspektiven weiteten sich. Die Sprachprüfungen wurden ganz weltmännisch zu den telc – language tests. Die Tochter nannte sich 2006 nach einigen Umwegen telc gGmbH, gab sich einen modernen Look und erschloss sich mit telc-Training und schließlich einer Verlagsredaktion neue Geschäftsbereiche. Nach nunmehr 50 Jahren vhs-/telc-Zertifikaten zeigt sich ganz klar: Die Familienbande halten Veränderungen aus. Verband und GmbH passen gut zusammen, und die gemeinnützige telc GmbH partizipiert an beiden Welten. Die Entwicklungsmöglichkeiten in dieser besonderen Verfasstheit sind groß, und die Tochter hat sie genutzt.

BILD Teilnehmende des vhs-Integrationskurses haben den Deutschtest für Zuwanderer bestanden

Schon bei der Geburt 1968 war die Tochter, das damalige vhs-Zertifikat für Englisch, progressiv und vorausschauend. Sie sollte in die Jahre gekommene Traditionen des Fremdsprachenunterrichts auf einen modernen, kommunikativen Stand bringen. Fremdsprachenkenntnisse mittels einer standardisierten Prüfung zu testen, war dabei ein wichtiger Baustein. Interessanterweise kam diese Initiative in Deutschland nicht von einer Hochschule oder im Auftrag einer Behörde, sondern direkt aus der Volkshochschulwelt. Diese sah Ende der 1960er Jahre den Bedarf, den Englischunterricht zielgerichteter zu gestalten. Das damalige vhs-Zertifikat sollte als „Bildungswährung" überall vorzeigbar sein. Mobilität und beruflicher Aufstieg sollten durch klare Standards und Lernzielbeschreibungen ermöglicht werden.

Noch stark geprägt von den Erfahrungen des Zweiten Weltkriegs, machte sich eine Generation von Erwachsenenbildnern auf, Verständigung zwischen Menschen unterschiedlicher Herkunft zu ermöglichen. Damit folgten deutsche vhs-Expertinnen und -Experten einem in der Zeit virulenten europäischen Gedanken von Völkerverständigung und Austausch auf Grundlage praktischer Sprachkompetenz. Das hieß für den Unterricht: weg von der Grammatikorientierung, hin zur Sprachverwendung. Lehrkräfte der Volkshochschule mussten und wollten sich umstellen; der bis heute aktuelle handlungsorientierte Sprachunterricht wurde an den Volkshochschulen etabliert. Die vhs-Sprachenzertifikate mit ihrer Betonung kommunikativer Kompetenz leisteten Starthilfe für diese Neuausrichtung.

Nach 20 Jahren auf eigenen Füßen ist die telc gGmbH heute gereift. Sie bietet Sprachprüfungen in zehn Sprachen sowie Fortbildungen von Lehrpersonal an und entwickelt Lehr- und Lernmaterialien für Deutsch als Fremd- oder Zweitsprache. Es gibt Prüfungen für Erwachsene und für Schüler, mit telc können Zugewanderte Abitur machen, wenn sie nachweisen, dass sie zwei Fremdsprachen beherrschen. Volkshochschule und telc gehen hierbei mit ihren komplementären Angeboten geschwisterlich Hand in Hand und bringen so schon seit einem halben Jahrhundert die Erwachsenenbildung gemeinsam ein gutes Stück weiter. Das Motiv der Selbstständigkeit, des Stehens auf eigenen Füßen, ist in die DNA der telc gGmbH übergegangen, und sie gibt es weiter an alle Menschen, die sich mit einem telc-Zertifikat auf den Weg machen – in den Beruf, ins Ausland, an die Hochschule. Zur Teilhabe an alledem, was unsere Gesellschaft ausmacht. Und zur persönlichen Weiterentwicklung über Bildung und Lebenslanges Lernen.

JÜRGEN KEICHER

fördert die europäische Verbreitung von Sprachzertifikaten und leitet die telc gGmbH (früher WBT).

Volkshochschule in einem zusammenwachsenden Europa

Im Februar 1998 gründeten 19 pfälzische, badische und elsässische Volkshochschulen und Gebietskörperschaften im historischen Rathaus der französischen Stadt Wissembourg die grenzüberschreitende vhs/upt. In den Vormilleniumsjahren entwickelten sich zahlreiche rheinübergreifende Projekte im deutsch-französischen Grenzgebiet, das sich aus drei Teilen zusammensetzt: aus dem Palatinat (der Südpfalz, PA), dem badischen Metropolraum um Karlsruhe (Mittlerer Oberrhein, MI) und dem französischen Nord Alsace (NA). Dadurch entstand ein regelmäßiger Austausch, Menschen aus dem PAMINA-Raum trafen sich, lernten gemeinsam, nahmen an Seminaren, Reisen und Exkursionen teil. Schon das erste Geschäftsjahr führte in knapp 100 Veranstaltungen mehr als 2.500 Mitwirkende links und rechts des Rheins zusammen. Von „Töpfern im Land der Töpfer", „Ihre Baustelle in Frankreich – eine Informationsveranstaltung für Handwerker" bis zu „Hier arbeiten – drüben wohnen" reichte das Themenspektrum, aber auch „Strasbourg la nuit" hieß es vielversprechend. Die kleine *Université Populaire Transfrontalière* leistete von Anfang an Überraschendes und Großes.

Bereits im Gründungsjahr 1998 erschien das erste bilinguale Veranstaltungsprogramm. Das kleine Brevier ist heute ein Zeitzeugnis, es erzählt von den Mühen jener Zeit, aber auch von zwei verschiedenen Wirtschafts- und Währungsräumen. Im Programmheft finden sich Kursgebühren in FF und DM und auch die europäische Verrechnungseinheit, der ECU (European Currency Unit), kam noch zum Einsatz. Eine gemeinsame Währung stand schon auf der politischen Agenda in Brüssel, Paris und Berlin, sie war aber noch keine Realität. Viele Fragen, Hoffnungen, Wünsche, aber auch Vorbehalte und Ängste standen im Raum und fanden sich auf der Agenda der Volkshochschule.

Mehrere Seminare widmeten sich dem Thema rund um die neue, einheitliche Währung, zum Beispiel die Abendveranstaltung „Der Euro – jetzt kommt er halt!" im Frühjahr 1998. Selbst im Sekretariat der upt in Wissembourg sorgte das Nebeneinander von zwei Währungen und einer Verrechnungseinheit für beträchtlichen Aufwand, andauerndes Kopfrechnen und praktische Schwierigkeiten. In den Kassen fanden sich die silbernen DM-Münzen neben den knisternden, farbenfrohen französischen Banknoten. Mal um Mal gefordert waren die Buchhaltung und die Programmmacher. So kostete ein Workshop zum Buchbinden im elsässischen Betschdorf wahlweise 35 ECU, 229,55 FF oder 68,42 DM. Heute sind die nationalen Währungen in Deutschland und Frankreich Geschichte, neue Fragen bevölkern die politische Agenda der Europäischen Union und auch die Kurse der up PAMINA vhs, wie sich die Bildungseinrichtung jetzt nennt. Eines ist gewiss: Der Euro hat die administrative Arbeit vereinfacht, die wirtschaftliche Integration des PAMINA-Raumes beflügelt und das Leben in der Grenzregion am Oberrhein für Pendler, Wohnungssuchende oder Handwerker leichter gemacht.

Im Jahr 2018 hat die up PAMINA vhs ihr 20-jähriges Bestehen gefeiert. Sie versteht sich nach wie vor als wichtiger Akteur in der grenzüberschreitenden Weiterbildung und als gewichtiger Baustein des grenzüberschreitenden Miteinanders. Jenseits von Währungsschwankungen, politischen Konjunkturen und Euroskepsis verkörpert die Institution ein Stück gelebtes Europa, interkulturelle Begegnungen, gemeinsames Lernen, Freude am Wissen und aktive Völkerverständigung: Sie stiftet Einheit in der Vielfalt.

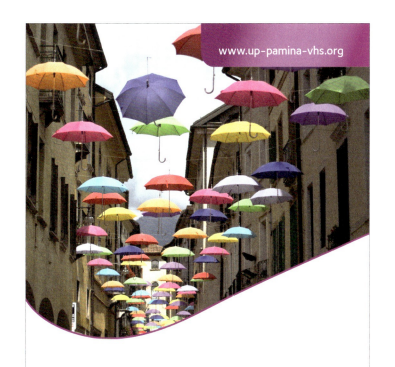

In einem zusammenwachsenden Europa sollte das Beispiel der up PAMNA vhs Schule machen. Völkerverständigung über Bildungsangebote und die Begegnung von Menschen könnten in allen Grenzregionen Deutschlands über vergleichbare Projekte initiiert werden. Der Austausch der Bürgerinnen und Bürger untereinander über gemeinsame Themen führt zu mehr Verständnis füreinander und bringt uns dem Ziel eines geeinten Europas näher.

1998 INTERNATIONALISIERUNG

GERD HAGER & EROL ALEXANDER WEIß

Gerd Hager, Verbandsdirektor des Regionalverbands Mittlerer Oberrhein, und vhs-Leiter Erol Alexander Weiß setzen sich für deutsch-französische Freundschaft und grenzüberschreitende Zusammenarbeit ein.

Das Attentat auf die Wehrmachtsausstellung in Saarbrücken

Um 7 Uhr morgens klingelt mein Telefon. „Kommen Sie mal vorbei, jemand hat die Volkshochschule hochgebombt", informiert mich der Leiter des städtischen Hauptamts lakonisch. Tatsächlich: Um 4:40 Uhr war im hinteren Teil des vhs-Zentrums am Schlossplatz eine Bombe explodiert. Vor Ort bot sich ein Bild der Verwüstung. Das Gebäude bestand hauptsächlich aus Glas, und ich tappte mit den Polizisten über ein „Scherbengericht". Scherben lagen nicht nur auf den Wegen und im Garten; sie steckten auch, oft Bumerang-groß, innen in den Wänden. Es war der 9. März 1999 und der größte Bombenanschlag im Saarland in der Nachkriegszeit. Immerhin: Es wurde niemand verletzt. Und die Ausstellung, der Stein des Anstoßes, hat so gut wie keinen Schaden genommen.

Wie konnte es dazu kommen, dass die von mir geleitete Volkshochschule Schauplatz und Ziel eines Bombenattentats wurde? Man darf davon ausgehen, dass sich der Schlag gegen die Ausstellung „Vernichtungskrieg – Verbrechen der Wehrmacht 1941 bis 1944" richtete. Diese war als Wanderausstellung des Hamburger Instituts für Sozialforschung von 1995 bis 1999 in verschiedenen Städten zu sehen, oft in Zusammenarbeit mit lokalen Partnern, vielfach Volkshochschulen, und wurde später durch eine zweite Ausstellungsreihe ergänzt. Die Wehrmachtsausstellung – initiiert und geleitet von Hannes Heer – thematisierte erstmals breitenwirksam die Verbrechen der Wehrmacht in der Zeit des Nationalsozialismus, vor allem im Krieg gegen die Sowjetunion. Sie erreichte in vier Jahren mehr als 900.000 Personen, wurde kontrovers diskutiert und von rechten Gruppierungen bekämpft. Anfang 1999 gastierte sie im Gebäude der Saarbrücker Volkshochschule – in der Mitte des großen Saals, weit genug entfernt vom Ort der Explosion. Bis heute ist das Attentat nicht aufgeklärt.

In den Wochen und Monaten vor dem Anschlag hatten sich die Dinge seltsam bedrohlich entwickelt. Als ich 1998 nach Saarbrücken kam, war der zuständige Fachbereichsleiter Hans Horch bereits mit der Vorbereitung der Ausstellung befasst. Im Vorfeld wurden viele Sicherheitsfragen diskutiert. Ich persönlich hielt Gebäude und Umfeld des geplanten Ausstellungsortes für einen „täterbegünstigenden" Raum. Das Gebäude stand frei und war ringsherum von mehreren Seiten begehbar, nicht zuletzt über eine große Treppe, die zur Saar hinunterführte. Immerhin: Die Ausstellung war Tag und Nacht von der Polizei bewacht. Tagsüber bezogen die Beamten Quartier in einem unserer im vhs-Zentrum gelegenen Seminarräume, nachts patrouillierten sie in 20-minütigem Rhythmus um das Gebäude.

Sorgen bereitete auch die öffentliche Diskussion. In der Lokalzeitung war in zahlreichen Leserbriefen eine lebhafte Debatte über Schuld und Unschuld der Soldaten entbrannt. In den Kirchen ergriffen die Pfarrer das Wort und verwiesen darauf, dass sie „keine Mörder begraben hätten". Bei Treffen mit Vertretern dieser Generation, die direkt oder indirekt an den Feldzügen beteiligt waren, offenbarte sich die Not der alten Männer: Viele hatten lange geschwiegen, nie oder nur in Ansätzen über ihre Erlebnisse gesprochen, aber über Jahrzehnte das Erlebte in ihren Träumen verarbeitet. Nun sprachen einige von ihnen das erste Mal darüber. Mir wurde deutlich, dass es in der Nachkriegszeit keine Möglichkeit gegeben hatte, posttraumatische Störungen zu erkennen, geschweige denn sie zu bearbeiten. Es mehr als 50 Jahre später zu thematisieren, war heikel und barg das Risiko unkontrollierbarer Eskalation.

BILD   Die Ausstellung „Vernichtungskrieg. Verbrechen der Wehrmacht 1941–1944"

Gleichwohl war es richtig. Und die Volkshochschule leistete ihren Beitrag, indem sie einen öffentlichen Ort zur Auseinandersetzung anbot.

Die Ausstellung war Anlass für ein breites landesweites Begleitprogramm. In Zusammenarbeit mit dem Kino 8½ wurden im Februar und März 1999 zehn Filmabende veranstaltet. Dazu kamen Vortragsabende, ein evangelischer Gottesdienst, ein Konzert und eine Lesung. Der damals noch junge Kabarettist Serdar Somuncu las unter dem Titel „Es liegen die Eier des Kolumbus zu Hunderttausenden auf der Erde herum..." Passagen aus Hitlers „Mein Kampf". So erwies sich die Ausstellung als Motor für Kooperationen mit zivilgesellschaftlichen Akteuren und Einrichtungen aus Bildung und Kultur. Vor diesem Hintergrund ist nachvollziehbar, dass Volkshochschulen trotz des einschneidenden Ereignisses vom 9. März 1999 weiterhin Ausstellungen durchführen. Manchmal sind es einfach nur Fotografie- und Kunstausstellungen aus den eigenen Kursen, die einen hohen Grad an Professionalität zeigen. Aber nicht selten rücken wie 1999 in Saarbrücken gesellschaftliche Probleme in den Fokus, etwa bei Ausstellungen zur Stadtgeschichte, zur Globalisierung oder beispielhaft bei den „Welten der Wörter", einer Ausstellung zur Alphabetisierungsproblematik.

INGRID SCHÖLL

erinnert sich nur zu gut an den Morgen des 9. März 1999, als sie als Leiterin der vhs Saarbrücken über den Bombenanschlag informiert wurde.

Internet für Einsteiger

Ein Landwirt hält eines von drei roten Ws in die Kamera, die zusammen das seinerzeit noch junge World Wide Web veranschaulichen. Die Botschaft lautet: Ab heute kann und soll jede und jeder lernen können, das Internet zu nutzen. Das Plakat ist im Jahr 2000 Teil einer Kampagne, die Älteren auf Jahre hinaus die nötige Medienkompetenz vermitteln wird. Für „Internet für Einsteiger" kooperieren der Deutsche Volkshochschul-Verband und die Bertelsmann Stiftung mit dem Magazin *Stern*.

Angefangen hatte alles an einem Spätherbstmorgen im Jahr 1999 in Hamburg. Wir, Detlef Schnoor von der Stiftung und Bernd Passens vom DVV, haben gleich einen Termin mit dem *Stern*-Chefredakteur. Der *Stern* soll Medienpartner für eine Internet-Bildungsaktion der Volkshochschulen werden. Der Chefredakteur ist von unserer Idee begeistert; eine entsprechende Kooperationsvereinbarung wird direkt erstellt und unterzeichnet. Worum ging es bei der Aktion, die den werbewirksamen Namen „Internet für Einsteiger" trug? Um die Jahrtausendwende zeigten viel zu wenig Menschen Interesse am Internet, insbesondere die Gruppe der Älteren reagierte zurückhaltend und skeptisch. Mit einer öffentlichkeitswirksamen Aufklärungs- und Informationskampagne sollten Seniorinnen und Senioren zum Besuch von Volkshochschulkursen motiviert werden. Und der Informationsbedarf in der Bevölkerung war damals anscheinend groß: Die Auflage der zum Start der Kampagne im August 2000 veröffentlichten Ausgabe des *Stern* nahm mit insgesamt 1,2 Millionen verkauften Exemplaren den Spitzenplatz des Jahres ein. 600 Volkshochschulen reagierten positiv auf den im Frühjahr 2000 erfolgten Aufruf des DVV und sagten eine Beteiligung für Herbst desselben Jahres zu. Mehr als 42.000 Teilnehmende in fast 3.900 Kursen wurden damals verzeichnet – eine Steigerung von 85 Prozent gegenüber dem Vorjahr.

Die Zahlen zeigen, dass Volkshochschulen einen gewichtigen Beitrag dazu geleistet haben, große Teile der Bevölkerung zur Teilhabe am Internet zu befähigen. Um zu verstehen, warum sie diese Mammutaufgabe bewältigen konnten, müssen wir in die 1980er Jahre zurückschauen. 1984 – Personal Computer in der Volkshochschule: Fehlanzeige. In den Firmen standen meist noch Großcomputer. Ein Freund lieh uns einen Kleinstcomputer, den wir in den folgenden

Monaten an zahlreichen Volkshochschulen im Rahmen der ersten Textverarbeitungsseminare präsentierten. Zu Beginn saßen bis zu zwölf Teilnehmende und starrten auf einen kleinen Bildschirm. Zwei Diskettenlaufwerke konnten Acht-Zoll-Disketten (für die Älteren: so groß wie Single-Schallplatten) aufnehmen, und auf dem 32-KB-Speicherplatz fanden neben dem Schreibprogramm WordStar gespeicherte Schriftstücke Platz. Mitte der 1980er Jahre hatten die ersten Volkshochschulen bereits eine Computerausstattung. Meist saßen zwei Personen vor einem Bildschirm und arbeiteten sich in Textverarbeitung ein. Wir entwickelten Seminare im Rahmen des Bildungsurlaubs und als Wochenendkompaktkurse, wir schulten hauptberufliche Mitarbeitende im Umgang mit der auch ihnen neuen Technik, wir stellten unsere Ansätze bei Konferenzen und auf dem Volkshochschultag 1985 vor.

Nach und nach wurde deutlich, dass diese Technologie die Bürowelt nachhaltig verändern würde. Der Druck auf die Kursteilnehmenden stieg, erwarteten doch gerade die Chefs kleiner Betriebe nach einem 40-stündigen Bildungsurlaub wahre Wunder: Beratungshilfe beim Kauf, Unterstützung bei der Einweisung weiterer Mitarbeitender und perfektes Handling von Maschine und Programm. Die Volkshochschulen erlebten in den Folgejahren einen Aufschwung mit einer Vielzahl immer differenzierterer PC-Kurse. Aber noch standen die Computer allein und in aller Regel nach innen und außen unvernetzt in den Schulungsräumen. Dies änderte sich erst Mitte bis Ende der 1990er Jahre.

Im Rückblick ist die Kampagne „Internet für Einsteiger" ein typisches Beispiel für die Rolle der Volkshochschule, gesellschaftliche Veränderungen konstruktiv zu begleiten. Ohne Volkshochschule wäre die „digitale Alphabetisierung" der Gesellschaft nicht im selben Umfang gelungen. Und die Entwicklung schreitet weiter voran: Volkshochschulen sind heute wiederum gefordert, Arbeitnehmerinnen und Arbeitnehmer auf die Herausforderungen der neuen Arbeitswelt 4.0 vorzubereiten. Sie müssen Menschen mit neuen Technologien und ihren Chancen und Risiken vertraut machen. Aber genau in diesem Spannungsfeld entsteht der Raum, in dem sich Volkshochschulbildung bewähren muss.

BERND PASSENS & INGRID SCHÖLL

haben in den 1980er Jahren als Volkshochschuldozenten die Vermittlung von IT-Kenntnissen vorangetrieben.

Rahmen für das Sprachenlernen

Bei einem Symposium des Europarats in der Schweiz im Jahr 1991 wurde erstmals die Idee besprochen, Sprachkompetenzen länderübergreifend in Stufen einzuteilen. Das Sprachenlernen sollte dadurch intensiviert, die internationale Kommunikation effektiver gestaltet und die Vergleichbarkeit unter den europäischen Mitgliedsstaaten hergestellt werden. In der Folge entwickelten verschiedene Gruppen und Institutionen den Gemeinsamen Europäischen Referenzrahmen (GER), den der Europarat im Jahr 2001 veröffentlichte. Mit dem GER ist es Sprachpraktikern im Verbund mit den Volkshochschulen gelungen, etwas im Weiterbildungsbereich zu etablieren, das auf den gesamten Bildungsbereich ausstrahlt.

Der Referenzrahmen bildet eine umfangreiche Empfehlung für Sprachlehrende und -lernende, rückt die Kommunikation in einer (Fremd-)Sprache in den Mittelpunkt und geht dabei von den bekannten Fertigkeiten aus: Lese- und Hörverstehen, Schreiben und insbesondere Sprechen, sowie weitergehenden wichtigen Spezifizierungen. Das Sprachenlernen an den Volkshochschulen ist auf den GER abgestimmt und belegt, dass die Bildungseinrichtung nicht nur in Bezug auf diese europaweite Klassifizierung in der Bildungspraxis mit der Zeit geht. Die Skalierung der Sprachkompetenz in Form der sechs Niveaustufen von A1 bis C2, die der GER festlegt, ist heute so selbstverständlich und allgegenwärtig, dass es schwer verständlich scheint, wie es überhaupt ohne sie gehen konnte. Zuvor wurden Sprachkurse meist mit relativen und unsicheren Angaben wie Anfängerkurs 1 und 2, Fortgeschrittene 1 und 2 klassifiziert; schulische Angaben wie „3 Jahre Französisch" waren noch weniger aussagekräftig. Sie bezogen sich auf den Lernfortschritt in einer bestimmten Steigerung – abhängig vom verwendeten Lehrwerk, eingesetzten Lernformen (selbst/gesteuert), Lernagenturen (Schule, Erwachsenenbildung …) – und waren somit schwer vergleichbar. Der GER ist nicht durch eine bestimmte Lernschrittabfolge definiert, sondern beruht auf Can-do-Beschreibungen, die alltagspraktische Sprachhandlungen darstellen. Diese Kompetenzbeschreibungen sind unabhängig von Lernwegen und -umständen und ermöglichen systemübergreifende Vergleiche.

Die Entwicklung des Fremdsprachenlernens in der Erwachsenenbildung war und ist ein stetiger Prozess mit vielen kleineren und größeren „Schüben", von der Abkehr von einem schulisch geprägten Grammatik-Übersetzungs-Unterricht hin zu der heutigen kommunikativen Orientierung, vom Frontalunterricht zum partnerschaftlichen Lernen, vom angeleiteten Lernen in festen Gruppen (wie er heutzutage noch größtenteils an Volkshochschulen praktiziert wird) zur Kombination verschiedener Lernformen, -orte und -zeiten. Den augenblicklichen Stand der Dinge findet man im Referenzrahmen detailliert dargestellt und im hohen Maße in Form von Deskriptoren „operationalisiert" wieder. Darüber hinaus weist der GER mit seinem Mehrsprachigkeitsansatz auf zukünftige Perspektiven des Fremdsprachenlernens hin. Die Leistung des GER sollte sich also auf keinen Fall auf die innovative Skalierung von Sprachkompetenz – so nützlich sie sich für Kursorganisation und Nachweisfunktionen (Tests) erwiesen hat – beschränken.

Der GER ist ein grenzüberschreitendes europäisches Produkt, angestoßen von einer internationalen Gruppe von Wissenschaftlern und Didaktikern. Bei seiner Einführung wurde er jedoch keineswegs sofort angenommen, sondern in der (deutschen) Fachöffentlichkeit für Sprachdidaktik teilweise heftig

Gemeinsamer Europäischer Referenzrahmen

Common European Framework | Cadre européen commun de référence
Marco de Referencia Común Europeo | Общеевропейские компетенции
владения иностранным языком | Avrupa birliği standartlarında

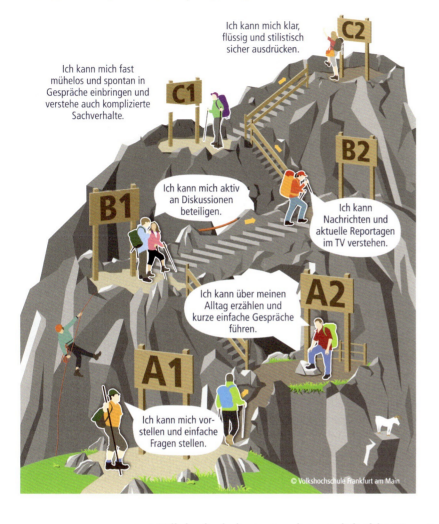

kritisiert. Auch in Einrichtungen der Erwachsenenbildung mussten Widerstände überwunden werden, nicht zuletzt, weil Umstellungen immer mit Mehrarbeit verbunden sind und versprochene Vorteile oft nicht eintreten.

Es gibt neben dem Kerndokument GER weitere wichtige, hiervon abgeleitete Werkzeuge und Hilfsmittel. Hier wäre das Portfolio, Raster zur Selbsteinschätzung zu nennen, das im Rahmen selbstständigen Lernens eine bedeutende Rolle spielt (auch ergänzend oder komplementär zu gelenkten Unterrichtsformen). DIALANG ist ein freies, im Internet verfügbares diagnostisches Instrument zur Selbstevaluation, ebenfalls abgeleitet vom GER, mit modifizierten Deskriptoren. Wenn von der Bedeutung des GER für das Sprachenlernen an Volkshochschulen gesprochen wird, darf der Hinweis auf die Sprachenzertifikate nicht fehlen. Diese waren echte Volkshochschulprodukte, entwickelt in Projekten an der Pädagogischen Arbeitsstelle des Deutschen Volkshochschul-Verbands. Revolutionär waren sie durch ihre Abkehr vom schulischen Fremdsprachenlernen hin zu erwachsenenbildungsgemäßen Zielen (Alltagskommunikation) und Methoden. Über die Zertifikatstests nahmen Volkshochschulen nachhaltig Einfluss auf das Sprachenlernen, indem sie etwa Hör- und Leseverstehen als eigenständige Ziele etablierten.

GERHARD VON DER HANDT

war bis 2009 Mitarbeiter am DIE und entwickelte dort die Sprachenprogramme für Volkshochschulen.

Qualität selbst managen?

Der Rahmen kann wohlgesetzter kaum sein, als am 22. November 2002 Vertreterinnen und Vertreter aus Wissenschaft, Politik, Wirtschaft und Erwachsenenbildung nach Potsdam reisen, um den Startschuss für ein neues Qualitätsmanagement zu geben: Man trifft sich in der Staatskanzlei des Landes Brandenburg, und eröffnen wird die Konferenz kein Geringerer als Steffen Reiche, Minister für Bildung, Jugend und Sport des Landes. Im Rahmen dieser Veranstaltung verleihen Rainer Zech von der Testierungsstelle ArtSet und Jürgen Heinen-Tenrich vom Landesverband der Volkshochschulen Niedersachsens den ersten geprüften Weiterbildungseinrichtungen feierlich ein LQW-Testat. Künstlerisch begleitet wird die Verleihung von dem hannoverschen Keramik-Künstler Guido Kratz, der ein LQW-Netzwerkbild Stück für Stück zusammensetzt. Was ist LQW? Was ging der Potsdamer Tagung voraus, was folgte? Fragen an zwei Protagonisten des Verfahrens, Brigitte Bosche und Peter Krug, protokolliert von Peter Brandt:

Was unterscheidet LQW von anderen Modellen, mit denen Organisationen Qualität sichern und entwickeln?
BRIGITTE BOSCHE: Die Lernerorientierte Qualitätsentwicklung (LQW) ist ein Eigengewächs der Weiterbildung, kein an einer importierten Industrienorm orientiertes Modell. Bei LQW geht es darum, den Einrichtungen durch Qualitätsbereiche und Anforderungen einen klaren Rahmen vorzugeben, anhand dessen sie ihre eigene Qualität beschreiben und belegen können. Die elf Bereiche folgen dem pädagogischen Prozess und fragen zum Beispiel nach dem Selbstverständnis der Einrichtung oder der Durchführung und Auswertung des Bildungsangebots.
PETER KRUG: Der Selbstreport ist Grundlage einer externen Testierung durch Gutachter, die ihrerseits aus der Weiterbildung selbst kamen und für diese Tätigkeit spezifisch ausgebildet wurden. LQW ist ein Modell, das die Selbstreflexivität der Einrichtung unterstützt und in dem das gelingende Lernen zentral gesetzt wurde.

Die Rahmung der Potsdamer Tagung zeigt, dass die Politik dieses Modell wollte. Welcher Prozess ging der LQW-Entwicklung voraus und worin bestanden die Interessen von Bund und Ländern?
KRUG: Bund und Länder haben im Rahmen einer gemeinsamen Kommission zum Lebenslangen Lernen die Entwicklung und Verbreitung von LQW durch sogenannte Verbundprojekte gefördert. Auch die Kultusministerkonferenz mit ihrem Ausschuss für Fort- und Weiterbildung war aktiv beteiligt. Man hielt es in den beteiligten Ministerien für unklug, einfach die Qualitätsdiskussion der Wirtschaft, etwa nach DIN EN ISO, zu übernehmen. Für die Weiterbildung sollte ein anderer Ansatz gefunden werden, der das Zusammenwirken zwischen Einrichtung, Lehrenden und Lernenden als Voraussetzung für gelingendes Lernen in den Mittelpunkt stellte. Was zunächst in Niedersachsen begonnen hatte, wurde ab 2003 bundesweit ausgerollt. LQW war als wichtiger Bestandteil der Modernisierung der Weiterbildung gedacht. Man wollte vorhandene Qualität anerkennen, zugleich aber auch zur Verbesserung der Weiterbildungsergebnisse bei den Lernenden beitragen. Damit wollten wir auch die Weiterbildungskultur in Deutschland fördern – nicht zuletzt, um die Forderung einzulösen, dass die Weiterbildung als vierte Säule des Bildungssystems etabliert werde.

BILD Netzwerkbild von Guido Kratz: Kacheln für qualitätstestierte Weiterbildungseinrichtungen

Was bedeutet LQW für die Geschichte der Volkshochschulen?
BOSCHE: Ein knappes Drittel aller bisher durchgeführten Testierungen betrifft Volkshochschulen. Die Volkshochschulszene hat sich, angeführt vom Landesverband Niedersachsen, somit als impulsgebend erwiesen. Qualitätsmanagement ist inzwischen Alltag in der Weiterbildung: 2017 verfügen 80 Prozent der Anbieter über mindestens ein Qualitätsmanagementverfahren. Schließlich setzen auch viele Förderprogramme von Bund und Ländern voraus, dass Anbieter ein Qualitätsmanagementsystem vorhalten. LQW ist dabei das am zweithäufigsten genutzte Verfahren. Unterm Strich sind das aber nur zehn Prozent der Anbieter – vielleicht doch weniger, als manche gehofft hatten. Erfreulich aber ist, dass die Qualifizierung des pädagogischen Personals und die Verbesserung der Abläufe in Organisationen, anders als zu Beginn der Qualitätsdebatte in den 1990er Jahren, heute nicht mehr als Gegensatz betrachtet werden.

Und das Netzwerkbild von Guido Kratz? Es wächst mit jeder Testierung weiter. Jede Einrichtung erhält mit dem LQW-Testat eine individuelle 30 mal 30 Zentimeter große Fliese. Über dieses Projekt schreibt Kratz in seinem Blog: „Jede testierte Organisation hat ihre ganz eigene Qualität, nimmt aber auch an der übergeordneten Idee der Qualität in der Weiterbildung teil und ist dadurch Teil eines Ganzen. So bringt das Netzwerkbild die beteiligten Organisationen in einen Zusammenhang. Jede für sich und alle gemeinsam stehen für eine sich ständig weiter entwickelnde Qualität in der Weiterbildung."

BRIGITTE BOSCHE & PETER KRUG

Peter-Richard Krug hat politische Wege für ein eigenes Qualitätssystem der Weiterbildung geebnet, die Brigitte Bosche als Wissenschaftlerin im DIE sowie als Gutachterin mitgegangen ist.

Grundbildung digital

Im Jahr 2003 haben die Vereinten Nationen die Weltdekade der Alphabetisierung ausgerufen, um die Aufmerksamkeit auf dieses Thema zu lenken. Im selben Jahr ging das weltweit einzigartige Projekt APOLL (Alfaportal Grundbildung für Erwachsene) beim DVV an den Start. Dessen Herzstück war www.ich-will-schreiben-lernen.de, die erste Online-Lernplattform für funktionale Analphabeten in Deutschland. „Mit Hilfe eines Lernraumes im Internet soll den vier Millionen funktionalen Analphabeten in Deutschland eine Brücke in die Welt der Schrift gebaut werden", so die Vision von APOLL. Ziel war es, die Grundbildung durch den Einsatz neuer Medien zu verbessern und die Öffentlichkeit für das Thema Analphabetismus zu sensibilisieren. Das Bundesministerium für Bildung und Forschung hatte Mittel für die Entwicklung des Projekts zur Verfügung gestellt, das in Kooperation mit dem Bundesverband für Alphabetisierung beim DVV entstand. Treibende Kraft für diese Entwicklung im Verband war von Anfang an Gundula Frieling. Schon damals war ihr wichtig, Grundbildung nicht auf das Lesen und Schreiben zu begrenzen, sondern auf Themen wie Medienkompetenz auszuweiten. Zugleich sah sie die Chance, über Online-Angebote viele Lerninteressierte zu erreichen, die keine Kurse vor Ort besuchen.

Mit dem Lernportal hat der DVV in mehrfacher Hinsicht Pionierarbeit geleistet: Es entstand ein Online-Portal für Lernende mit Lese- und Schreibschwierigkeiten und damit ein erstes Curriculum für die Alphabetisierung Erwachsener. Die virtuelle Lernplattform wurde für hybride Einsatzszenarien entwickelt, sie ist nutzbar in Kursen, aber auch für individuelles Lernen ohne Kursbesuch. Für den Bereich Schreiben wurde ein System entwickelt, bei dem ein Algorithmus die Fehler jedes Lernenden analysiert und auf dieser Basis weitere Aufgaben zuweist. Mit der Funktion „Kurs in Ihrer Nähe" stand bereits 2004 eine frühe Form des heutigen Kursfinders zur Verfügung. Lernen nach dem Lebensweltprinzip wurde – ganz im Sinne der Volkshochschultradition – zur konzeptionellen Leitlinie bei der Portalentwicklung. Übungen wurden auf der Plattform in lebensweltliche Kontexte eingebettet und sind von den Lernenden frei wählbar, Einstufungstests helfen beim Start im Portal. Für Informationstexte und Übungen gibt es eine Sprachausgabe. Online-Tutoren unterstützen die Lernenden und Kursleitende können als Online-Tutoren eigene Lerngruppen begleiten. Die Evaluation von 2012 bis 2014 belegte die Freude und Erfolge der Lernenden bei der Arbeit mit der Plattform und zeigte eine Vielfalt an Einsatzszenarien des Portals in Kurskontexten.

Wie innovativ das Multimedia-Projekt war, zeigen Auszeichnungen wie die Comenius-Medaille 2005 oder der Deutsche Bildungsmedien-Preis digita 2006. Viel sagten aber auch die Userzahlen: Schon in den ersten sechs Monaten nach Freischaltung waren mehr als 1.000 Lernende registriert. Zum Weltalphabetisierungstag 2008 waren es bereits 24.000. Dies lag unter anderem am extrem niedrigschwelligen Zugang: Zur Registrierung ist lediglich eine E-Mail-Adresse erforderlich, und das Angebot ist kostenfrei nutzbar. Mit der Erweiterung um den Schulabschlussbereich wurde 2008 das Portal zu www.ich-will-lernen.de und 2013 ging das Schwesterportal www.ich-will-deutsch-lernen.de online. Die Bedeutung des Projekts wurde mit der Leo-Studie von Anke Grotlüschen und Wibke Riekmann nochmals bekräftigt. Sie konstatierten 2011 mehr als 7,5 Millionen funktionale Analphabeten und mithin erheblichen Handlungsbedarf. Als fester Baustein der nationalen Dekade für Alphabetisierung von 2016 bis 2026 wurden daher beide Lernportale zum vhs-Lernportal weiterentwickelt. Dort können Menschen mit und ohne Deutschkenntnisse lernen und auf die vhs-Cloud, das Online-Netzwerk der Volkshochschulen und damit auf ihr gesamtes Angebot zugreifen.

Pädagogische Herausforderung ist die Entwicklung neuer Kursmodelle zur sinnvollen Verzahnung von Online- und Präsenzkomponenten. Voraussetzungen dafür sind die Verfügbarkeit digitaler Instrumente und mediendidaktische Kompetenzen der Kursleitenden in der Grundbildung wie in allen anderen Fachbereichen. Dieser Aufgabe stellen sich der DVV und die Volkshochschullandesverbände mit Fortbildungsangeboten und der vhs-Cloud.

APOLL markiert einen ersten Meilenstein auf dem Weg der Volkshochschulen ins Zeitalter der Digitalisierung und stellt unter Beweis, dass Volkshochschule ein guter Partner für die Entwicklung von Innovation in der Bildung ist – mit Ideen, Mut und verlässlichen Strukturen.

REGINA EICHEN

treibt als Projektleiterin im DVV seit vielen Jahren die Entwicklung und Nutzung digitaler Lernumgebungen und -plattformen voran.

Kaufhäuser für die Bildung

Am Bahnhof in Chemnitz angekommen, gilt es, den Weg zur Volkshochschule zu finden. Doch die Frage „Wo finde ich die Volkshochschule?" trifft auf ratlose Gesichter. Auf die Nachfrage, dass ich das Tietz suche, bekomme ich sofort Hilfe. Das Tietz, 2004 in Chemnitz eröffnet, ist nicht nur ein Bildungsort, der zum Start Volkshochschule, Bibliothek, Museum für Naturkunde und Neue Sächsische Galerie unter einem Dach zusammenführte. Es ist eine Marke, die zum Inbegriff einer kulturellen und bildungsorientierten Innenstadtentwicklung wurde. Gleichzeitig zeigt sich an diesem Ort deutsche Geschichte: 1913 als elegantestes Warenhaus Sachsens eröffnet, wurde es von den Nationalsozialisten geplündert und 1938 geschlossen. Die Eigentümer waren jüdischer Abstammung. Nach dem Zweiten Weltkrieg wurde es wieder ein Warenhaus, eines der modernsten in der DDR, das nach der Wende weitergeführt wurde. Es konnte sich allerdings nicht halten. Im Rahmen der Stadtentwicklung wurde es dann zum Bildungsort – und die vhs ein Teil davon.

Damit repräsentiert das Tietz eine Entwicklung in Deutschland, die Anfang der 2000er Jahre veränderte räumliche Strukturen im Kultur- und Bildungsbereich am Horizont aufscheinen ließ. Auch das Zentrum für Information und Bildung (ZIB) in Unna war ein solcher Ort, an dem verschiedene Institutionen die Zusammenarbeit im Dienste der Bürgerinnen und Bürger intensivierten. Gelegentlich wurden diese neuen Strukturen vor dem Hintergrund knapper Finanzmittel auch als Einsparmöglichkeit gesehen, allerdings zeigte sich schnell, dass dadurch auch mehr Bürgerinnen und Bürger für Bildungs- und Kulturangebote gewonnen werden konnten. Die Bedeutung der Zusammenarbeit von Volkshochschulen etwa mit Bibliotheken wurde bereits in den 1960er Jahren vom Deutschen Ausschuss für das Bildungs- und Erziehungswesen thematisiert. In den 2010er Jahren kommt es nun zu immer mehr Kooperationsverträgen zwischen Volkshochschullandesverbänden und Bibliotheken. Mit diesen neuen Bildungs- und Kulturzentren wurde eine Entwicklung wiederaufgenommen, die Ende des 19. und Anfang des 20. Jahrhunderts die Geschichte der Volkshochschule entscheidend prägte. In dieser Zeit befanden sich viele Volkshochschulen und Volksbüchereien in einem Gebäude und nicht selten unter einer Leitung. Doch auch nach dem Zweiten Weltkrieg gab es solche integrierten Konzepte wie etwa das Kulturzentrum Ludwigsburg, das 1969 eröffnet wurde.

Angekommen am Tietz öffnet sich eine Passage mit Geschäften und einem Café. Am Infopoint sitzt eine Person, die eine erste Orientierung liefert. Im Laufe der Zeit hat sich dies verändert. Der Infopoint wurde abgebaut, das Café zeitweise geschlossen – aus finanziellen Gründen. Dies gilt auch für das Gesamtkonzept des Hauses. Anfangs wurden die Aktivitäten der einzelnen Einrichtungen durch einen Intendanten koordiniert und der Versuch unternommen, die Einrichtungen konzeptionell miteinander zu verschränken. Doch das Intendanzmodell konnte sich letztendlich nicht durchsetzen. Das Tietz ist ein Paradebeispiel für die Suchbewegung einer bildungsorientierten Stadtentwicklung in den 2000er Jahren, die sich dadurch auszeichnet, dass vor dem Hintergrund der Herausforderungen bei der Unterstützung des Lebenslangen Lernens die Übergänge im Bildungsbereich weicher gestaltet werden sollten.

BILD   Das Kulturkaufhaus Tietz in Chemnitz

Die räumliche Einzigartigkeit und Weite dieses Gebäudes entfaltet sich, wenn man es Stockwerk für Stockwerk erkundet. Die Einrichtungen darin bilden Ankerpunkte, doch hat diese stockweise Strukturierung auch etwas Trennendes. Ein außenliegendes Treppenhaus und ein Fahrstuhl verbinden die Stockwerke. Die vhs „thront" über allem, ist aber auch am weitesten vom Eingang entfernt. Ob das ein Vor- oder Nachteil ist, bleibt eine Frage der Perspektive. Man stelle sich vor, das ganze Haus wäre so konzipiert, dass die Räume der vhs und Flächen der Bibliothek sowie der Museen miteinander vermischt wären – permanente Perspektivwechsel wären möglich, neu strukturierte Anregungsräume würden sich entfalten und das Lernen fände en passant beim Flanieren durch ein Kultur- und Bildungszentrum statt. So verlässt der Besucher „DASTietz", so die Eigenschreibweise, mit gemischten Gefühlen: beeindruckt von einem Gebäude, das Bildung und Kultur unter der Perspektive eines breiten Angebots für die Bürgerinnen und Bürger eindrücklich verbindet, nachdenklich darüber, was möglich wäre, wenn man die Grenzen der Einrichtungen abbauen würde – und dies gilt nicht nur für das Tietz, sondern für die Kultur- und Bildungslandschaft in Deutschland insgesamt.

RICHARD STANG

berät Einrichtungen beim Neu-Denken von Raumkonzepten und engagiert sich für das Zusammenwachsen kommunaler Einrichtungen.

Einwanderungsland Deutschland

Zum 1. Januar 2005 trat in Deutschland das Zuwanderungsgesetz in Kraft. Immer wieder war es zuvor – teils unter zweifelhaften Begleitumständen – auf die lange Bank geschoben worden. Die Kernthese, Deutschland sei kein Einwanderungsland, hielt sich hartnäckig. Ein von Wissenschaft, Wirtschaft und Gesellschaft immer wieder eingeforderter Perspektivwechsel in der Zuwanderungspolitik wurde jahrelang verschleppt.

Als Vorsitzende einer eigens eingesetzten Kommission, die sich verpflichtet fühlte, mit Mut zu neuem Denken ein zukunftsfähiges Gesamtkonzept zu entwickeln, erlebte ich eine Debatte, die zunehmend emotional und polarisiert geführt wurde, in weiten Teilen vorbei an einer offensichtlichen gesellschaftlichen Wirklichkeit. Erst nach einem langen und zähen Aushandlungsprozess wurde das Zuwanderungsgesetz beschlossen, das zumindest die Realität des „Einwanderungslands Deutschland" nicht länger leugnete. Damit markierte das Gesetz den Beginn eines längst überfälligen Paradigmenwechsels in der Migrationspolitik. Rechtsanspruch, Verbindlichkeit und Konzept der Integrationsförderung waren fortan gesetzlich festgeschrieben, was auch die Erwachsenenbildung vor neue Herausforderungen stellte.

BILD Lernen im Integrationskurs der Volkshochschule

Zwar waren Volkshochschulen mit ihren Kursen in den Bereichen Deutsch als Zweitsprache (DaZ) und Deutsch als Fremdsprache (DaF) – immerhin 1,7 Millionen Unterrichtsstunden im Jahr 2003 – sowie ihren Angeboten der kulturellen, beruflichen und sozialen Bildung schon vor dem Zuwanderungsgesetz in der integrationsfördernden Erwachsenenbildung aktiv. Jedoch wurde ihre Arbeit als Integrationskursträger fortan stark durch bürokratische Prozesse, finanzielle Planungsnotwendigkeiten und konzeptionelle Vorgaben geprägt. Auch pädagogisch wurde der Integrationskurs für Volkshochschulen zur Herausforderung: Die von der Idee der Freiwilligkeit geprägte Lernkultur der Volkshochschule traf erstmals auf Teilnehmende, die zum Besuch eines Kurses verpflichtet wurden, sowie ein Kurssystem, das Kurserfolge der Teilnehmenden zum Gradmesser erfolgreicher Integration machte. Trotz dieser Spannungsfelder entwickelten sich die Volkshochschulen von Beginn an konsequent zum größten Anbieter von Integrationskursen in der Bundesrepublik. Zum 31. Dezember 2017 waren laut Integrationskursstatistik 544 der 1.736 zugelassenen Integrationskursträger Volkshochschulen.

Zehn Jahre nach der Einführung der Integrationskurse, als 2015 mehr als eine Million Flüchtlinge aus dem Nahen Osten und anderen Krisengebieten in Deutschland Schutz suchten, wurden die Volkshochschulen zu der Instanz, die einen beträchtlichen Anteil an der Losung „Wir schaffen das" trug. Mehr als 300.000 Teilnehmerinnen und Teilnehmer besuchten in den Jahren 2015 bis 2017 einen Integrationskurs an der Volkshochschule. Im Jahr 2017 entschieden sich 34 Prozent aller Integrationskursteilnehmenden für die Volkshochschule als Lernort.

Und dennoch: Trotz des historischen Vorstoßes von 2005 bleiben bis heute viele Herausforderungen, denen sich Deutschland als Einwanderungsland stellen muss. Längst hat sich gezeigt, dass Integration ein Prozess ist, der gesamtgesellschaftlich gedacht werden muss. So adressieren Volkshochschulen mit Angeboten der interkulturellen Bildung auch die aufnehmende Gesellschaft im Wissen, dass Integration keine einseitige Leistung von Seiten der Zuwandernden ist. Mit bedarfsgerechten Bildungsangeboten müssen allen Menschen neue Kompetenzen mit Blick auf das Zusammenleben in einer multikulturellen Gesellschaft vermittelt werden. Nur so lässt sich im Einwanderungsland Deutschland auf Dauer der gesellschaftliche Zusammenhalt bewahren.

RITA SÜSSMUTH
Erwachsenenbildungsexpertin und Migrationspolitikerin, waren Integrationskurse ein zentrales Anliegen.

„Die Welt zu Gast bei Freunden"

Nach 32 Jahren kam 2006 endlich wieder die Fußball-Weltmeisterschaft nach Deutschland. Nicht nur eine sportliche Herausforderung für unsere Mannschaft, sondern auch eine große Bühne für unser ganzes Land, erwartete man zu diesem Großereignis doch Fans aus mehr als 32 Nationen. Diese sollten sich in Deutschland nicht nur willkommen fühlen, sondern „zu Gast bei Freunden", so das offizielle Motto der WM.

Als guter Gastgeber bereitet man sich vor, wenn man Freunde zu sich einlädt. Was aber war nötig, um die zahlreichen Fans aus aller Welt wie Freunde zu empfangen und ihnen ein positives Bild von Land und Leuten zu vermitteln? Dass es nicht an Begeisterung für den Sport und das Turnier mangeln würde, davon war auszugehen. Auch dass die Infrastruktur stimmen und vieles perfekt organisiert sein würde. Doch reichten auch die Fremdsprachenkenntnisse in der Bevölkerung aus, um eine Verständigung mit Menschen aus anderen Nationen zu ermöglichen? Was wussten die Deutschen über ihr eigenes Land, das sie nun Menschen aus der ganzen Welt zeigen könnten? Und wie war es eigentlich in der deutschen Fan-Gemeinde um Wissen und Offenheit für Sitten, Gebräuche und Eigenarten der Gäste bestellt?

Ich war selbst 1999 von Brasilien nach Deutschland gekommen und anfangs war alles neu für mich. Als ich mitten im Sommer in München landete, hatte ich einen viel zu dicken Anzug an, weil ich dachte, es wäre eiseskalt, und ich sprach kein Wort Deutsch. Beim bayerischen Landesligisten Türk Gücü München, in dem ich Fußball spielte, hielt der Trainer eine Ansprache auf Türkisch und ein Mitspieler übersetzte ins Deutsche, ich aber verstand absolut nichts. Sobald ich mich einigermaßen verständigen konnte, entdeckte ich die deutsche Kultur. Mehr und mehr konnte ich Fragen stellen. Als ich die ersten deutschen Bücher lesen konnte, wurde es immer spannender. Das Lernen machte mir immer größere Freude, ich konnte mich weiterbilden, meinen immer stärker werdenden Wissensdurst befriedigen, ich wollte begreifen, was denn Deutschland eigentlich alles ausmacht. Dieses Land wuchs mir als zweite Heimat ans Herz und ich legte die telc-Prüfung für Zuwanderer, das Zertifikat Deutsch, ab und war später telc-Botschafter für Mehrsprachigkeit und Integration. Im November 2016 bat mich der DFB, die Rolle als Integrationsbeauftragter zu übernehmen. Ende 2017 wurde ich in den Integrationsbeirat des Landes Baden-Württemberg berufen. Unser Land ist einmalig, seine Menschen, seine Vielfalt, seine Freiheiten und seine Weltoffenheit, auch sein Wohlstand.

Diese und andere Gastgeberqualitäten galt es für Deutschland für die WM 2006 zu aktivieren, um die Welt als Freunde zu empfangen. Hierfür war ein „großes, die gesamte Bevölkerung erfassendes Lernprogramm" vonnöten, wie der Erziehungswissenschaftler Jochen Kade formulierte. Eine Herausforderung wie gemacht für die Volkshochschulen. Mit der bundesweit angelegten Kampagne „Sprachenweltmeister" rückten die Volkshochschulen besonders das Lernen der 16 vertretenen Gastsprachen in den Fokus. Als Pate fungierte der ehemalige Weltklassestürmer und Bundestrainer Rudi Völler, der der Aktion den passenden Slogan mitlieferte: „Es gibt nur einen Rudi Völler – uns gibt es in jeder Stadt. Ihre Volkshochschule." Und so wurde dann auch deutschlandweit einiges geboten: In Crashkursen wie „Sprachlich fit für die WM" vermittelten Volkshochschulen sprachliche Grundkenntnisse für die

**SABRINA ADDUCCI-VÖLLER
RUDI VÖLLER**

**SPRACHENWELTMEISTER
FUSSBALL-FIBEL**

Verständigung im Stadion und auf den Fanmeilen. Die dazugehörige Fußball-Fibel, die die wichtigsten Fußballbegriffe und Anfeuerungsrufe in die Gastsprachen übersetzte, war ein beliebter Begleiter – im Kursgeschehen wie im Stadion.

Volkshochschulen boten für Mitarbeitende in Stadtverwaltungen, Verkehrsbetrieben und im Hotel- und Gaststättengewerbe eigens auf die Bedürfnisse der Dienstleistungsebene zugeschnittene Sprachkurse an. Zu einer besonderen Kooperation kam es an den Bahnhöfen der zwölf Austragungsorte: Sprachlehrkräfte der örtlichen Volkshochschulen begrüßten dort gemeinsam mit Mitarbeiterinnen und Mitarbeitern der Deutschen Bahn die Fans der Gastmannschaften in ihrer jeweiligen Muttersprache und sorgten so für erste Orientierung und einen unvergesslichen Ersteindruck. Doch auch abseits des Sprachenlernens gab es an den Volkshochschulen rund um die WM viel zu lernen. Für den geopolitisch interessierten Fan gab es Vorträge zur gesellschaftlich-politischen Lage in den Teilnehmerländern. Mit Schiedsrichter-Regel-Seminaren und Einführungen in die Spieltaktik sollte auch noch der fußballerische Laie zum Experten werden. Dank all dieser Angebote vor und während des Sommermärchens lernte Deutschland so eine ganze Menge über Fußball, die Welt und auch sich selbst. Am Ende wurde die Fußball-WM 2006 in Deutschland ein voller Erfolg. Es wurde zum Sommermärchen. Mit ihrem Engagement haben auch die Volkshochschulen dazu beigetragen, dass wir uns der Welt aufgeschlossen, weltoffen, gastfreundlich und hilfsbereit präsentiert haben. Und auch heute noch ist an Volkshochschulen jeden Tag die Welt zu Gast bei Freunden.

CLAUDEMIR JERÔNIMO BARRETO ALIAS CACAU

kam als junger Fußballspieler nach Deutschland, heute setzt er sich als Integrationsbeauftragter des DFB für den Abbau von Vorurteilen ein.

Tatort Volkshochschule

BILD Dreharbeiten: Maria Furtwängler und Bjarne Mädel in der vhs Osnabrück

„Ruhe! Ton läuft! 21/A die Dritte." In der Volkshochschule der Stadt Osnabrück herrscht Ausnahmezustand, als dort die 663. Folge des „Tatort" mit dem Titel „Das namenlose Mädchen" gedreht wird. Ausgestrahlt wird sie am 15. April 2007.

Als Oberbürgermeister Hans-Jürgen Fip im Sommer 2006 am Telefon erwähnte, dass der NDR plane, erstmals einen „Tatort" mit Maria Furtwängler in dieser Stadt zu produzieren, schoss es mir durch den Kopf: Drehort zu werden wäre eine einmalige Chance für die Volkshochschule – eine Gelegenheit, sich neu ins Gespräch zu bringen. Denn noch immer geistert die Bezeichnung „Volkshochschulniveau" mit einer ignoranten Konnotation, die nach Makramee müffelt, durch die Untiefen der Bildungsdebatten in Politik und Medien. Volkshochschule löst in der öffentlichen Wahrnehmung leider noch nicht überall Begeisterungsstürme aus, noch versprüht sie den Charme spannender Bildungserotik.

Daher macht es neben der Entwicklung eines qualitativ hochwertigen Programms Sinn, immer wieder auch die Wahrnehmung des Instituts Volkshochschule in der Öffentlichkeit in Bewegung zu bringen. Was dieses bewirken kann, hat der Künstler Christo am Beispiel des Reichstags gezeigt, dessen Verpackung in Berlin eine festivalartig gelöste Stimmung erzeugte. Die Volkshochschule für den „Tatort" zur Verfügung zu stellen, war vor diesem Hintergrund eine einmalige Chance, ist der sonntägliche Krimi für Millionen Deutsche doch längst zum obligatorischen Ritual geworden. Hier werden in der Nachfolge von Grimms Märchen zunehmend soziale Themen zum spannungsgeladenen Narrativ der bundesdeutschen Öffentlichkeit. Ich entschloss mich daher spontan, die vhs als Location für das Polizeikommissariat anzubieten, auch wenn die Folgen kaum absehbar waren. Dass eine veränderte Wahrnehmung der Volkshochschulen tatsächlich würde gelingen können, offenbarten bizarre Szenen, die sich bereits Wochen vor den eigentlichen Drehterminen vor und in der Volkshochschule abspielten. Hunderte, wenn nicht gar Tausende von Menschen jeglichen Alters waren dem Aufruf einer Casting-Agentur gefolgt, sich um Komparsenrollen für den Film in der Volkshochschule zu bewerben. Nicht nur der für 200 Personen zugelassene Vortragssaal war überfüllt, ebenfalls die beiden Treppenhäuser über vier Etagen und der Vorplatz der vhs. Auch die Zuwegung zur Volkshochschule war, soweit das Auge reichte, mit einer Menschenmenge geflutet. Die innere Organisation der Volkshochschule war ebenfalls stark gefordert, weil der Semesterbetrieb wie geplant weitergeführt werden sollte. Immer wieder mussten auf den Fluren Laufschienen für die Kameras neu verlegt werden. Das Büro des stellvertretenden Direktors wurde nach fotografischer Dokumentation des gesamten Aktenbestandes komplett geräumt und für die Kommissarin Charlotte Lindholm (Maria Furtwängler) vom LKA als Dienstzimmer hergerichtet. Auch der Staatsanwalt alias Bjarne Mädel benötigte sein Büro. Mein eigenes verwandelte sich in die Umkleide, Maske und Requisite für Maria Furtwängler. Der Gymnastikraum im Keller geriet zum Verhörzentrum des Kommissariats. Alle Mitglieder des vhs-Teams waren irgendwie gefordert. So wurde Hausmeister Helmut Hilfers schnurstracks mithilfe einer Uniform zum Polizeikommissar Zellner befördert.

Es entwickelte sich eine völlig neue Atmosphäre, eine Stimmung von erwartungsvollem Stress, lockerer Spannung und abenteuerlustiger Fröhlichkeit. Der Vorplatz der Volkshochschule wurde zum Feldlager der 35-köpfigen Crew mitsamt ihrer Ausrüstung und mobilen Kantine. Mitarbeitende nutzten die einmalige Chance ausgiebiger Backstage-Gespräche mit Mitgliedern des „Tatort"-Teams. Es war plötzlich völlig normal, dass eine Schauspielgröße wie Maria Furtwängler jeden Morgen an der Volkshochschule vorbei um den Rubbenbruchsee joggte und in der Altstadtkneipe „Zwiebel" ihren 40. Geburtstag feierte. Auch Thomas Gottschalk schaute kurz rein: Osnabrück lag für ihn auf dem Weg, da er seine Yacht vom Rhein an die Nordsee überführte.

Nach 23 Drehtagen mit jeweils zehn Stunden reiner Drehzeit an 25 Drehorten in der Stadt war es endlich geschafft. Eine Erfahrung mit nachhaltiger Wirkung für alle Beteiligten, aber auch in der Öffentlichkeit. Ende März 2007 gab es dann die Vorab-Premiere für 300 geladene Gäste im Cinema-Arthouse in Osnabrück. Angesichts all dieser Erfahrungen zeigte sich: Eine öffentliche Bildungseinrichtung wie die Volkshochschule bleibt in Bewegung, wenn sie sich auf gesellschaftliche Entwicklungen immer wieder reflektierend einlässt. Und sie bleibt lebendig dadurch, dass die Mitarbeitenden die Chance bekommen, sich durch Impulse immer wieder neu zu verorten. Dies gelang in Osnabrück, indem ein Ausnahmezustand die Wahrnehmung in Bewegung gebracht hat – innerhalb der Organisation wie auch in der Stadtöffentlichkeit.

JOHANNES F. HARTKEMEYER

von 1990 bis 2008 Direktor in Osnabrück, übersah die Folgen nicht, als er entschied, seine Volkshochschule für einen „Tatort" zu öffnen.

Auf dem Weg zur inklusiven Volkshochschule

Am 3. Mai 2008 trat in Deutschland die Behindertenrechtskonvention in Kraft, die Menschen mit Behinderung eine gesellschaftliche Teilhabe ermöglichen soll. Doch es zeigte sich, dass der Weg zu einer inklusiven Gesellschaft und zu einer inklusiven Volkshochschule ein weiter sein würde. In der vhs Osterholz-Scharmbeck/Hambergen/Schwanewede saß man 2008 im ersten Stockwerk eines Mietgebäudes ohne Fahrstuhl. Aber nicht nur die räumlichen Bedingungen in der niedersächsischen Einrichtung waren ungeeignet für Menschen mit eingeschränkter Mobilität. Es kamen weitere Fragen auf: Geht es nur um Raum und Ausstattung? Was umfasst Barrierefreiheit noch? Das Team der Volkshochschule beschloss, sich auf den Weg zu machen und strebte inklusivere Bildungsarbeit an.

Ein wichtiger Schritt dabei war, Menschen mit Behinderung nicht als eine homogene Zielgruppe wahrzunehmen, sondern in ihrer Vielfalt zu erfassen. Dabei wurde das Augenmerk auf deren Kompetenzen und nicht auf ihre Defizite gelegt. Dreh- und Angelpunkt wurde die Auseinandersetzung mit einer diversitätssensiblen Kommunikation. Die Einrichtung startete mit der Ansprache von Personen mit geistiger Lerneinschränkung. Leichte Sprache, Veränderung der Schriftgröße, die Entwicklung eines Bild-Leit-Systems sowie mehr Bilder und Symbole für die Raumorientierung waren wichtige Schritte. Zusätzlich wurde die kostenfreie Teilnahme für Begleitpersonen eingeführt.

Auf der Mitarbeiterebene gab es ebenfalls spannende Entwicklungen: 2013 kam eine rollstuhlfahrende Jahrespraktikantin aus einer Behindertenwerkstatt. Mit Hilfe konnte sie die Treppen im Gebäude überwinden. Viel Platz war im Büro nicht, aber ein unterfahrbarer Tisch konnte organisiert werden. Die Praktikantin hatte eine besondere Stärke: Sie konnte sich sehr gut in Personen mit geistiger Lerneinschränkung einfühlen. Ein Glücksfall, sollten doch vermehrt Texte in Leichter Sprache formuliert werden. Sie prüfte und korrigierte diese auf Sprachniveau und Verständlichkeit. Darüber hinaus lernte das Team der vhs Osterholz-Scharmbeck während ihres Jahrespraktikums viel über die Bedürfnisse von Personen, die in Behindertenwerkstätten arbeiten und in spezifischen Wohngruppen leben. Mit der zunehmenden Anzahl an Ausschreibungen in Leichter Sprache kamen auch mehr Personen mit geistiger Lerneinschränkung in die Kurse.

In den zurückliegenden Jahren gab es deutschlandweit einige von Aktion Mensch geförderte Projekte in Leichter Sprache, bei denen Volkshochschulen mit Einrichtungen der Behindertenhilfe kooperierten. Im Berliner Projekt ERWIN hat sich diese Zusammenarbeit verfestigt: Jedes Semester erscheint ein umfangreicher Bildungskatalog in Leichter Sprache. Auch auf weiteren Ebenen wurde das Konzept der Inklusion weitergedacht. Im Januar 2015 erging vom Bundesarbeitskreis Fortbildung – Qualität – Beratung des DVV ein Vorschlag an alle Volkshochschulen, um den Zugang für Menschen mit Behinderung zu verbessern. Die Handlungsempfehlungen beziehen sich sowohl auf räumliche Gegebenheiten als auch auf Kursprogramme, die Öffentlichkeitsarbeit, den Internetauftritt sowie die Sensibilisierung und Qualifizierung des Personals.

BILD   Wie gelingt inklusive Bildung? – Gedankensplitter eines Gesprächs in der vhs Osterholz-Scharmbeck

Viele Volkshochschulen hatten zu diesem Zeitpunkt bereits Erfahrungen in der Zusammenarbeit mit Einrichtungen der Behindertenhilfe, meist in Form von exklusiven Kursen in deren Räumen. Das Konzept für ein gemeinsames Lernen im öffentlichen Raum wurde und wird häufig aufgrund mangelnder räumlicher, technischer und personeller Möglichkeiten nicht umgesetzt. Nach wie vor überwiegen deshalb Kurse, die mit Kooperationspartnern aus der Behindertenhilfe angeboten werden. Im Einzelfall gibt es kreative Zugangswege in sogenannte Regelangebote. Eine flächendeckende Umsetzung barrierefreier Angebote ist somit noch lange nicht erreicht. Und wie ging es mit der vhs Osterholz-Scharmbeck weiter? Die Stadt Osterholz-Scharmbeck initiierte einen „Campus für lebenslanges Lernen". 2015 konnte die Volkshochschule dorthin umziehen. Personen mit Mobilitätseinschränkung können jetzt alle Kursräume erreichen und nutzen. Dennoch ist noch lange nicht für alle Personengruppen gesorgt. Wie bei allen anderen Volkshochschulen fehlt es vor allem an finanzieller Unterstützung. Inklusive Erwachsenenbildung mit all ihren Anforderungen kann nicht zum Nulltarif umgesetzt werden. Hier ist eine unterstützende Politik gefragt.

GABRIELE HAAR

will Weiterbildung barrierefrei gestalten und bringt ihre Erfahrungen bei der Volkshochschule in die Gesellschaft „Erwachsenenbildung und Behinderung" ein.

Gebietsreformen zeigen Wirkung

Der Nähkurs ist gut besucht. Viele der Teilnehmerinnen kommen, weil sie die Dozentin aus dem Ort schon lange persönlich kennen. Eine junge Frau nutzt die Chance, um erstmals unter persönlicher Anleitung anstatt mithilfe von Video-Tutorials zu nähen. Wieder andere sind hier, um sich die Zeit zu vertreiben oder neue Kontakte zu knüpfen.

Gerade in ländlichen Gebieten ist ein Volkshochschulkurs mehr als nur sein titelgebender Lernanlass: Er stärkt den Zusammenhalt, ergänzt das bietet ein soziales Lernangebot, erweitert Kompetenzen und öffnet den Horizont. Hierfür muss aber auch alles passen: Thema, Ort, Zeit und Kursleitung. Nur mit viel Feingefühl und Ortskenntnis findet man die richtige Mischung, damit der Kurs zum Erfolg wird. Hierfür braucht es eine Volkshochschule vor Ort – überall, wohnortnah.

Zur Gründung des Volkshochschullandesverbands Sachsen-Anhalt 1990 existierten in diesem Bundesland 41 Einrichtungen – heute sind es nur noch 15 in Landkreisen mit einer Ausdehnung von mehr als 100 Kilometern (Nord-Süd) und mehr als 80 Kilometern (Ost-West). Doch die Einrichtungen sind nicht verschwunden, sondern im Rahmen von Neustrukturierungen und Gebietsreformen in größeren Einheiten aufgegangen. Dieses Beispiel steht stellvertretend für die Entwicklung in den östlichen Bundesländern, in denen sich die ländlichen Räume in einem noch nicht abgeschlossenen Transformationsprozess der Raumordnungsstrukturen befinden.

Gebietsreformen sollen vor allem vielfältige Synergieeffekte erzielen, von denen sich die Träger im Regelfall auch finanzielle Einsparungen versprechen. Für Volkshochschulen bedeutete das, dass ihnen durch die Reform nur selten höhere finanzielle Spielräume zugestanden wurden, sondern dass sie im Gegenteil mit einem ähnlichen Budget wie vor der Reform mehr Menschen auf deutlich mehr Fläche mit Bildung versorgen sollten. In vielen Fällen musste sich durch die Gebietsreformen auch die strategische Ausrichtung der Angebotsplanung ändern, da sich die zu versorgenden Flächen vergrößert hatten. Aus ehemals zentralen Planungs- und Organisationsstrukturen wurden dezentrale. Sowohl inhaltlich als auch räumlich und personell musste ein einst lokaler Blickwinkel durch einen regionalen ersetzt werden. Ein Beispiel dafür ist der Landkreis Mecklenburgische Seenplatte, der mit Abstand größte Landkreis Deutschlands. Er ist mehr als doppelt so groß wie das Saarland. Volkshochschularbeit in diesem großen Gebiet steht vor besonderen Herausforderungen, die insbesondere auch noch durch den demografischen Wandel erschwert werden. Es geht darum, unter effizientem Einsatz von Zuschüssen Bildungsangebote der öffentlich verantworteten Erwachsenenbildung in dieser flächenmäßigen Ausdehnung vorzuhalten. Für viele aktuell diskutierte Lösungsansätze wie digitale Lernangebote, den Arztbesuch per Videokonferenz und E-Gouvernements braucht es eine flächendeckende schnelle Internetanbindung. Diese ist Voraussetzung und kann Teil der Lösung selbst sein – gemeinsames videobasiertes Lernen, um sich etwa auf einen Realschulabschluss vorzubereiten.

Volkshochschulen, vor allem im Osten, haben aber auch ihre Präsenz in der Fläche in diesem Kontext oftmals verstärken können. Die Nähe und der direkte Kontakt zu den Teilnehmenden an Volkshochschulkursen

Kursen sind unerlässlich für eine erfolgreiche Bildungsarbeit. Aufgrund sinkender Zahlen in Vereinen in den Gemeinden ist eine Lücke entstanden, die Volkshochschulen durch besondere Angebote – beispielsweise im Gesundheitsbereich oder auch mit speziellen Angeboten vor Festen und Feiertagen – schließen. Neben dem Wunsch nach Bildung treten soziale Kontakte der Teilnehmenden zunehmend in den Vordergrund. Die Menschen haben das Bedürfnis, sich bei sinnvoller Beschäftigung auszutauschen; die Arztpraxis oder den Tante-Emma-Laden gibt es dazu nicht mehr. Maßgebend ist das Grundgesetz, das den Staat zur Sicherung vergleichbarer Lebensverhältnisse in allen Regionen – urbanen wie ländlichen – verpflichtet. Das Stadt-Land-Gefälle, das sich nach wie vor in den meisten ökonomischen, sozialen und kulturellen Lebensbereichen infrastrukturell und demografisch zeigt, bleibt auch zukünftig eine zentrale raumordnungspolitische Herausforderung. Gebietsreformen bleiben dabei wichtige Gestaltungsinstrumente. Im Kontext einer Gebietsreform ist es die Aufgabe eines Bundeslandes, der Volkshochschule genug Personal und Geld für eine regionalorientierte Bildungsarbeit zur Verfügung zu stellen.

UWE JAHNS

hat Gebietsreformen in benachbarten Bundesländern beobachtet und als Geschäftsführer des Volkshochschullandesverbands in Sachsen-Anhalt begleitet.

Eine Universität für alle – die erste Volkshochschule in Marokko

Am 19. und 20. Oktober 2010 fand an der Universität Rabat ein *Atelier sur les Universités Populaires* statt – ein Fachaustausch über Volkshochschulen. So unspektakulär dieser Titel anmutet – an diesem Tag sprang ein Funke von Deutschland nach Marokko über. Der geplante Austausch wuchs zu einem Dialog, der bis heute andauert. Ingrid Schöll, Leiterin der Volkshochschule Bonn, war nach Rabat gekommen, um das deutsche Volkshochschulsystem vorzustellen. Rund 30 Teilnehmende aus universitären, ministeriellen und zivilgesellschaftlichen Institutionen Marokkos sprachen über ihre Erfahrungen – vor allem in Bereich der Alphabetisierung – und entwickelten, inspiriert vom deutschen Beispiel, eigene Visionen. Schnell wurde klar: Ansätze, Ideen und Fragen aus Marokko und Deutschland lagen näher beieinander als gedacht. Allgemeine Weiterbildung, darin bestand Einigkeit, sollte sich eng an den unterschiedlichen kommunalen und regionalen Bedürfnissen orientieren.

Marokko war und ist geprägt von vielfältigen Identitäten und befindet sich in einer Phase der Modernisierung, die aber auch ein wachsendes Stadt-Land- und auch Bildungsgefälle mitbringt. Der Bedarf eines Erwachsenenbildungssystems über den Alphabetisierungsbereich hinaus zeichnete sich ab. Die Idee der *Université pour Tous* (UPT) – der Universität für alle – nahm ihren Anfang. DVV International, seit 2008 in Marokko tätig, übernahm in der Folge die Mittlerfunktion, brachte Volkshochschulexpertinnen und -experten in den nordafrikanischen Staat und organisierte Studienreisen nach Deutschland. Man war sich von Anfang an einig: Das deutsche Modell sollte nicht einfach übertragen werden. Stattdessen ging es um Inspiration, fachlichen Austausch, Beratung und Begleitung beim Aufbau eines marokkanischen Systems der *Université pour Tous*. Das Abenteuer startete im Herbst 2012 sehr vielfältig: Mit fachlicher und finanzieller Unterstützung von DVV International wurden parallel drei *Universités pour Tous* gegründet – in Rabat, in Casablanca und in Marrakesch. Sie hatten unterschiedliche Träger, verschiedene inhaltliche Schwerpunkte und Finanzierungsmodelle. Vielfalt innerhalb einer Idee zu entwickeln, war ein wichtiger gemeinsamer Nenner auf dem weiteren Weg.

2017 wurde der nationale Verband der UPT ins Leben gerufen. Ohne günstige nationale Rahmenbedingungen wäre dies nicht möglich gewesen. Bildung war und ist ein Schwerpunkt der marokkanischen Regierung; 1999 wurde sie in Marokko zur zweiten nationalen Priorität erklärt und eine Bildungsreform wurde eingeleitet. Neben dem formalen System stand dabei die Bekämpfung des Analphabetismus im Zentrum. Es gelang, den Anteil der Analphabeten in zehn Jahren von 43 auf 30 Prozent zu senken. Das nächste – sehr ehrgeizige – Ziel der Regierung ist es, sie bis 2024 auf fünf Prozent zu reduzieren. Über das Problem des Analphabetismus hinaus stieg jedoch auch das Interesse staatlicher, wissenschaftlicher und zivilgesellschaftlicher Organisationen an der Entwicklung eines vielfältigen Systems der Erwachsenenbildung. Dies erstaunt kaum angesichts immer komplexerer Rahmenbedingungen und Herausforderungen: steigende Arbeitslosigkeit, eine Bevölkerung, deren Durchschnittsalter bei knapp 30 Jahren liegt, eine immer buntere urbane Bürgerschaft mit unterschiedlichen Herkunfts- und Bildungsniveaus, um nur einige zu nennen. Insbesondere in den Städten steigt der Bedarf an Einrichtungen, die allgemein zugängliche, preisgünstige und bedarfsorientierte Bildungsangebote für alle Bevölkerungsschichten anbieten. Diese Lücke kann ein System der UPT erfolgreich schließen.

BILD   Gebäude der neugegründeten Université Populaire (UPT) in Casablanca

Im Studienjahr von Oktober 2016 bis Juli 2017 haben bereits sechs UPT 147 Veranstaltungen in den Bereichen Umwelt, Demokratie, Methoden der Erwachsenenbildung, Kulturelle Bildung, Ökonomie, Geschichte und Geografie, Gesundheit, Life Skills und Projektentwicklung durchgeführt. Heute existieren acht UPT, weitere befinden sich in der Planungsphase. Nach wie vor ist eine bunte Vielfalt in der Trägerschaft zu verzeichnen – von Universitäten über zivilgesellschaftliche Organisationen und private Einrichtungen. Die nachhaltige Finanzierung bleibt für viele Zentren eine große Herausforderung, auch wenn es erste gute Beispiele von Kooperationen mit den Kommunen gibt. Die Entwicklung gesetzlicher Rahmenbedingungen bedarf noch eines langen Atems, wird jedoch vom noch jungen Verband aktiv betrieben.

Die Wirkung der UPT geht bereits weit über Marokko hinaus: 2015 fand eine erste Studienreise aus Subsahara-Afrika nach Marokko statt. Vertreterinnen und Vertreter aus Ministerien, zivilgesellschaftlichen Organisationen und Netzwerken aus Äthiopien, Uganda, Südafrika, Mali und Guinea reisten nach Marokko, um sich das entstehende System anzuschauen. Weitere Reisen folgten, Anregungen wurden mitgenommen und weitere Erwachsenenbildungszentren sind im Entstehen begriffen.

ESTHER HIRSCH

hat Erwachsenenbildung in afrikanischen Ländern vorangetrieben und begleitet für DVV International die Entwicklungen in Marokko.

Lernen in der Region

Jana steht an einem überdimensionalen tischförmigen Tablet und „wischt" mit ihren Fingern über das Display. Im Selbstlernzentrum des Erich-Gutenberg-Berufskollegs in Köln-Mülheim ist der PixelSense-Tisch eine Sensation – und Ausdruck dessen, dass sich die Art, wie wir Wissen aufnehmen, verändert. Realisiert hat diesen modernen Ort des Lernens der Verein „Lernende Region – Netzwerk Köln", eine von bundesweit 72 Lernenden Regionen, die vom Bundesministerium für Bildung und Forschung (BMBF) gefördert wurden und für alle Menschen zugängliche Angebote für lebensbegleitendes Lernen schaffen sollten.

Das Jahr 2011 war für das Kölner Netzwerk deshalb bedeutend, weil in der Stadt ein großes Strukturförderprogramm mit einem Volumen von rund 34 Millionen Euro startete. Dessen Ziel war es, der Bevölkerung in den strukturschwachen Stadtteilen Mülheim, Buchforst und Buchheim eine bessere soziale und wirtschaftliche Zukunftsperspektive zu eröffnen. Neben städtebaulichen Maßnahmen wurden auch Bildungsprojekte umgesetzt. Der Verein „Lernende Region – Netzwerk Köln" mit seinem Geschäftsführer Kai Sterzenbach setzte sich in einer europaweiten Ausschreibung als Träger des Bildungsbüros Mülheim durch.

Welche Rolle spielten die Volkshochschulen für die Umsetzung des BMBF-Programms „Lernende Regionen"?
RUDOLF TIPPELT: Bundesweit unterstützten Volkshochschulen den modellhaften Aufbau von bildungsbereichsübergreifenden regionalen Netzwerken, die ein ganzheitliches, innovatives und regional verankertes (Weiter-)Bildungsangebot im Sinne des Lebenslangen Lernens implementieren konnten, besonders nachhaltig.
KAI STERZENBACH: Die vhs Köln hatte sowohl in der Entstehung als auch in der Programmumsetzung eine zentrale Rolle, da die fachliche Federführung für den Verein „Lernende Region – Netzwerk Köln" hier angesiedelt war. Die vhs bildete damit die Schnittstelle des Vereins in die Verwaltung.

Was waren die größten Herausforderungen für die „Lernenden Regionen"?
TIPPELT: Regionale Netzwerke können das Lebenslange Lernen nur dann fördern, wenn die beteiligten Akteure bereit sind, sich auf etwas Neues einzulassen, gemeinsame Ziele zu formulieren und eine gemeinsame Kommunikationsbasis aufzubauen. In der Praxis geht es um sehr verschiedene Kooperationspartner – beispielsweise Schule, berufliche Bildung, Hochschule und Weiterbildung – sowie verschiedene Träger der Weiterbildung.
STERZENBACH: Für alle Lernenden Regionen stellte sich, spätestens nachdem das Förderprogramm ausgelaufen war, die Frage nach Anschlussfinanzierungen und Nachhaltigkeit. In Köln hat sich die Kooperation als entscheidender Faktor erwiesen, um für die Netzwerkarbeit notwendige Ressourcen zu beschaffen. Wir haben uns auf das Projektmanagement von Verbundprojekten spezialisiert, in denen verschiedene Akteure miteinander zusammenarbeiten. Der Verein hat sich als „verlängerte Werkbank" etabliert, sodass heute verschiedene Dezernate und Fachämter der Verwaltung auf unsere Erfahrung im Projektgeschäft zurückgreifen.

Was sind im Rückblick die Erfolgsfaktoren?

TIPPELT: Eine besondere Bedeutung kommt dem Netzwerkmanagement zu. Die Netzwerkmanager gelten als Moderatoren des Netzwerks, halten persönlichen Kontakt zu handelnden Akteuren und besitzen Entscheidungs- und Kooperationskompetenz, um ein zielorientiertes und klares Organisations- und Wissensmanagement anzuwenden. Beziehungen zwischen den Akteuren in den „Lernenden Regionen" gehen über rein ökonomische Ziele sicher hinaus, denn bei jedem Kontakt erfährt man mehr über den anderen und das Vertrauen steigt. Hilfreich sind dabei Transparenz und Informationsoffenheit. Kommunikation, gemeinsame Werte und Gleichberechtigung schaffen eine weitere Basis für Vertrauen. Um Konkurrenzsituationen in der Region zu verhindern, müssen möglichst alle relevanten regionalen Akteure einbezogen werden.

STERZENBACH: Für eine vertrauensvolle Atmosphäre innerhalb einer „Lernenden Region" ist es nach meiner Erfahrung entscheidend, dass sich Netzwerke im Rahmen der bestehende Marktstrukturen klar positionieren. Ich kann nicht den Anspruch erheben, ein Netzwerk zu managen, wenn ich gleichzeitig im Wettbewerb um Ressourcen mit den Netzwerkmitgliedern stehe. Gleichzeitig müssen die Netzwerkmitglieder dem Netzwerkmanagement „Luft zum Atmen" lassen, um erforderliche Ressourcen für die eigene Arbeit einzuwerben. Gute Netzwerkarbeit gibt es nicht zum Nulltarif.

KAI STERZENBACH & RUDOLF TIPPELT

Rudolf Tippelt hat das Bundesprogramm „Lernende Regionen – Förderung von Netzwerken" wissenschaftlich begleitet, Kai Sterzenbach als Geschäftsführer die Umsetzung in Köln verantwortet.

Die Bundeskanzlerin sucht Rat

„Demokratie ist die Regierung des Volkes, durch das Volk und für das Volk", hat einmal Abraham Lincoln gesagt. Anno 2012 hatte Angela Merkel, die Bundeskanzlerin der Bundesrepublik Deutschland, deshalb eine Idee: Warum nicht mal die Bürger fragen? Etwa 2.500 Jahre nach der Erfindung der Demokratie im alten Athen und genau ein Jahr vor der nächsten Bundestagswahl schien die Zeit reif, den Versuch zu wagen. Ein Bürgerdialog also, zu drei Leitfragen, mit denen die Bundeskanzlerin sich schon lange beschäftigt: Wie wollen wir zusammenleben? Wovon wollen wir leben? Wie wollen wir lernen?

So weit, so gut. Aber: Wie geht eigentlich so ein Bürgerdialog? Wer kann so etwas? Wer macht so etwas? Wer hat die Infrastruktur, die Kontakte und das Vertrauen der Bürger sowie die Dialogkompetenz, um eine solche Aufgabe zu stemmen? „Nicht verzagen, die Volkshochschulen fragen", mag sich die Bundeskanzlerin gedacht haben. Daraus entstand dann im Rahmen des Dialogs der Bundeskanzlerin über Deutschlands Zukunft der bundesweite Bürgerdialog der Volkshochschulen: In 50 Städten Deutschlands – konzipiert, vorbereitet und durchgeführt von großen, mittleren und kleineren Volkshochschulen vor Ort und unterstützt vom Deutschen Volkshochschul-Verband und der Bertelsmann Stiftung. Unter dem Motto „Mach den Mund auf!" fanden ab März 2012 die Bürgerdialoge statt. Von Flensburg bis Radolfzell und von Heinsberg bis in den Oberspreewald war ganz Deutschland vertreten. Mehrere tausend Menschen beteiligten sich – Schüler und Senioren, Einheimische und Zugewanderte, Politikenthusiasten und Politikferne. Die Teilnehmenden diskutierten und arbeiteten im „World Café"-Format in immer wieder neu zusammengesetzten Gesprächsgruppen, verbunden mit ständigen Tisch- und Perspektivwechseln. Das Ergebnis: 300 konkrete Vorschläge für die Kanzlerin. Nach Abschluss der regionalen Dialoge vor Ort wurden die Vorschläge auf der Online-Dialog-Plattform der Bundeskanzlerin eingestellt und – dort für alle interessierten Bürger zugänglich – weiter diskutiert und kommentiert. Insgesamt wurde diese Online-Plattform 1,7 Millionen Mal besucht und es wurden rund 74.000 Kommentare verfasst. „Dieser Umfang hat alle Erwartungen bei weitem übertroffen", heißt es dazu im Abschlussbericht an die Bundeskanzlerin.

Der Höhepunkt der regionalen Bürgerdialoge war jedoch die eigene Schlussveranstaltung mit der Bundeskanzlerin am 6. Juni 2012 in Berlin. Dazu waren aus allen 50 regionalen Dialogveranstaltungen insgesamt 140 Teilnehmende im Alter von 14 bis Mitte 70 ausgelost und nach Berlin eingeladen worden. Hart, aber fair ging es dabei zur Sache. Die Vorschläge der Bürger wurden vorgetragen, erläutert und mit der Bundeskanzlerin diskutiert. „Zu Beginn der Diskussion war ich sehr aufgeregt, was sich allerdings schnell legte, da die Kanzlerin es mir mit ihrer lockeren und sympathischen Art sehr leicht machte", berichtet Theresa Klein aus Lüdinghausen. Und Uwe Friedel aus Radolfzell sagt: „Obwohl die Zeit knapp war, versuchte sie unsere Fragen so präzise und verständlich wie möglich zu beantworten. Falls der Dialog Einfluss auf konkrete politische Weichenstellungen oder Entscheidungen hat, war er sinnvoll." Hat er und war er!

Keine sechs Monate nach Abschluss der Bürgerdialoge kam es zur Verabschiedung erster Gesetze im Deutschen Bundestag. Eines der ersten erleichterte die Gründung von Mehrnationenhäusern, die seit

BILD Bürgerdialog der Volkshochschulen mit Angela Merkel

2012 steuerlich und durch direkte Mietzuschüsse gefördert werden (ein Vorschlag aus der Volkshochschule Altenkirchen). Inzwischen gibt es in ganz Deutschland 14.289 solcher Mehrnationenhäuser. Ein weiteres Gesetz führte einen verbindlichen Transparenzkodex für Politiker, Wirtschaftsführer und Bankvorstände ein (ein Vorschlag aus der Volkshochschule Dresden), das unmittelbar zur frühzeitigen Aufdeckung der Diesel-Betrugsskandale in der deutschen Automobilindustrie beitrug. Das sogenannte Bildungspaket (Vorschläge der Volkshochschulen Rottenburg am Neckar, Gütersloh und Lingen) sorgte schließlich für bundeseinheitlich verbindliche Bildungsstandards, vergleichbare Prüfungsanforderungen, eine bessere Durchlässigkeit und eine verbesserte soziale Mobilität im deutschen Bildungssystem. Ein weiteres Gesetz ermöglichte ab 2013 direkte Bürgerentscheide, auch auf Bundesebene (Vorschlag aus der Volkshochschule Badische Bergstraße). Dies führte schließlich zum Referendum über die verbindliche Einführung von Bürgerdialogen bei allen wichtigen Bundesgesetzen, das im Jahr 2015 bei einer Wahlbeteiligung von 92 Prozent mit einer Mehrheit von knapp 87 Prozent angenommen wurde.

Zugegeben, die Errungenschaften aus der vorangehenden Passage sind noch weitgehend fiktiv oder besser: visionär. Aber die Bürgerdialoge gehen weiter, die politische Kultur in Deutschland hat sich verändert, ist partizipativer geworden, dialogischer und bürgernäher. Und aus Visionen wird – früher oder später – Realität. Wir (die Volkshochschulen und die Bertelsmann Stiftung) bleiben jedenfalls dran. Sie auch? Denn wie Lincoln sagte: „Demokratie ist die Regierung, des Volkes, durch das Volk und für das Volk."

ROBERT VEHRKAMP

arbeitet bei der Bertelsmann Stiftung an Formaten, in denen sich Bürgerinnen und Bürger über Fragen der Demokratie austauschen können.

Kultur macht stark – Bündnisse für Bildung

Mit „Rhythm is it!" hat alles angefangen. Dieser Film aus dem Jahr 2004 beschreibt das erste *Education*-Projekt der Berliner Philharmoniker mit Simon Rattle. 250 Kinder und Jugendliche sind beteiligt, für die klassische Musik bislang unbekannt ist, die aus vielen Kulturen kommen und in Berliner Brennpunkten leben. „Le sacre du printemps" von Strawinsky bietet den Stoff für berührende Geschichten darüber, wie diese Kinder und Jugendlichen entdecken, was in ihnen steckt und für sie möglich ist. Royston Maldoom ist ihr Meister im besten Sinn des Wortes und lässt sie erfahren, wie der Tanz ihr Leben verändern kann. Härte und Konsequenz, Leidenschaft und Vertrauen prägen die Atmosphäre in der Tanzklasse. Ich fand damals, wer Lehrer oder Lehrerin werden will, sollte diesen Film gesehen haben, und zeigte ihn bei einem Fest zu meinem zehnjährigen Dienstjubiläum als Kultusministerin in Baden-Württemberg.

Die Botschaft des Films ist heute aktueller denn je: Kultur macht stark! In dem beschriebenen Beispiel ist es zweifelsohne die Autorität von Maldoom, die Kräfte wachsen lässt. Musik, Tanz und immer wieder die Klarheit der Rhythmen erweisen sich gleichsam als Katalysatoren. Es ist förmlich spürbar, wie die Kinder und Jugendlichen ihre Wachstumsprozesse erleben und Möglichkeiten entdecken, die sie bislang nie mit ihrem Leben in Verbindung gebracht haben. Das ist der Kern von Bildung. Im besten Sinne sind damit Entdeckungsreisen verbunden. Pädagogen sind die Experten dafür – oder sollten Experten darin sein –, dass Erfahrungen möglich werden, die Welten eröffnen und Menschen stärken und eben wachsen lassen. Dafür gibt es viele Möglichkeiten. Die Verkürzung von Bildung auf Schule führt in die Irre und lässt viele Wege ungenutzt. Bildung braucht Bündnisse.

Das Programm „Kultur macht stark. Bündnisse für Bildung" des Bundesministeriums für Bildung und Forschung basierte auf der beschriebenen Grundidee. Zum ersten Mal wurden bundesweit „Maßnahmen der kulturellen Bildung für bildungsbenachteiligte Kinder und Jugendliche" als wichtig anerkannt und gefördert. Es entstanden Bündnisse vor Ort, organisiert und konzipiert von Museen, Theatern, Chören und Orchestern, Bibliotheken und zahlreichen Initiativen, die für schöpferische Entdeckungsreisen stehen und für die Kraft von Kunst und Kultur. Kinder und Jugendliche erleben ihre schöpferischen Fähigkeiten als Schlüssel dazu, sich Bildungswelten zu erschließen.

Die Volkshochschulen in Deutschland sind wichtige Programmpartner für das Ministerium. Sie sind erfahren, ihre Professionalität und konzeptionelle Kraft haben dem Programm gut getan und ein Netzwerk der kulturellen Bildung geknüpft, von dem Impulse für eine bildungspolitische Vergewisserung in unserem Land ausgehen können. Bildung neu denken – das klingt groß, ist aber zugleich notwendig, um Bildungsbenachteiligungen erfolgreicher abzubauen. Das kann die Schule nicht alleine leisten. Ihre Wirksamkeit hat auch damit zu tun, dass die Bildungsrepublik Deutschland sich der Bildung von Kindern und Jugendlichen in einem schöpferischen Verständnis verpflichtet fühlt. Volkshochschulen stehen genau dafür: Bildung neu zu denken und Bildungsimpulse zu setzen, die Benachteiligung und Ausgrenzung beenden.

BILD Ferienbildungskonzept „talentCAMPus" der Volkshochschule

Kulturelle Bildung ist ein Schlüssel zur Integration, mehr als vieles, das öffentlich diskutiert wird. Ich erinnere mich an einen Ordensmann, der in einer kleinen Gemeinde in Oberschwaben nach der Ankunft von Flüchtlingen entschieden hat, mit ihnen eine Oper einzustudieren. Er fand ein Orchester und Partner, die dieses Projekt ermöglichten. Flüchtlinge und Einheimische in gemeinsamem Einsatz, um eine Oper aufzuführen – das bewirkt mehr Integration als alle Grundsatzdebatten. Die Frage, wer dazugehört, wird damit überflüssig. Die Konzentration auf Kunst und Kultur schafft einen gemeinsamen Raum für das künftige Zusammenleben. Die Initiative kommt aus der Zivilgesellschaft. Bündnisse für Bildung, in deren Mittelpunkt Kunst und Kultur stehen, vermögen mentale Berge zu versetzen – davon bin ich überzeugt. Die Volkshochschulen wissen das. Es gehört zum ihrem Erfahrungsschatz seit 100 Jahren. Auch deshalb sind sie hervorragend geeignete Partner für das Programm „Kultur macht stark. Bündnisse für Bildung". Sie gestalten Bildungsgesellschaften in unseren Städten und Gemeinden.

ANNETTE SCHAVAN

widmete sich in ihrer Zeit als Bundesministerin für Bildung und Forschung Fragen der kulturellen, vor allem der musischen Bildung.

Antworten auf Pegida

Dass im schönen Elbtal manches Mal weniger die Bedeutung der Welt für die eigene Entwicklung als vielmehr die eigene Bedeutung für die Entwicklung der Welt das Bewusstsein prägt, treibt in jüngster Zeit einige seltsame gesellschaftspolitische Blüten. So stimmen die Bilder, wie sie seit dem Jahr 2014 von der sächsischen Landeshauptstadt um die Welt gehen, überaus nachdenklich: Selbsternannte „Patriotische Europäer" treffen sich, um gegen die von ihnen befürchtete „Islamisierung des Abendlandes" zu demonstrieren – und um ihrer Wut auf Politik und Politiker im Allgemeinen Ausdruck zu verleihen. Dabei ist unstrittig, dass Demokratie Bewegungen und Entwicklungen dieser Art aushalten (können) muss; dennoch wird sie von solchen Prozessen immer auch existenziell herausgefordert – ebenso wie die Erwachsenenbildung. Das gilt auch und insbesondere für die Dresdner Volkshochschule, die im Berichtsjahr 2014 vor der Frage stand: Wie und womit kann Erwachsenenbildung weltoffenes Denken befördern? Auf welche Weise soll, muss und darf Volkshochschule zu einem besseren demokratischen Miteinander beitragen?

In der konkreten Situation bekannte die Dresdner Volkshochschule zunächst öffentlich und mit einer groß angelegten Plakataktion: „Wir l(i)eben Vielfalt". Anschließend bot sie mit ihrer Lehrküche Firmen und kommunalen Einrichtungen einen niederschwelligen Raum, der alsbald im Rahmen des Projektes „Dialog am Küchentisch" intensiv zur interkulturellen Begegnung mit Asylsuchenden genutzt wurde: In der Volkshochschule wurde gekocht und gefeiert – von- und miteinander gelernt. Der Umstand, dass sich im allenthalben als ausländerfeindlich gescholtenen Dresden – mit wachsendem Flüchtlingsstrom – Hunderte von Bürgerinnen und Bürgern persönlich dazu bereit erklärten, Asylsuchende bei ihren ersten Schritten im neuen Land zu begleiten, ist in den bundesweiten Medien weitgehend unbeachtet geblieben. Vor Ort und angesichts dieses großartigen Engagements entwickelte die Dresdner Volkshochschule ein Fortbildungsprojekt für ehrenamtliche Flüchtlingsbegleiterinnen und -begleiter, das später mit dem Sächsischen Innovationspreis für Weiterbildung ausgezeichnet wurde: Es bot Ehrenamtlichen Raum und Möglichkeit, sich mit einschlägigen religionswissenschaftlichen, juristischen und psychologischen Fragestellungen – etwa zum Problem des Umgangs mit posttraumatischen Erfahrungen – fundiert auseinanderzusetzen.

Mit den besonderen Herausforderungen, denen sich Politik und Gesellschaft (nicht nur) in Dresden seit 2014 gegenübersahen, kamen der Volkshochschule als Träger politischer Bildung neue und wegweisende Aufgaben zu. Als weltanschaulich und politisch neutrale Einrichtung bietet und bildet sie einen einzigartigen öffentlichen Diskurs- und Begegnungsort. Das war in der Dresdner Volkshochschule unter anderem dort zu erleben, wo sich Bürgerinnen und Bürger offen mit Christian Wulff zur inzwischen leidigen Frage verständigen konnten, ob der Islam zu Deutschland gehört. Dabei ist es – auch in Dresden – noch nicht hinreichend gelungen, Andersdenkende dauerhaft miteinander in ein konstruktives Gespräch zu bringen. Viele der benannten Aktionen und Veranstaltungen trugen dazu bei, weltoffene Dresdnerinnen und Dresdner in ihrer Haltung zu bestärken. Das mag durchaus richtig und wichtig erscheinen – darf aber nicht befriedigen.

So erscheint es dringend geboten, Menschen aller politischen Lager dazu zu motivieren, wieder mehr aufeinander zu hören, ergebnisoffen Argumente auszutauschen – um sich schließlich auf eine gemeinsame Suchbewegung einzulassen: auf den Versuch, im Miteinander Antworten und Lösungen zu finden. Hier kann Volkshochschule zum Wegbereiter neuer Formen demokratischen Miteinanders werden – eine großartige Chance und Herausforderung zugleich.

Drei Jahre nach Gründung der Pegida-Bewegung hat die Dresdner Volkshochschule – in eben dieser Absicht – ein an die Methode des „World Cafés" angelehntes Veranstaltungsformat entwickelt: Es trägt den programmatischen Titel „mitreden.DD" und bietet Menschen mit unterschiedlichsten politischen Haltungen und Überzeugungen Gelegenheit, sich offen und auf Augenhöhe auszutauschen. Dieses bislang sehr erfolgreiche Projekt steht exemplarisch für den gelungenen Versuch, politische Bildung unter dem Dach einer Volkshochschule bedarfs- und bedürfnisgerecht weiterzuentwickeln. In Dresden und anderswo.

JÜRGEN KÜFNER

hält am Dialog mit Menschen unterschiedlichster politischer Haltungen fest, auch angesichts rechtspopulistischer Demonstrationen gegen seine vhs.

Warten und Hoffen auf Weiterbildung

Mit der Entscheidung am 4. September 2015, die Grenzen der Bundesrepublik Deutschland nicht gegen die Flüchtenden auf der Balkanroute zu verschließen, wurde erstmals die Zuwanderung Schutzsuchender von Anfang der 1990er Jahre übertroffen. Nach Angaben des Bundesministeriums des Innern wurden rund 890.000 Asylsuchende registriert, die aus Syrien, dem Irak und Afghanistan vor Krieg und Verfolgung flüchteten. Tausende Ehrenamtliche, unzählige Vereine und Verbände und auch die Volkshochschulen leisteten schnelle und entschlossene Hilfe.

Schlange stehen für die Weiterbildung – dieses Bild zeigt die enorme Bildungsmotivation der Geflüchteten und ihre Hoffnung auf einen Neuanfang, aber auch den öffentlichen Auftrag der Volkshochschule, Bildungsgerechtigkeit zu ermöglichen. Lassen Sie uns diese beiden Perspektiven zusammenbringen: die der Volkshochschule und jene einer fünfköpfigen Familie – nennen wir sie Familie Al-Yousef – auf ihrem Weg von Syrien nach Deutschland. In der Nacht ihrer Flucht aus ihrer Heimatstadt Homs begannen

für Familie Al-Yousef Monate der Angst und Ungewissheit. Diese Finsternis begleitete sie auf ihrer Flucht quer durch Syrien, die Türkei, Griechenland, Mazedonien, Serbien, Ungarn und Österreich und auch beim oft stundenlangen Schlange stehen: dem Anstehen für ein sicheres und würdiges Leben in einer neuen Heimat. Sie endete erst in Deutschland, am Münchner Hauptbahnhof. Nach Aufenthalten in verschiedenen Flüchtlingsunterkünften konnte Familie Al-Yousef nach langer Zeit wieder in einer eigenen Wohnung leben. Die drei Kinder gingen wieder zur Schule, lernten sehr schnell Deutsch und gewannen neue Freunde.

Auch das Ehepaar musste zuallererst schnell Deutsch lernen, um wieder zu arbeiten, sie als Grundschullehrerin, er als Bauingenieur. Für einen Platz in einem Integrationskurs mussten sie jedoch wieder Schlange stehen. Denn die meisten Deutsch- und Integrationskurse waren hoffnungslos überfüllt. Die Kapazitäten vieler Einrichtungen, auch der Volkshochschule, waren schnell ausgereizt. Der DVV machte bereits im September 2015 in einem Positionspapier darauf aufmerksam, dass es einer konsequenten „Bildungsoffensive für Flüchtlinge" bedürfe. Insbesondere großstädtische Volkshochschulen weiteten ihr Kursangebot für Geflüchtete wie auch für Zugewanderte stark aus, wie beispielsweise die Ergebnisse der bundesweiten Volkshochschul-Statistik 2016 und der in NRW durchgeführten Studie von Öztürk und Reiter 2017 zeigen: Es gibt Maßnahmen zur Berufsvorbereitung und (Alltags-)Beratung, Angebote in den Programmbereichen Deutsch und Integration sowie Alphabetisierung und Grundbildung. Zudem kooperieren viele Volkshochschulen etwa mit Migrantenorganisationen, Wohlfahrtsverbänden und Jobcentern, setzen mehrsprachige Lehrende ein oder konzipieren niedrigschwellige Bildungs- und Beratungsangebote. Das Ehepaar Al-Yousef bekam schließlich mit Unterstützung der Ämter und einiger ehrenamtlicher Helfer bei einer Volkshochschule im Nachbarort zwei Kursplätze – wenngleich erst im nächsten Semester und zu unterschiedlichen Zeiten. Der erste Schritt zu einem Neuanfang war getan.

Diese vielfältigen Bemühungen der Volkshochschule um eine gerechte Teilhabe an (Weiter-)Bildung, am Arbeitsmarkt und an der Gesellschaft sind richtungsweisend – und notwendig. Denn insbesondere die Deutsch-, Integrations- und Grundbildungskurse können den Übergang zwischen Zielgruppen- und Regelangebot erleichtern, individuelle Bildungsbedürfnisse und -interessen ermitteln und so als „Türöffner" für mehr Teilhabe an (Weiter-)Bildung und an der Gesellschaft fungieren. Schließlich treten Volkshochschulen zunehmend in Prozesse der diversitätsorientierten oder interkulturellen Öffnung ein. Wie der DVV deutlich machte, gehen die Zielsetzungen der Volkshochschule über die schnelle Vermittlung in Integrationskurse hinaus: Sie fokussieren die Qualität der Kurse, Bedürfnisse der Teilnehmenden und ihre Lernerfolge und schließlich auch die nachhaltige Integration durch Öffnung aller Programmbereiche. Die langen Schlangen vor den Volkshochschulen zeigen auch die bestehenden materiellen und personellen Engpässe. Nicht nur die Volkshochschulen bedürfen daher als gemeinwohlorientierte Einrichtungen weiterhin der politischen Unterstützung, die mit einer langfristigen und stabilen finanziellen Förderung einhergehen muss.

Viele Erwachsene – Zugewanderte und Nicht-Zugewanderte – warten bereits ungeduldig darauf, „verstanden" und durch passgenaue Weiterbildungsangebote mitgenommen zu werden. Dies ist sicher eine Grundbedingung für mehr Bildungsgerechtigkeit in unserer Gesellschaft – und ebenso ein wichtiger Antrieb für eine diversitätsorientierte Organisations-, Personal- und Angebotsentwicklung.

HALIT ÖZTÜRK

lehrt und forscht an der Universität in Münster zur Fragen von Migration und Erwachsenenbildung.

Mit Nachhaltigkeit ernst machen

Am 11. Juni 2016 verlieh die Deutsche UNESCO-Kommission gemeinsam mit Bildungsministerin Johanna Wanka 65 Auszeichnungen für beispielgebende Arbeit zu „Bildung für nachhaltige Entwicklung" (BNE). Unter den Ausgezeichneten war auch die Stadt Gelsenkirchen. Dort ist BNE auf der Grundlage eines einstimmigen Ratsbeschlusses aus dem Jahr 2008 fest im Leitbild der Stadt verankert. Die Verantwortung für die Umsetzung hat die Stadt auf oberster Ebene übernommen und als eigenen Programmbereich in der Volkshochschule verortet. In Gelsenkirchen hat man erkannt, dass Nachhaltigkeit lernen eine Aufgabe von höchster Aktualität ist. Und die Stadt zeigt, dass BNE Entwicklungschancen gerade auch für Kommunen mit schwierigen Rahmenbedingungen eröffnet.

Wir müssen und können die Gestaltung unserer Zukunft aktiv in die Hand nehmen. Dabei kommt es auf jeden Einzelnen an. Das ist im Kern die wichtigste Botschaft des UNESCO-Weltaktionsprogramms „Bildung für nachhaltige Entwicklung". BNE zielt auf eine Bildung ab, die Menschen in die Lage versetzt, auch komplexe Situationen selbstbewusst und kritisch zu bewerten. Nachhaltigkeit zu lernen heißt auch zu erkennen, wie sich eigene Handlungen auf Menschen in anderen Weltregionen und auf die Lebenschancen künftiger Generationen auswirken. Der Schutz unserer Umwelt ist dabei nur ein Aspekt, ebenso wichtig sind die soziale und die wirtschaftliche Dimension.

BNE ist der Schlüssel, um Ziele der Agenda 2030 zu erreichen. In dieser ehrgeizigen Agenda haben die Vereinten Nationen 17 Ziele nachhaltiger Entwicklung (Sustainable Development Goals, SDGs) festgeschrieben. Neu und besonders wichtig ist, dass diese Agenda alle Länder betrifft, nicht nur ärmere Weltregionen. Die Agenda 2030 hebt Bildung als eigenständiges Ziel (SGD 4) hervor; für die Umsetzung ist im UN-System die UNESCO verantwortlich. BNE ist in den vergangenen 15 Jahren in der deutschen Bildungspolitik vor allem dank der Arbeit der Deutschen UNESCO-Kommission angekommen. Die größten Fortschritte wurden im außerschulischen Bereich erzielt. Er ist Vorreiter und maßgeblicher Treiber von BNE. Die Volkshochschulen haben dabei viel vorzuweisen. Um nur ein Beispiel zu nennen: Im EU-Projekt „Know Your Lifestyle" wurden junge Menschen, die ihren schulischen Bildungsabschluss in der Volkshochschule nachholen, für das Thema Nachhaltigkeit sensibilisiert und damit vor allem auch bildungsbenachteiligte Zielgruppen erreicht.

Wir müssen Nachhaltigkeit in der Mitte unserer Gesellschaft verankern. Das ist weit mehr als einmal weniger Plastikverpackung zu kaufen oder den Energieversorger zu wechseln. Es bedeutet: neue Kompetenzen für nachhaltiges Denken und Handeln, ein neues Bewusstsein für unsere Verantwortung – im Verein, in der Familie, in der Nachbarschaft, am Arbeitsplatz. Wir brauchen ein gemeinsames Verständnis dafür, dass wir etwas bewirken können – im Sinne der Nachhaltigkeit. Volkshochschulen sind Bildungsinstitutionen in der Mitte der Gesellschaft. Sie vernetzen Einrichtungen und Vereine und fördern bürgerschaftliches Engagement. So macht die vhs Köln im Rahmen der „Fair Trade Night" die Zivilgesellschaft auf fairen Handel aufmerksam, mit 750 Teilnehmenden im Herbst 2017.

BILD   Nachhaltigkeit lernen: Volkshochschulprojekt „Know your lifestyle"

Seit 2015 gibt es neuen Schwung für BNE. Das Bundesministerium für Bildung und Forschung (BMBF) hat eine hochrangige Nationale Plattform einberufen, um BNE auf allen Stufen der Bildungsbiografie und vor allem in der Schule zu verankern. Die Deutsche UNESCO-Kommission unterstützt diesen Prozess mit Nachdruck. Auch die Volkshochschulen sind an der Arbeit dieser Plattform intensiv beteiligt. Der „Nationale Aktionsplan BNE" benennt für alle Bildungsbereiche Ziele und Maßnahmen, um BNE auch in der formalen Bildung wirksam umzusetzen. Mit Blick auf die kommunale Ebene wurde im Aktionsplan folgendes Ziel formuliert: „Bis Ende 2019 sind alle Bildungseinrichtungen in kommunaler Trägerschaft per Zielvereinbarung aufgefordert, eine nachhaltige Entwicklung auf Grundlage der SDGs in ihrem Leitbild zu verankern." Um dieses Ziel zu erreichen, ist der Deutsche Volkshochschulverband eine freiwillige Selbstverpflichtung eingegangen, in der es heißt: „Der DVV empfiehlt den Volkshochschulen auf Grundlage der Sustainable Development Goals (SDGs) eine nachhaltige Entwicklung in ihren Leitbildern und Programmangeboten zu verankern. Für diesen Prozess stellt der DVV Informationsmaterial zum Nationalen Aktionsplan zusammen und entwickelt Vorlagen für die Umsetzung vor Ort."

Die deutschen Volkshochschulen sind zentrale Partner für eine erfolgreiche BNE und dafür, die Ziele der Agenda 2030 zu erreichen. Die Deutsche UNESCO-Kommission und die Volkshochschulen arbeiten zusammen an diesem Ziel. Denn Veränderung im Handeln beginnt mit einer Veränderung im Kopf. Bildung ist der entscheidende Hebel für eine bessere Zukunft.

MARIA BÖHMER

befördert als Präsidentin der deutschen UNESCO-Kommission besonders die Umsetzung der UN-Nachhaltigkeitsziele im Bildungsbereich.

Aufbrüche zur „Digital-Volkshochschule"

Die Digitalisierung aller Lebensbereiche schreitet unaufhaltsam voran. Lerngewohnheiten, aber auch die Möglichkeiten der Gestaltung von Lern- und Bildungsprozessen verändern und erweitern sich in diesem Prozess. Dadurch ergeben sich neue Chancen, aber auch Anforderungen an die Lehrenden und Lernenden sowie an die Ausstattung und Gestaltung von Lernräumen und Bildungsangeboten. Dementsprechend fordert der bekannte Netzaktivist Sascha Lobo 2017 in einem digitalen Marshallplan eine „Digital-Volkshochschule": „Die Idee der Volkshochschule ist eng verknüpft mit der Aufklärung und dem Ziel des Lebenslangen Lernens. Heute ist eine breite Offensive für digitale Bildung auch unter Erwachsenen erforderlich, geeignete Anreizsysteme müssen entwickelt werden. Das Rüstzeug zur Teilhabe an einer digitalen Gesellschaft entsteht nicht von allein", heißt es in seiner Kolumne im *Spiegel*.

„Richtig!", möchte man angesichts der politisch weitgehend vernachlässigten Förderung allgemeiner Medienkompetenz für Erwachsene rufen. Doch was ist der Anspruch an eine „Digital-Volkshochschule"? Flächendeckende Grundbildung oder eine virtuelle Volkshochschule, die immer und überall erreichbar ist? In der Geschichte haben die Volkshochschulen die Entwicklung der (Massen-)Medien im Hinblick auf die damit verbundenen Chancen genutzt (etwa Telekolleg) und auf deren Risiken kritisch diskutiert. So ist auch die Digitalisierung kein neues Thema für die Volkshochschulen. Dennoch können sich aus der Entwicklungsdynamik der Technologie (etwa Künstliche Intelligenz), veränderten Lerngewohnheiten (Nutzung von Apps und Videos) und neuen Anbietern (große IT-Unternehmen) tiefgreifende Veränderungen in der Weiterbildungslandschaft und damit ein besonderer Handlungsbedarf ergeben.

Als Antwort darauf wurde die Strategie der „Erweiterten Lernwelten" entwickelt und auf der Mitgliederversammlung 2015 als „Baustein zur zukünftigen digitalen Strategie der Volkshochschulen" beschlossen. Ziel ist eine inhaltliche, soziale und räumliche Verknüpfung analoger und digitaler Lernpraxen. Damit wird bewusst an die Potenziale der „realen Omnipräsenz" der Volkshochschulen angeknüpft, die um die Teilhabe- und Vernetzungsmöglichkeiten des Internets erweitert werden. Zur Umsetzung dieses von Volkshochschulmitarbeitenden initiierten Konzepts wurde ein Verein gegründet sowie ein Projekt angestoßen, welches die Umsetzung der Strategie in den Volkshochschulen begleitet. Dabei geht es vor allem um die Fortbildung und Beratung hauptamtlicher Mitarbeiterinnen und Mitarbeiter, das gemeinsame Erschließen technischer Ressourcen, um die Bildung sogenannter Digicircles als Netzwerke zum Erfahrungsaustausch sowie die Entwicklung und modellhafte Umsetzung von Ideen.

Von Bedeutung sind in diesem Zusammenhang die vhs-MOOCs (Massive Open Online Courses), die ein deutliches öffentliches Zeichen des Aufbruchs innerhalb und außerhalb der Volkshochschulen setzen. Aber auch einzelne Angebote wie www.ich-will-lernen.de, Deutschlands größtes offenes Lernportal zur Alphabetisierung und Grundbildung, getragen vom DVV, zeigen auf, wie die Potenziale der Digitalisierung von den Volkshochschulen genutzt werden. Allerdings liegen bisher kaum Forschungsbefunde zum Einsatz und zu den Wirkungen digitaler Medien in der Erwachsenenbildung vor.

BILD vhs.cloud: bundesweiter Einsatz digitaler Lernwelten

Schließlich wurden auch mit dem Volkshochschultag 2016 unter dem Motto „Digitale Teilhabe für alle!" die Zielsetzung und das Selbstverständnis der Volkshochschulen in einer „digitalisierten Gesellschaft" beschrieben und diskutiert. Es gibt also eine Antwort auf die Forderung Sascha Lobos nach einer „Digital-Volkshochschule": die Idee der „Erweiterten Lernwelten". Der Wert der Idee wird sich in der Umsetzung zeigen, wobei es um weit mehr als den Einsatz digitaler Medien geht. Ob diese Veränderung den Volkshochschulen gelingt, wird dabei nicht nur über das Wohl und Wehe der Volkshochschulen selbst entscheiden, sondern auch die Frage beantworten, ob und wie eine lebensbegleitende Medienbildung für alle in Deutschland gelingt.

MATTHIAS ROHS

forscht und lehrt zu Fragen des mediengestützten Lernens und zur Medienbildung des Weiterbildungspersonals in Kaiserslautern.

„Nur nicht aufgeben!"

Eine Kneipe in Kreuzberg, Tapas auf dem Tisch. Zehn Berliner Volkshochschuldozentinnen und -dozenten sowie ein ver.di-Bildungssekretär, ihr langjähriger Unterstützer, prosten sich zu. Wir feiern die Honorarerhöhung, die ab dem 1. August 2018 gilt. Innerhalb von zwei Jahren bekommen alle Lehrenden an den zwölf Berliner Volkshochschulen 27 Prozent mehr Geld. Dozentinnen und Dozenten in allen Sprachkursen, ob Deutsch oder Fremdsprachen, erhalten 2019 schließlich 35 Euro pro Unterrichtsstunde wie in den bundesfinanzierten Integrationskursen. „Ich habe bis zuletzt gezittert, ob es klappt", sagt Deutsch-Dozentin Sabine. Über die Erhöhung bei Fremdsprachen freut sich besonders Viviana, Italienisch-Dozentin. Die beiden sind zwei von zehn Sprecherinnen und Sprechern, die bei der jährlichen Vollversammlung gewählt wurden. Mit Infopapieren und Besuchen hatten wir bis kurz vor der Abstimmung über den Doppelhaushalt 2018/19 die Berliner Bildungsverwaltung sowie Politikerinnen und Politiker traktiert.

Eigentlich hatten wir schon 2016 durch Lobbyarbeit im Landeswahlkampf eine Sensation im Koalitionsvertrag von SPD, Linken und Grünen erreicht. Dort ist die Rede von besserer Bezahlung, sozialer Absicherung und tarifvertraglichen Regelungen für Volkshochschuldozentinnen und -Dozenten. Das hatten wir bereits fünf Jahre zuvor bei der Wahl versucht. Damals erfolglos. Aber, oh Schreck, diesmal standen

BILD Kursleitende aus Berlin demonstrieren für höhere Honorare und einen Tarifvertrag

wir – trotz des Erfolgs – im ersten Haushaltsentwurf 2018/19 gar nicht drin. Also aufs Neue die Lobbymühle. Und jetzt steht die Erhöhung in unseren Verträgen. Novum: Erstmals wird eine Honoraranhebung nicht nur über höhere Kursgebühren finanziert, sondern das meiste über den Landeshaushalt. Bezahlbare Bildung für alle – das ist auch unser Credo.

„Ich habe gelernt, Politikerinnen und Politiker mit klaren Fragen zu konfrontieren: ja, nein, was, wann", sagt Ulrike, seit zehn Jahren vhs-Aktivistin. „Meine Angst, öffentlich für unsere Anliegen einzutreten, habe ich überwunden. Ich bin überzeugt, dass die langjährige Tagelöhnerei unwürdig ist – für uns und für die Volkshochschulen mit ihrem emanzipatorischen Ansatz."

Unser Aktions-Coming-out hatten wir 2011 beim Deutschen Volkshochschultag in Berlin. Verkleidet als Kranke demonstrierten wir für eine Ausfallzahlung bei Krankheit. Erste Presseerklärung durch ver.di, erstes Interview im Deutschlandfunk. Später folgten viele Berichte. Seit 2014 haben wir eine Krankheitsausfallzahlung für die etwa 700 arbeitnehmerähnlichen Dozentinnen und Dozenten, die von der Volkshochschule wirtschaftlich abhängig sind und rund 70 Prozent des Unterrichts leisten. Doch zufrieden sind wir noch nicht. Die Krankheitszahlung gilt erst ab dem vierten Tag und beträgt nur 80 Prozent. Wir fordern – zusammen mit ver.di – einen Tarifvertrag für Dozentinnen und Dozenten, der uns sozial besser absichert und vor Rechtlosigkeit schützt. Ein Tarifvertrag ist rechtlich möglich für Lehrende mit einem arbeitnehmerähnlichen Status. Dieser Status wird vom Land Berlin anerkannt, wenn wir mindestens die Hälfte der vollen Arbeitszeit für die Volkshochschule tätig sind. Wir erhalten dann gesetzliches Urlaubsentgelt sowie Zuschläge zur Renten- und Krankenversicherung. Dennoch sind wir durch kurzfristige Verträge jederzeit von Stundenminderung bedroht und haben keine Personalvertretungsrechte. Nach einem Vollzeitarbeitsleben an der Volkshochschule bekommen wir um die 600 Euro Rente. Wir wollen wie angestellte Lehrkräfte mit vergleichbarer Qualifikation bezahlt werden: 60 Euro pro Unterrichtsstunde. Mit der Option: Dauerstellen für Daueraufgaben.

Warum arbeiten wir trotzdem noch an der Volkshochschule? Ulrike sagt, der Deutschunterricht mit Teilnehmenden aus aller Welt sei nach wie vor beglückend und nie langweilig. Nach unserem Kneipenabend hat Claudia, auch Deutsch-Dozentin, einen Traum: „13 Uhr, Kursende. Ich gehe mit einer Teilnehmerin, die eine Frage hat, ins Lehrerzimmer mit Sofa, Kaffeemaschine und Internet. Wir drucken ein Formular aus und füllen es zusammen aus. Natürlich in meiner bezahlten Beratungsstunde. Dann bereite ich mich auf eine – ebenfalls bezahlte – Sitzung mit der Fachbereichsleitung vor. Meine Anregung wird mit Dank aufgenommen. Ich unterrichte jedes Jahr etwa die gleiche Stundenzahl und bin froh, dass ich bei längerer Krankheit und im Alter abgesichert bin. Meine Kollegin hat ein Problem, das besprechen wir morgen im Personalrat." Könnte Claudias Traum wahr werden? Ein Volkshochschultarifvertrag wurde dem Land Berlin von der Tarifgemeinschaft Deutscher Länder verweigert. Aber wir geben nicht auf.

BEATE STRENGE

war empört über das niedrige Honorar als Kursleiterin und setzt sich in Berlin für ihre Berufsgruppe ein.

Künftige Herausforderungen für die Volkshochschulen

Wer auf 100 Jahre Volkshochschulen zurückblickt, stellt fest, dass diese besonderen Einrichtungen der Erwachsenenbildung untrennbar mit der Entstehung und Entwicklung unserer Demokratie verbunden sind. Als nach dem Ersten Weltkrieg das Ende der Monarchie besiegelt war, wurde mit der Ausrufung der Republik und der Verabschiedung der Weimarer Verfassung der Aufbruch in eine demokratische Zukunft gewagt. Genährt durch die Ideale der Aufklärung entstand die Hoffnung, dass der obrigkeitstreue Untertan der Vergangenheit angehört. An seine Stelle sollte nun der mündige und selbstverantwortliche Bürger treten. In Deutschland war es zum Beispiel der liberale Gewerkschaftsführer und Pionier der Volkshochschulen Max Hirsch, der mit der Gründung der Humboldt-Akademie bereits 1878 in Berlin „höhere, wissenschaftliche Bildung" verbreiten wollte, und zwar in „allen Volkskreisen". Als auf Basis dieser liberalen und sozialen Ideale die Republik gegründet wurde, galten die Forderungen von Max Hirsch nach einer „Bildung für alle" bereits als notwendige Voraussetzung dafür, dass die Demokratie mit Leben gefüllt werden kann. Volkshochschulen waren das Versprechen an alle Bürger, dass durch Bildung gesellschaftliche Beteiligung, Mitverantwortung und Mitgestaltung möglich sind.

So gehört es bis heute zu den Grundprinzipien der Volkshochschulen, dass sie offen für alle sind. Offen für Menschen, die sich weiterbilden wollen, ganz egal, wie alt sie sind, woher sie stammen und welche Vorkenntnisse sie mitbringen. Als Schulen für das ganze Leben bieten sie jeder und jedem die Chance, sich persönlich weiterzuentwickeln oder sich auf neue Anforderungen im Berufsleben vorzubereiten. An Volkshochschulen können Bürgerinnen und Bürger ihr Recht auf Bildung einlösen. Damit kommt unsere Gesellschaft ihrem Anspruch auf Chancengerechtigkeit einen Schritt näher. Volkshochschulen zeigen, wie viele Gesichter Lebenslanges Lernen heute hat. Und sie zeigen, dass es nicht auf den sogenannten lückenlosen Lebenslauf ankommt, sondern darauf, was jemand im Laufe des Lebens dazulernt, auch auf Umwegen, auch in Phasen der Selbstvergewisserung.

Volkshochschulen sind gesellschaftlich engagiert. Sie haben mit breit gefächerten Lernprogrammen nicht nur Aufstiegsmöglichkeiten für den Einzelnen im Blick, sondern vermitteln auch soziales und politisches Verantwortungsbewusstsein. Als Schulen der Kommunen sind sie fest verankert in ihrer Stadt, ihrer Gemeinde oder ihrem Landkreis. Sie stiften Begegnungen zwischen Bürgerinnen und Bürgern und stärken das Miteinander. Hier entsteht zwischen den Einzelnen, was die Gesellschaft im Ganzen zusammenhält. Mit großem Selbstbewusstsein können die Volkshochschulen heute auf ihre Geschichte als Lernorte der Demokratie blicken und darauf, wie erfolgreich sie auf gesellschaftliche Veränderungen reagiert und diese mitgestaltet haben. Besonders herausgefordert und geprägt wurden die Volkshochschulen durch die politischen Umbrüche in unserem Land. Es galt, nach dem Ersten Weltkrieg zur Demokratisierung beizutragen und nach der nationalsozialistischen Diktatur westliche Werte zu vermitteln und die Idee eines vereinten Europas zu verbreiten. Und auch nach der Friedlichen Revolution im Osten Deutschlands waren es Volkshochschulen, an denen Demokratie gelernt wurde.

Heute und in absehbarer Zeit müssen die Volkshochschulen keinen politischen Umbruch gestalten. Gleichwohl stehen sie nun schon seit einigen Jahren vor der Herausforderung, ganz unterschiedliche

Formen des gesellschaftlichen Wandels frühzeitig zu erkennen und konstruktiv zu begleiten. So wird die Integration von Menschen aus anderen Kulturen die Volkshochschulen noch viele Jahre beschäftigen, denn diese Aufgabe geht über den Spracherwerb, die Vermittlung unseres Rechtssystems und grundlegender Werte und Prinzipien hinaus. Ein niederschwelliges Angebot für Menschen mit Migrationshintergrund und die Möglichkeit zur Begegnung zwischen „alten" und neuen Bürgerinnen und Bürgern werden auch in Zukunft Zusammenhalt stiften. Eine weitere Herausforderung für die Volkshochschulen bringt der digitale Wandel mit sich. Er erfasst nach und nach nahezu alle Bereiche unseres Lebens und wird die Erwachsenenbildung weiter fundamental verändern. Dabei wird es nicht nur um die Verbreitung neuen Wissens gehen, sondern auch der Umgang mit Wissen und die Art der Vermittlung werden sich weiter verändern. Und auch die Auswirkungen auf unsere Arbeits- und Lebenswelt gilt es, breit und offen für alle zu diskutieren.

Eng verbunden mit dem gesellschaftlichen und digitalen Wandel ist die schleichende Veränderung unseres demokratischen Miteinanders, der die Volkshochschulen wieder ganz neu als Lernorte der Demokratie herausfordert. Wenn alte Gewissheiten, wenn Fakten und selbst die Wahrheit von Populisten aller Couleur infrage gestellt werden, dann braucht es unabhängige, bürgernahe und für alle offene Institutionen, die sich dem entschlossen entgegenstellen. Unerwartet stehen die Volkshochschulen so wieder vor der Aufgabe, die Max Hirsch 1878 formulierte: die wahrhaft wissenschaftliche Bildung in allen Volkskreisen zu verbreiten.

JOACHIM GAUCK

Bundespräsident a. D., hat die Volkshochschulen beim Volkshochschultag 2016 in Berlin als „Werkstätten der Demokratie" gewürdigt.

AUTORINNEN & AUTOREN

AENGENVOORT, ULRICH
Jg. 1956, von 1992 bis 2001 Geschäftsführer der Verbraucherzentrale Baden-Württemberg, seit 2001 Verbandsdirektor des Deutschen Volkshochschul-Verbands e. V. (DVV)

AMLUNG, ULLRICH
Dr. phil., Jg. 1955, Erziehungswissenschaftler und Volkskundler

BARRETO, CLAUDEMIR JERÔNIMO (CACAU)
Jg. 1981, Profifußballer in Brasilien und Deutschland, von 2009 bis 2012 für die deutsche Nationalmannschaft, seit 2016 Integrationsbeauftragter des DFB

BAUCH, UWE FRANK
Jg. 1962, von 1989 bis 2014 freier Journalist für Hörfunk und Fernsehen, von 1990 bis 2004 Dozent für den Bürgerfunk in NRW, seit 2014 Fachbereichsleiter der vhs Marl

BEER, WOLFGANG
Dr. phil., Jg. 1951, bis Ende 2016 Geschäftsführer bei den Evangelischen Akademien in Deutschland e. V. (EAD), heute als Fachpublizist tätig

BLÜGGEL, BEATE
Dr. phil., Jg. 1960, Tätigkeit für verschiedene Volkshochschulen und den Deutschen Volkshochschul-Verband e. V. (DVV), seit 2013 Leiterin der vhs Aachen

BÖHMER, MARIA
Prof. Dr. phil., Jg. 1950, von 2005 bis 2013 Beauftragte der Bundesregierung für Migration, Flüchtlinge und Integration, von 2013 bis 2017 Staatsministerin im Auswärtigen Amt, seit 2018 Präsidentin der Deutschen UNESCO-Kommission

BOGER, HARTMUT
Jg. 1952, von 1989 bis 2016 Direktor der vhs Wiesbaden, seit 2016 u. a. Lehrbeauftragter am Zentrum für wissenschaftliche Weiterbildung der Johannes-Gutenberg-Universität Mainz

BOSCHE, BRIGITTE
Jg. 1969, seit 2001 wissenschaftliche Mitarbeiterin am Deutschen Institut für Erwachsenenbildung – Leibniz-Zentrum für Lebenslanges Lernen e. V. (DIE) in Bonn

BRANDT, PETER
Dr. theol., Jg. 1971, seit 2002 am Deutschen Institut für Erwachsenenbildung – Leibniz-Zentrum für Lebenslanges Lernen e. V. (DIE) in Bonn, zuletzt als Abteilungsleiter Wissenstransfer

BREMER, HELMUT
Prof. Dr. phil., Jg. 1959, seit 2009 Professor für Erwachsenenbildung/politische Bildung an der Fakultät für Bildungswissenschaften der Universität Duisburg-Essen

BULANDER, REBECCA
Prof. Dr., Jg. 1975, stellvertretende Direktorin des Instituts für Angewandte Forschung (IAF) der Hochschule Pforzheim

ÇAKIR-WAHL, BARBARA
Jg. 1950, bis 2015 Direktorin der vhs Frankfurt

CIUPKE, PAUL
Dr. phil., Jg. 1953, bis Ende 2018 politischer Bildner beim Bildungswerk der Humanistischen Union NRW in Essen

DATTA, ASIT
Prof. Dr. phil. habil., Jg. 1937, von 1974 bis 2002 Hochschullehrer für Erziehungswissenschaft/Schulpädagogik an der Leibniz Universität Hannover

DERICHS-KUNSTMANN, KARIN
Dr. phil., Jg. 1946, von 1983 bis 2008 tätig am Forschungsinstitut Arbeit, Bildung, Partizipation e.V. in Recklinghausen, ab 2006 Direktorin, heute freiberufliche Wissenschaftlerin und Autorin

DIEHL, URSULA
Jg. 1950, von 1979 bis 2008 Programmbereichsleiterin und Leiterin der Volkshochschule Berlin-Wedding (ab 2001 Berlin-Mitte), von 2001 bis 2010 Leiterin des Amtes Weiterbildung und KulturBerlin-Mitte

DITSCHEK, EDUARD JAN
Dr. phil., Jg. 1949, von 1985 bis 2008 Programmbereichsleiter und stellvertretender Leiter der Volkshochschule Berlin-Wedding (ab 2001 Berlin-Mitte), von 2009 bis 2010 Leiter der Volkshochschule Berlin-Mitte

DOBBERKE, STEFANIE
Jg. 1974, von 2000 bis 2014 pädagogische Mitarbeiterin der vhs Dülmen, seit 2014 Leiterin der Volkshochschule Marl

DUST, MARTIN
Dr. phil., Jg. 1962, seit 2014 Geschäftsführer der Agentur für Erwachsenen- und Weiterbildung des Landes Niedersachsen, seit 2007 Verbandsdirektor des Saarländischen Volkshochschulverbands

EGLER, RALPH
Dr. phil., Jg. 1959, Direktor der Volkshochschule Leipziger Land, seit 2017 Vorsitzender des Sächsischen Volkshochschulverbands

EICHEN, REGINA
Jahrgang 1958, Mitarbeiterin bei Schulen ans Netz e.V., seit 2012 Projektleiterin für Online-Lernumgebungen beim Deutschen Volkshochschul-Verband (DVV) e.V.

ENGEL, MONIKA
Jg. 1957, von 1992 bis 2010 Bildungsreferentin beim Landesverband der Volkshochschulen von NRW e.V., seit 2010 Leiterin der vhs Herten und Mitglied im Vorstand des Landesverbands der Volkshochschulen NRW

ENGELS, DAGMAR
Dr. phil., Jg. 1952, von 1991 bis 2019 Leiterin der vhs Ulm, von 2009 bis 2014 Vorsitzende des Kuratoriums DVV International

FRIEDENTHAL-HAASE, MARTHA
Prof. Dr., Jg. 1942, emeritierte Professorin für Erwachsenenbildung an der Universität Jena

GAUCK, JOACHIM
Jg. 1940, Politiker und Theologie, von 2012 bis 2017 Bundespräsident der Bundesrepublik Deutschland

GERLACH, FRAUKE
Dr. phil., Jg. 1964, seit 2014 Direktorin und Geschäftsführerin des Grimme-Instituts und Geschäftsführerin des Grimme-Forschungskollegs

GIESEKE, WILTRUD
Prof. Dr., Jg. 1947, Seniorprofessorin für Erwachsenenbildung/Weiterbildung an der Humboldt-Universität zu Berlin

GIETZELT, MARTIN
Jg. 1963, seit 2002 Leiter des Vereins Volkshochschulen in Dithmarschen, seit 2013 Vorstandsmitglied im Landesverband der Volkshochschulen in Schleswig-Holstein

GLASER, EDITH
Dr. phil. habil., Professorin für Historische Bildungsforschung am Institut für Erziehungswissenschaft der Universität Kassel

GROSSMANN, WILHELM
Jg. 1954, von 1981 bis 1987 Dozent und wissenschaftlicher Mitarbeiter an der Heimvolkshochschule Göhrde, Gründungsdirektor des Franz Marc Museums in Kochel am See

GROTLÜSCHEN, ANKE
Dr., Jg. 1969, Professorin für Lebenslanges Lernen an der Universität Hamburg

GÜNZEL, MARTIN
Jg. 1990, wissenschaftlicher Mitarbeiter am Lehrstuhl für Neuere und Neueste Geschichte der Albert-Ludwigs-Universität Freiburg

HAAR, GABRIELE
Jg. 1965, seit 2005 Fachbereichsleiterin für Gesundheit, Fremdsprachen und Kultur an der vhs Osterholz-Scharmbeck/Hambergen/Schwanewede, derzeitige Vorsitzende der Gesellschaft Erwachsenenbildung und Behinderung e. V.

HAGER, GERD
Prof. Dr. iur., Jg. 1955, Direktor des Regionalverbands Mittlerer Oberrhein, Vorsitzender des Vereins Freunde der up PAMINA vhs

HANDT, GERHARD VON DER
Jg. 1944, bis 2009 wissenschaftlicher Mitarbeiter am Deutschen Institut für Erwachsenenbildung – Leibniz-Zentrum für Lebenslanges Lernen e.V. (DIE) in Bonn sowie an deren Vorläufereinrichtung in Frankfurt, zuvor Dozent am Goethe-Institut und Fachbereichsleiter Sprachen an der vhs Kreis Köln

HANNACK, ELKE
Jg. 1961, seit 2013 stellvertretende Bundesvorsitzende des Deutschen Gewerkschaftsbundes (DGB), Präsidentin des Bundesarbeitskreises Arbeit und Leben e.V.

HARTKEMEYER, JOHANNES F.
Dr. rer. pol., Jg. 1950, von 1975 bis 1990 Bezirksleiter der ländlichen Erwachsenenbildung in Niedersachsen (LEB), von 1990 bis 2008 Direktor der vhs Osnabrück

HERMANN, WINFRIED
Jg. 1952, 1989 bis 1998 Leiter des Fachbereichs Gesundheit und Bewegung bei der vhs Stuttgart, anschließend Mitglied des Bundestags, seit 2011 Minister für Verkehr in Baden-Württemberg

HEUER, KLAUS
Dr. rer. pol., Jg. 1953, bis 2018 wissenschaftlicher Mitarbeiter am Deutschen Institut für Erwachsenenbildung – Leibniz-Zentrum für Lebenslanges Lernen e.V. (DIE), heute freiberuflich tätig

HINZEN, HERIBERT
Prof. (H) Dr. Dr. h.c. mult., Jg. 1947, langjähriger Leiter von DVV International, lehrt internationale Erwachsenenbildung an Universitäten im In- und Ausland

HIRSCH, ESTHER
Jg. 1969, mehr als 15 Jahre in unterschiedlichen Ländern Afrikas im Bereich (Erwachsenen-)Bildung und Entwicklung tätig, seit 2015 stellvertretende Leiterin von DVV International in Bonn

HIRSCHHAUSEN, ECKART VON
Dr. med., Jg. 1967, studierte Medizin und Wissenschaftsjournalismus in Berlin, London und Heidelberg, seit mehr als 20 Jahren Komiker, Autor und Moderator

HUFER, KLAUS-PETER
Prof. Dr. rer. pol. und phil. habil., Jg. 1949, von 1976 bis 2014 Fachbereichsleiter für Geistes- und Sozialwissenschaften an der Kreisvolkshochschule Viersen, außerplanmäßiger Professor an der Fakultät Bildungswissenschaften der Universität Duisburg-Essen

JAHNS, UWE
Jg. 1958, seit 1990 pädagogischer Mitarbeiter der Kreisvolkshochschule Wanzleben und beim Landesverband der Volkshochschulen Sachsen-Anhalt e.V., seit 2003 dessen Geschäftsführer

JELICH, FRANZ-JOSEF
Jg. 1953, bis 2018 wissenschaftlicher Mitarbeiter am Institut für Erziehungswissenschaft der Ruhr-Universität Bochum

JOHN, JENNIFER
Dr. phil., Jg. 1975, von 2011 bis 2016 Geschäftsführerin der Volkshochschule Schierstein, seit 2017 Abteilungsleiterin an der Volkshochschule Mainz

JOST, CHRISTOPH
Jg. 1975, seit 2016 Leiter von DVV International, dem Institut für Internationale Zusammenarbeit des Deutschen Volkshochschul-Verbands, zuvor Referatsleiter beim Deutschen Akademischen Austauschdienst (DAAD)

JUNG, THOMAS
Dr. phil., Jg. 1964, Literaturwissenschaftler, seit 2008 wissenschaftlicher Mitarbeiter am Deutschen Institut für Erwachsenenbildung – Leibniz-Zentrum für Lebenslanges Lernen e.V. (DIE) in Bonn

KEICHER, JÜRGEN
Jg. 1966, seit 2005 Geschäftsführer der gemeinnützigen telc GmbH, zuvor arbeitete er als Autor, Kursleiter, Projektmanager und Redaktionsleiter im Bildungs- und Verlagsbereich

KLEMM, ULRICH
Prof. Dr. phil., Jg. 1955, seit Januar 2013 Geschäftsführer des Sächsischen Volkshochschulverbands, Honorarprofessor für Erwachsenenbildung/Weiterbildung an der Universität Augsburg

KNOLL, JOACHIM H.
Prof. em. Dr., Dr. phil. h. c., Jg. 1932, von 1964 bis 1988 Professor für Erwachsenenbildung und außerschulische Jugendbildung an der Ruhr-Universität Bochum

KÖCK, CHRISTOPH
Dr. phil., Jg. 1962, seit 2013 Direktor des Hessischen Volkshochschulverbands in Frankfurt am Main, zuvor Tätigkeit beim Bayerischen Volkshochschulverband

KÖLMEL, BERNHARD
Prof. Dr., Jg. 1968, stellvertretender Direktor des Institute of Smart Systems and Services (IoS^3), Hochschule Pforzheim

KRÄNKE, SYLVIA
Jg. 1962, von 1987 bis 1990 tätig an der Friedrich-Schiller-Universität Jena, von 1991 bis 1994 beschäftigt an der Euro-Schule Jena, seit 1997 Direktorin des Thüringer Volkshochschulverbands

KRAMP-KARRENBAUER, ANNEGRET
Jg. 1962, von 2011 bis 2018 Ministerpräsidentin des Saarlandes, seit 2018 Generalsekretärin der CDU, seit 2015 Präsidentin des Deutschen Volkshochschul-Verbands e.V. (DVV)

KRUG, PETER-RICHARD
Dr. dis. pol., Jg. 1943, von 1991 bis 2008 Ministerialdirigent im rheinland-pfälzischen Wissenschaftsministerium und Vorsitzender des Ausschusses für Fort- und Weiterbildung der Kultusministerkonferenz

KÜCHLER, ERNST
Jg. 1944, vhs-Leiter in Leverkusen und Köln, von 2004 bis 2009 Bundestagsmitglied und Oberbürgermeister der Stadt Leverkusen, von 1999 bis 2007 Vorsitzender des Deutschen Volkshochschul-Verbands e.V. (DVV)

KÜCHLER, FELICITAS VON
Jg. 1952, bis 2009 wissenschaftliche Mitarbeiterin am Deutschen Institut für Erwachsenenbildung – Leibniz-Zentrum für Lebenslanges Lernen e.V. (DIE) in Bonn, anschließend Leiterin des Projekts „Lernen vor Ort Offenbach" und der Transferagentur Kommunales Bildungsmanagement Hessen

KÜFNER, JÜRGEN
Jg. 1965, von 1996 bis 2012 theologischer Leiter im Haus der Kirche/Dreikönigskirche Dresden, seit 2013 Direktor der dortigen Volkshochschule

KUHLENKAMP, DETLEF
Prof. Dr. phil, Jg. 1942, bis 2007 Hochschullehrer für Weiterbildung an der Universität Bremen, seitdem Lehrbeauftragter an mehreren deutschen Universitäten

LANG-WOJTASIK, GREGOR
Prof. Dr. phil. habil., Jg. 1968, Professor für Erziehungswissenschaft/Pädagogik der Differenz an der Pädagogischen Hochschule Weingarten

LUCK, GUDRUN
Jg. 1956, seit 1986 tätig an der vhs Jena, seit 1992 deren Leiterin, von 2001 bis 2016 Vorsitzende des Thüringer Volkshochschulverbands

MARKUS, BERND
Jg. 1953, bis 2017 Oberarzt für Unfallchirurgie in den Muldentalkliniken

MARX, CHRISTINA
Jg. 1970, seit 2013 Leiterin des Bereichs Aufklärung bei der Aktion Mensch in Bonn und Mitglied der Geschäftsleitung

MEILHAMMER, ELISABETH
Prof. Dr. phil., seit 2010 Inhaberin des Lehrstuhls für Pädagogik mit Schwerpunkt Erwachsenen- und Weiterbildung an der Universität Augsburg, stellvertretende Vorstandsvorsitzende der vhs Augsburg

MEISEL, KLAUS
Dr. phil., Prof., Jg. 1953, bis 2006 Direktor am Deutschen Institut für Erwachsenenbildung – Leibniz-Zentrum für Lebenslanges Lernen e. V. (DIE), seither Managementdirektor der Münchner Volkshochschule GmbH

MEYER, NIKOLAUS
Prof. Dr. phil., Jg. 1982, Professor für Soziale Arbeit an der IUBH University of Applied Sciences in Frankfurt am Main

MIKASCH-KÖTHNER, DAGMAR
Jg. 1962, seit 1991 Leitungsfunktionen an verschiedenen Volkshochschulen in Baden-Württemberg, seit 2008 Direktorin und Vorsitzende der Volkshochschule Stuttgart

MÜLLER-COMMICHAU, WOLFGANG
Prof. Dr. phil., Jg. 1950, Honorarprofessor an der Hochschule RheinMain in Wiesbaden, Lehrbeauftragter an der Goethe-Universität in Frankfurt am Main

NITTEL, DIETER
Dr. phil. habil., Jg. 1954, Professor im Fachbereich Erziehungswissenschaft sowie Leiter des Arbeitsbereichs Erwachsenenbildung und erziehungswissenschaftliche Professionsforschung an der Goethe-Universität Frankfurt am Main

NOLDA, SIGRID
Prof. Dr., Jg. 1949, Professorin für Erwachsenenbildung an der Technischen Universität Dortmund i. R.

NUISSL, EKKEHARD
Prof. Dr. habil. Dr. h.c. mult., Jg. 1946, bis 2012 wissenschaftlicher Direktor des Deutschen Instituts für Erwachsenenbildung – Leibniz-Zentrum für Lebenslanges Lernen e. V. (DIE), heute Professor für Erwachsenenbildung an den Universitäten Kaiserslautern, Florenz, Timișoara und Torun

OPELT, KARIN
Dr. paed. habil., Jg. 1954, bis 2006 tätig als Hochschullehrerin an der Humboldt-Universität zu Berlin und der Ossietzky Universität Oldenburg, heute pädagogische Mitarbeiterin bei einem privaten Bildungsträger

ÖZTÜRK, HALIT
Prof. Dr., Jg. 1973, Professor für Erziehungswissenschaft mit dem Schwerpunkt Erwachsenenbildung/Weiterbildung an der Westfälischen Wilhelms-Universität Münster

PACK, DORIS
Dr. (h.c.), Jg. 1942, von 1974 bis 1982 und von 1985 bis 1989 Bundestagsabgeordnete, von 1989 bis 2014 Mitglied des Europäischen Parlaments und Vorsitzende des Ausschusses für Kultur und Bildung, seit 1999 Präsidentin des Verbands der Volkshochschulen des Saarlandes

PASSENS, BERND
Jg. 1954, bis 2003 in Frankfurt wissenschaftlicher Mitarbeiter in der Pädagogischen Arbeitsstelle des DVV, seit 2016 beim Deutschen Volkshochschul-Verband e.V. (DVV), zuletzt Leiter des DVV-Grundsatzreferats

PÄTZOLD, HENNING
Prof. Dr., Jg. 1971, Professor für Pädagogik mit dem Schwerpunkt Forschung und Entwicklung in Organisationen an der Universität Koblenz-Landau

PETERS, MONIKA
Jg. 1954, nach 32 Jahren beim Landesverband der Volkshochschulen Schleswig-Holsteins im Ruhestand und freiberuflich tätig

POLLBERG, ROLF
Jg. 1964, Archivar der Stadt Marl und vhs-Dozent

POLOSKI-SCHMIDT, INES
Jg. 1962, seit 2003 Direktorin des Volkshochschulverbands Mecklenburg-Vorpommern

RATH, JOCHEN
Dr. phil., Jg. 1967, seit 2006 Leiter des Instituts Stadtarchiv und Landesgeschichtliche Bibliothek Bielefeld

RECKNAGEL, ANNE-CHRISTEL
Dr. phil., bis 2002 Fachbereichsleiterin für Italienisch und für Allgemeinbildung, Länder und Völker an der vhs Stuttgart, Literaturwissenschaftlerin und Historikerin

REIN, ANTJE VON
Dr. phil., Jg. 1956, Mitarbeiterin im Bereich Presse und Marketing an der Hamburger Volkshochschule, Lehrbeauftragte, freiberufliche Autorin und Referentin zum Thema Öffentlichkeitsarbeit und Bildungsmarketing

REX, SASCHA
Jg. 1976, seit 2003 Mitarbeiter und Projektleiter beim Deutschen Volkshochschul-Verband e.V. (DVV) und seit 2015 Referent für Gesellschaftspolitik und Grundsatzfragen

ROHS, MATTHIAS
Dr., Juniorprofessor für Erwachsenenbildung mit Schwerpunkt Fernstudium und E-Learning, stellvertretender wissenschaftlicher Direktor des Distance and Independent Studies Center (DISC), Technische Universität Kaiserslautern

ROSSMANN, ERNST DIETER
Dr. Sportwiss., Jg. 1951, seit 1998 Bundestagsmitglied, von 2009 bis 2018 Sprecher der Arbeitsgruppe Bildung und Forschung der SPD-Bundestagsfraktion, seit 2018 Vorsitzender des Ausschusses für Bildung, Forschung und Technikfolgenabschätzung, seit 2007 Vorsitzender des Deutschen Volkshochschul-Verbands e.V. (DVV)

RUSTEMEYER, DANIEL
Jg. 1978, bis 2008 freier Journalist bei den Ruhr Nachrichten, heute stellvertretender Pressesprecher der Stadt Marl

SCHAVAN, ANNETTE
Dr. h.c. mult, Jg. 1955, Gastprofessorin an der Shanghai International Studies University, zuvor unter anderem von 1995 bis 2005 Ministerin für Kultus, Jugend und Sport in Baden-Württemberg, von 2005 bis 2013 Bundesministerin für Bildung und Forschung

SCHEMMANN, MICHAEL
Prof. Dr., Jg. 1970, von 2008 bis 2013 Professor für Erwachsenenbildung/Weiterbildung an der Justus-Liebig-Universität Gießen, seit 2013 Professor für Erziehungswissenschaft mit dem Schwerpunkt Erwachsenenbildung/Weiterbildung an der Universität zu Köln

SCHNEIDER, HANS-WERNER
Jg. 1946, viele Jahre Fachbereichsleiter für gesellschaftliche Bildung und Gesundheitsbildung sowie stellvertretender Direktor an der vhs Dresden, seit 2011 im Ruhestand

SCHÖLL, INGRID
Dr. phil., Jg. 1956, Direktorin der Volkshochschulen Witten-Wetter-Herdecke, Stadtverband Saarbrücken, und Bonn, Mitarbeit in Gremien des Deutschen Volkshochschul-Verbands e.V. (DVV) und des Landesverbands der Volkshochschulen NRW

SCHRADER, JOSEF
Prof. Dr., Jg. 1958, seit 2012 wissenschaftlicher Direktor des Deutschen Instituts für Erwachsenenbildung – Leibniz-Zentrum für Lebenslanges Lernen e.V. (DIE) in Bonn, Professor für Erwachsenenbildung an der Universität Tübingen

SEITTER, WOLFGANG
Dr. phil. habil., Jg. 1958, seit 2001 Professor für Erwachsenenbildung/Weiterbildung an der Philipps-Universität Marburg

SPRINK, ROLF
Jg. 1950, von 1996 bis 2015 Leiter der Volkshochschule Leipzig, zuvor Verlagslektor und ab 1989 Mitbegründer und Verleger des Forum Verlags Leipzig

STANG, RICHARD
Dr. phil., Jg. 1959, seit 2006 Professor an der Hochschule der Medien Stuttgart, bis 2006 wissenschaftlicher Mitarbeiter beim Deutschen Institut für Erwachsenenbildung – Leibniz-Zentrum für Lebenslanges Lernen e.V. (DIE)

STASCHEN, HEIDI
Jg. 1954, bis 2004 Fachbereichsleiterin und Pressesprecherin der Hamburger Volkshochschule, anschließend bei der dortigen Schulbehörde beschäftigt, seit 2017 im Ruhestand

STERZENBACH, KAI
Jg. 1967, seit 1992 Projektentwicklung und -management im Medien- und Bildungsbereich, seit 2005 Geschäftsführer Lernende Region – Netzwerk Köln e.V.

STRENGE, BEATE
Jg. 1955, seit 1985 freie Journalistin, seit 2006 freiberufliche Lehrerin (Deutsch als Zweitsprache) an der Volkshochschule Berlin, seit 2007 in der Kursleitendenvertretung

SÜSSMUTH, RITA
Prof. Dr. phil., Jg. 1937, Professorin für Erziehungswissenschaften, Bundesministerin für Jugend, Familie, Frauen und Gesundheit, anschließend Präsidentin des Deutschen Bundestags, von 1988 bis 2015 Präsidentin des Deutschen Volkshochschul-Verbands e.V. (DVV), Mitglied im Kuratorium von DVV International

THAMM, FOLKER
Jg. 1942, Theologie, Soziologe und Pädagoge, leitender Mitarbeiter in der Erwachsenenbildung, unter anderem an der Heimvolkshochschule Jagdschloss Göhrde, später Pastor in Lüneburg

TIPPELT, RUDOLF
Prof. i. R., Dr. phil, Jg. 1951, bis 2016 Professor für Allgemeine Pädagogik und Bildungsforschung an der Ludwig-Maximilians-Universität München, Forschung und Lehre an den Universitäten in München, Freiburg, Heidelberg

VEHRKAMP, ROBERT
Dr. rer. pol., Jg. 1964, seit 2003 bei der Bertelsmann Stiftung, seit 2011 als Director und seit 2017 als Senior Advisor im Programm „Zukunft der Demokratie"

VOORGANG, JULIANE
Jg. 1985, Literaturwissenschaftlerin und Verlagslektorin, Organisatorin eines Reparatur-Cafés in Tübingen

WAGENER-DRECOLL, MONIKA
Jg. 1952, bis 2017 Fachbereichsleiterin für Grundbildung an der Bremer Volkshochschule

WEISS, EROL ALEXANDER
Jg. 1961, seit 1992 vhs-Leiter, unter anderem an der vhs Eberbach-Neckargemünd, seit 2009 Direktor der vhs Karlsruhe und Vorstandsvorsitzender der up PAMINA vhs

WOLF, BERNHARD S. T.
Jg. 1947, bis 2013 Direktor des Hessischen Volkshochschulverbands (hvv), zuvor pädagogischer Leiter und Mit-Geschäftsführer des hvv-Instituts, stellvertretender Vorsitzender der Europäischen Bildungs- und Begegnungszentren e.V.

WOLLENBERG, JÖRG
Jg. 1937, von 1971 bis 1978 Leiter der Volkshochschule der Stadt Bielefeld, von 1978 bis 2002 Professor für Weiterbildung mit dem Schwerpunkt politische Bildung an der Universität Bremen

ZEUNER, CHRISTINE
Prof. Dr., Jg. 1959, seit 2006 Professorin für Erwachsenenbildung an der Helmut-Schmidt-Universität/Universität der Bundeswehr Hamburg

LITERATUR

Ambos, Ingrid/Koscheck, Stefan/Martin, Andreas/Reuter, Martin: Qualitätsmanagementsysteme in der Weiterbildung, 2017

Amlung, Ullrich/Lingelbach, Karl Christoph (Hrsg.): Adolf Reichwein: Pädagogische Schriften – Kommentierte Werkausgabe in 5 Bänden, Bad Heilbrunn, 2011/12 und 2015

Beer, Wolfgang: Frieden – Ökologie – Gerechtigkeit. Selbstorganisierte Lernprojekte in der Friedens- und Ökologiebewegung, Opladen, 1983

Beer, Wolfgang: Lernen im Widerstand – Politisches Lernen und politische Sozialisation in Bürgerinitiativen, Hamburg/Berlin, 1978, 1980

Beer, Wolfgang: Ökologische Aktion und ökologisches Lernen. Erfahrungen und Modell für die politische Bildung, Opladen, 1982

Berg, Christa (Hrsg.): Handbuch der Deutschen Bildungsgeschichte. Band 4: 1870-1918. Von der Reichsgründung bis zum Ende des Ersten Weltkrieges, München, 1991

Biedermann, Woldemar Freiherr von (Hrsg.): Goethes Gespräche, Band 4, Leipzig, 1889-1896

Bilger, Frauke/Behringer, Friederike/Kuper, Harm/Schrader, Josef (Hrsg.): Weiterbildungsverhalten in Deutschland 2016. Ergebnisse des Adult Education Survey (AES), Bielefeld, 2017

Blume, Bernhard: Narziss mit Brille, Kapitel einer Autobiographie, Heidelberg, 1985

Ciupke, Paul/Jelich, Franz-Josef (Hrsg.): Experimentiersozietas Dreißigacker. Historische Konturen und gegenwärtige Rezeption eines Erwachsenenbildungsprojektes der Weimarer Zeit. Geschichte und Erwachsenenbildung, Band 8, Essen

Detjen, Joachim: Politische Bildung: Geschichte und Gegenwart in Deutschland, München, 2014

Deutscher Ausschuß für das Erziehungs- und Bildungswesen: Zur Situation und Aufgabe der deutschen Erwachsenenbildung, Stuttgart, 1960

Deutscher Volkshochschul-Verband e. V. (Hrsg.): 10 Jahre Seminar für afrikanische Erwachsenenbildner 1962-1972 in der Heimvolkshochschule Jagdschloss Göhrde, Bonn, 1972

Deutscher Volkshochschul-Verband e. V. (Hrsg.): Die Volkshochschule – Bildung in öffentlicher Verantwortung, Bonn, 2011

Deutscher Volkshochschul-Verband e. V. (Hrsg.): Die Volkshochschule – ihre Stellung und Aufgabe im Bildungssystem, Bonn, 1963

Deutscher Volkshochschul-Verband e. V. (Hrsg.): Geschichte – Geschichten – Gesichter. Ein halbes Jahrhundert Deutscher Volkshochschul-Verband e. V., Bonn/Berlin, 2003

Deutscher Volkshochschul-Verband e. V. (Hrsg.): Stellung und Aufgabe der Volkshochschule, Bonn

Deutscher Volkshochschul-Verband e. V. (Hrsg.): Volkshochschule. Handbuch für Erwachsenenbildung in der Bundesrepublik, Stuttgart

Deutsches Institut für Erwachsenenbildung: DIE – 60 Jahre, Bonn, 2017

Dolff, Helmuth: Die deutsche Volkshochschule, Düsseldorf, 1973

Drecoll, Frank/Müller, Ulrich (Hrsg.): Für ein Recht auf Lesen. Analphabetismus in der Bundesrepublik Deutschland, Frankfurt am Main, 1981

Faulstich, Peter: Lernzeiten, 2002

Faulstich, Peter/Zeuner, Christine: Erwachsenenbildung und soziales Engagement – Historisch-biografische Zugänge, Bielefeld, 2001

Feidel-Mertz, Hildegard: Erwachsenenbildung seit 1945 – Ausgangsbedingungen und Entwicklungstendenzen in der Bundesrepublik, Köln, 1975

Feidel-Mertz, Hildegard: Pädagogik im Exil nach 1933. Erziehung zum Überleben – Bilder und Texte einer Ausstellung, Frankfurt am Main, 1990

Führ, Christoph / Furck, Carl-Ludwig (Hrsg.): Handbuch der Deutschen Bildungsgeschichte. Bd. VI: 1945 bis zur Gegenwart, Teilband 2: Deutsche Demokratische Republik und neue Bundesländer, München, 1998

Gadamer, Hans-Georg: Wahrheit und Methode. Grundzüge einer philosophischen Hermeneutik, Tübingen, 1990

Genette, Gérard: Fiktion und Diktion, München, 1992

Glaser, Hermann (Hrsg.): So viel Anfang war nie. Deutsche Städte 1945-1949, Berlin 1989

Greven, Jochen: Das Funkkolleg 1966-1998, Weinheim, 1998

Grotlüschen, Anke / Beier, Peter: Zukunft lebenslangen Lernens, Münster, 2008

Hasselhorn, Marcus / Hesse, Friedrich W. / Köller, Olaf / Maaz, Kai / Schrader, Josef / Solga, Heike / Spieß, Katharina / Zimmer, Karin (Hrsg.): Das Bildungswesen in Deutschland: Bestand und Potenziale, Bad Heilbrunn, 2019

Heller, Hermann: Freie Volksbildungsarbeit. Grundsätzliches und Praktisches vom Volksbildungsamte der Stadt Leipzig – in Gemeinschaft mit vielen Mitarbeitern, Leipzig, 1924

Henningsen, Jürgen: Der Hohenrodter Bund. Zur Erwachsenenbildung in der Weimarer Zeit, Heidelberg, 1958

Hermberg, Paul / Seiferth, Wolfgang (Hrsg.): Arbeiterbildung und Volkshochschule in der Industriestadt, Breslau, 1932

Hinzen, Heribert (Hrsg.): Erwachsenenbildung und Entwicklung. 25 Jahre Institut für Internationale Zusammenarbeit des Deutschen Volkshochschul-Verbandes. Internationale Perspektiven der Erwachsenenbildung, Bonn, 1994

Hof, Christiane / Ludwig, Joachim / Schäffer, Burkhard (Hrsg.): Professionalität zwischen Praxis, Politik und Disziplin, Hohengehren

Hoyer, Michael: Zur Entwicklung des Bildungsverständnisses im Deutschen Volkshochschul-Verband, Frankfurt am Main, 1985

Huntemann, Hella / Reichardt, Elisabeth: Volkshochschul-Statistik. 55. Folge. Arbeitsjahr 2016, 2017

Käpplinger, Bernd / Elfert, Maren (Hrsg.): Verlassene Orte der Erwachsenenbildung in Deutschland. Abandoned Places of Adult Education in Canada, Berlin, 2018

Käpplinger, Bernd / Reuter, Martin: Qualitätsmanagement in der Weiterbildung, 2017

Kappe, Hans: Volksbildung und Volkbildung. Geschichte und Idee des Reichsverbands der deutschen Volkshochschulen, Münster, 1964

Keim, H. (Hrsg.): Volksbildung in Deutschland 1933-1945, Braunschweig, 1976

Klemm, Ulrich (Hrsg.): Die Idee der Volkshochschule und die politische Gegenwart, Hannover, 2017

Knoll, Jörg / Lehnert, Marion Annett / Otto, Volker (Hrsg.): Gestalt und Ziel. Beiträge zur Geschichte der Leipziger Erwachsenenbildung, Leipzig, 2007

Krug, Peter: Qualität in der Weiterbildung, 2004

Landé, Walter: Die Schule in der Reichsverfassung. Ein Kommentar, Berlin, 1929

Lingen, Kerstin von: Kesselrings letzte Schlacht, Paderborn, 2004

Manning, Till: Die Italiengeneration, Göttingen, 2011

McGregor, Neil (Hrsg.): Eine Geschichte der Welt in 100 Objekten, München, 2013

Meisel, Klaus: Modernisierungs- und Organisationsveränderung in der Weiterbildung. Von der PAS zum DIE, 1998

Meyer, Klaus: Arbeiterbildung in der Volkshochschule. Die „Leipziger Richtung". Ein Beitrag zur Geschichte der deutschen Volksbildung in den Jahren 1922-1933, Stuttgart, 1969

Müssener, Helmut: Exil in Schweden, Politische und kulturelle Emigration nach 1933, München, 1974

Negt, Oskar: Soziologische Phantasie und exemplarisches Lernen. Zur Theorie der Arbeiterbildung, Frankfurt am Main, 1968

Nuissl, Ekkehard (Hrsg.): 50 Jahre für die Erwachsenenbildung – DIE, 1957-2007, Bielefeld, 2008

Öztürk, Halit / Reiter, Sara: Migration und Diversität in Einrichtungen der Weiterbildung. Eine empirische Bestandsaufnahme in NRW, Bielefeld, 2017

Olbrich, Josef: Geschichte der Erwachsenenbildung in Deutschland, Opladen, 2001

Otto, Volker u. a.: Volkshochschul-Häuser. Informationen, Konzepte, Porträts, Bibliographie, Frankfurt am Main, 1974

Preuß, Werner H.: Das Gesicht der Göhrde – Fürstliches Jagdschloss und demokratische Bildungsstätte – 60 Jahre Heimvolkshochschule Jagdschloss Göhrde, Husum, 2016

Pauly, Walter: Grundrechtslaboratorium Weimar. Zur Entstehung des zweiten Hauptteils der Reichsverfassung vom 14. August 1919, Tübingen, 2004

Recknagel, Anne-Christel: „Weib, hilf dir selber!" – Leben und Werk der Carola Rosenberg-Blume, Stuttgart-Leipzig, 2002

Rock, Andrea: „… damit der Mensch als solcher bestehen kann": Geschichte der Volkshochschule Dresden 1919-2006, Dresden, 2006

Rohlmann, Rudi: Im Dienst der Volksbildung: Dienstleistungen und Politik für die Volkshochschulen in Hessen in den Jahren 1945-1989, Frankfurt am Main, 1991

Rüsen, Jörn: Lebendige Geschichte: Formen und Funktionen des historischen Wissens, Göttingen, 1989

Schumpeter, Joseph: Theorie der wirtschaftlichen Entwicklung, Berlin, 1912

Seitter, Wolfgang: Geschichte der Erwachsenenbildung, Bielefeld, 2007

Siewert, Regina / Ingwersen, Kay (Hrsg.): 75 Jahre Hamburger Volkshochschule – Demokratie braucht Bildung – 1919-1994

Spranger, Eduard: Kultur und Erziehung. Gesammelte pädagogische Aufsätze, Leipzig, 1925

Strzelewicz, Willy / Raapke, Hans-Dietrich / Schulenberg, Wolfgang: Bildung und gesellschaftliches Bewusstsein: eine mehrstufige soziologische Untersuchung in Westdeutschland, Stuttgart, 1966

Tenorth, Heinz-Elmar (Hrsg.): Handbuch der Deutschen Bildungsgeschichte, Band 5: 1918-1945 – Die Weimarer Republik und die nationalsozialistische Diktatur, München, 1989

Theis, Ilse / Lotze, Heiner (Hrsg.): Dreißigacker. Volkshochschule / Erwachsenenbildung, Jena, 1930

Tietgens, Hans: Ideen und Wirklichkeit der Erwachsenenbildung in der Weimarer Republik. Ein anderer Blick, Essen, 2001

Tippelt, Rudolf / Hippel, Aiga von: Handbuch Erwachsenenbildung / Weiterbildung, Opladen, 1994

Tippelt, Rudolf / Hippel, Aiga von: Handbuch Erwachsenenbildung / Weiterbildung, Wiesbaden, 2011

Volkshochschule Jena (Hrsg.): 1919 bis 1994 – 75 Jahre Volkshochschule Jena, Jena, 1994

Volkshochschule Mainz (Hrsg.): 150 Jahre Volksbildung in Mainz

Wehler, Hans-Ulrich: Deutsche Gesellschaftsgeschichte, Band 4: Vom Beginn des Ersten Weltkrieges bis zur Gründung der beiden deutschen Staaten 1914-1949, München, 2008

Wehler, Hans-Ulrich: Deutsche Gesellschaftsgeschichte, Band 5: Bundesrepublik und DDR 1949-1990, München, 2008

Weitsch, Eduard: Dreißigacker. Die Schule ohne Katheder, Hamburg, 1952

Weitsch, Eduard: Was soll eine deutsche Volkshochschule sein und leisten?, Jena, 1919

Weitsch, Eduard: Zur Technik des Volkshochschulunterrichts, 1926

Wiedenroth, Wolfgang: Miteinander auf gutem Kurs. 50 Jahre Volkshochschulen in Rheinland-Pfalz, 1997

Wiedenroth, Wolfgang/Leder, Horst (Hrsg.): Reflexion und Perspektive. 50 Jahre Volkshochschule Mainz, Mainz, 1996

Wolgast, Günther: Zeittafel zur Geschichte der Erwachsenenbildung, Neuwied, 1996

Wolgast, Günther/Knoll, Joachim H. (Hrsg.): Biographisches Handwörterbuch der Erwachsenenbildung. Erwachsenenbildner des 19. und 20. Jahrhunderts, Stuttgart, 1986

Ziegler, Charlotte: 1919-1969. Volkshochschule Hannover. Eine pädagogisch-historische Studie, Hannover, 1970

BILDNACHWEIS

S. 25	unbekannt, Bundesarchiv, Bild 183-R08282, 1919	S. 57	© Akg-images, 1939
S. 27	unbekannt, aus: Ilse Theiß/Heiner Lotze (Hg.): Dreißigacker. Volkshochschule/Erwachsenenbildung, Jena 1930	S. 59	Hergeröder, Stadtarchiv Bielefeld, 400_03_73-012, 1932
S. 29	Max Scheler: Die Wissensformen und die Gesellschaft, Neue-Geist-Verl., Leipzig 1926	S. 61	Stadtarchiv Stuttgart - 2193 Nachlass Carola Rosenberg-Blume - FM 188/58
S. 31	Hauptstaatsarchiv Stuttgart Bestand Q1/21 Bü 356	S. 63	Privatbesitz Sigrid Nolda
S. 33	Hauptstaatsarchiv Stuttgart Bestand Q1/21 Bü 356	S. 65	Yad Vashem Photo Archive, Jerusalem, 216CO5, 1938
S. 35	Fotoalbum der vhs Jena, 1931	S. 67	Scherl/Süddeutsche Zeitung Photo, 1938
S. 37	Johannes Reiher, 1927, SLUB Dresden - Deutsche Fotothek	S. 68	unbekannt, Postkarte aus Privatbesitz Alexandra Nebelung
S. 38	unbekannt, Postkarte aus Privatarchiv Paul Ciupke	S. 71	Grafik: unbekannt, 1942, Bundesarchiv, Plak 003-056-063
S. 41	Hauptstaatsarchiv Stuttgart Bestand Q1/21 Bü 356	S. 73	Stadtarchiv Stuttgart - 1051 Verein zur Förderung der Volksbildung - FM 229/1/2
S. 43	Georg Pahl, Juni 1929, Bundesarchiv, Bild 102-13409	S. 74	Schopenhauer Archiv der Universität Frankfurt
S. 44	Erich Meinhold, 1930, SLUB Dresden - Deutsche Fotothek	S. 77	unbekannt, 1944, Bundesarchiv, Bild 151-11A-32
S. 47	unbekannt, mit Dank an die vhs Hamburg für die Bereitstellung des Portraits	S. 79	Erich Höhne, Erich Pohl, 1952, SLUB Dresden - Deutsche Fotothek
S. 49	Fritz Klatt, 1931, Postkarte aus Privatsammlung Jörg Pagel	S. 85	vh Ulm
S. 50	Zeichnung: Alfred Ahner, Alfred-Ahner-Stiftung	S. 86	unbekannt, Fotosammlung des DVV
		S. 89	Erich Höhne, Erich Pohl, 1952, SLUB Dresden - Deutsche Fotothek
S. 55	Stadtarchiv Hannover, 3.NL.125 Nr. 3037	S. 90	unbekannt, 1948, Bundesarchiv, Bild 147-0739

S. 93	SZ Photo/Süddeutsche Zeitung Photo, 1949	S. 135	unbekannt, 1968, Bundesarchiv, Bild 183-G0516-0044-001
S. 95	HT_schroeter, 1958, Süddeutsche Zeitung Photo	S. 137	DVV International
S. 96	Egon Steiner, 1961, Bundesarchiv, B 145 Bild-F009660-0008	S. 139	Deckblatt: Paulo Freire, Pedagogy of the Oppressed, Penguin Books, Harmondsworth 1973
S. 99	Berthold Fischer, 1954, Süddeutsche Zeitung Photo	S. 140	Zeichnung: Jupp Wolter (Künstler), Haus der Geschichte, Bonn
S. 101	Perlia-Archiv, 1953, Bundesregierung, B 145 Bild - 00203064	S. 143	unbekannt, 1975, Bundesarchiv, Plak 006-026-021
S. 103	dpa/Süddeutsche Zeitung Photo, 1954	S. 144	vhs Jena
S. 105	Privatarchiv Maja Speranskij	S. 146	vhs Leipzig
S. 106	Mike Sachse, Museum Weißenfels, Schloss Neu-Augustusburg	S. 149	Meinrad Schwörer, Archiv Axel Mayer
S. 109	DIE Archiv	S. 151	Wolfgang Eilmes, aus: „Werkstatt für Photographie 1976-1986", Hrsg. Ebner, Hoffmann, Schube, Koenig Books, 2016
S. 111	Filmausschnitt: © DEFA-Stiftung/ Siegmar Holstein, Hannes Schneider	S. 153	Erich Höhne, 1972-1975, SLUB Dresden - Deutsche Fotothek
S. 113	DIE-Archiv, Nachlass Franz Pöggeler		
S. 115	Sammlung Hans Lachmann, 1964, Bundesarchiv, Bild 194-5526-38	S. 155	DVV International
S. 117	Siegmann, Bundesregierung	S. 157	Martin Elsen, 2016, euroluftbild.de, Süddeutsche Zeitung Photo
S. 118	Folker Thamm	S. 159	Mannheimer Abendakademie
S. 121	© Familie Becker	S. 161	Leverkusener Anzeiger vom 25.11.1975
S. 123	Fritz Neuwirth, Süddeutsche Zeitung Photo, 1961	S. 162	Fotocollage: City-vhs Berlin-Mitte
S. 124	Erich Höhne, 1972-1975, SLUB Dresden - Deutsche Fotothek	S. 164	vhs Rhein-Sieg
		S. 166	Gestaltung: Adam Backhausen, 1984, EMI Electrola GmbH (Universal-Music)
S. 127	DIFF (Deutsches Institut für Fernstudien), Wikimedia Commons, public domain	S. 169	IMAGNO, Votava, Süddeutsche Zeitung Photo, 1985
S. 129	Wikimedia-User 456789a, Wikimedia Commons, CC BY 3.0	S. 171	Oliver Henze

S. 173	ADAG	S. 219	Jan Brunkenhövers, vhs Osterholz-Scharmbeck/Hambergen/Schwanewede e.V.
S. 175	Sandra Kühnapfel		
S. 177	Der Bundesbeauftragte für die Unterlagen des Staatsicherheitsdienstes der ehemaligen Deutschen Demokratischen Republik	S. 221	Wikimedia-User GFHund, Wikimedia Commons, CC BY 3.0
		S. 223	UPT Casablanca, Marokko
S. 183	© Andreas Muhs, OSTKREUZ	S. 225	Wikimedia-User Ergonomidesign, Wikimedia Commons, CC BY-SA 3.0
S. 185	© Harald Hauswald, OSTKREUZ		
S. 187	Helmut Konzi	S. 227	Frank Nürnberger, Berlin
S. 188	Frank Vincentz, Wikimedia Commons, CC-BY-SA-3.0	S. 229	vhs Hannover
		S. 231	c wave 111, Pixelio, März 2016, vhs Dresden e.V.
S. 191	Ap, dpa, picture alliance, Süddeutsche Zeitung Photo, 1985	S. 232	Carlo Bordihn, vhs Essen
S. 193	Bremer vhs	S. 235	vhs Bochum
S. 195	Joachim Berge, 1996	S. 237	René Mansi, iStockphoto, urbancow
S. 196	Alexandra Haas, vhs Rhein-Sieg	S. 238	Heidi Scherm
S. 199	Gestaltung: Tobias Herrmann, © corradobarattaphotos- fotolia.com	S. 241	Heidi Scherm
S. 201	Sacha Hartges		
S. 202	Plakat: CARPE Webeagentur, Gütersloh-Weilburg		
S. 205	Plakat: vhs Frankfurt		
S. 207	Keramik: Guido Kratz		
S. 208	© Deutscher Volkshochschul-Verband e.V.		
S. 211	Stadt Chemnitz, Kulturbetrieb - Volkshochschule		
S. 212	Nola Bunke		
S. 215	© Deutscher Volkshochschul-Verband e.V.		
S. 216	vhs Osnabrück		